煤炭高等教育“十四五”规划教材

电子商务概论

主　编　李　琰
副主编　王　欣　吴安波　王会战

中国矿业大学出版社
·徐州·

内 容 提 要

本书从应用与管理的视角，针对电子商务专业的初学者以及非电子商务专业的大学生的特点，对知识体系进行了重新整合，内容包括电子商务基础知识，电子商务与网络经济学原理，电子商务安全，C2C电子商务模式，B2B电子商务模式，B2C电子商务模式，跨境电商，网络营销，电子支付，电子商务物流与供应链管理，电子商务与客户关系管理，移动电商，电子政务等。本书既可以作为高等院校，电子商务及相关专业的教材或参考书，也可作为从事电子商务的设计工作者的参考书或培训教材。

图书在版编目(CIP)数据

电子商务概论/李琰主编. —徐州：中国矿业大学出版社，2024.1

ISBN 978-7-5646-6145-8

Ⅰ. ①电… Ⅱ. ①李… Ⅲ. ①电子商务—高等学校—教材 Ⅳ. ①F713.36

中国国家版本馆CIP数据核字(2024)第023646号

书　　名　电子商务概论
主　　编　李　琰
责任编辑　齐　畅
出版发行　中国矿业大学出版社有限责任公司
　　　　　　(江苏省徐州市解放南路　邮编221008)
营销热线　(0516)83884103　83885105
出版服务　(0516)83995789　83884920
网　　址　http://www.cumtp.com　**E-mail**:cumtpvip@cumtp.com
印　　刷　徐州中矿大印发科技有限公司
开　　本　787 mm×1092 mm　1/16　**印张** 13.5　**字数** 345千字
版次印次　2024年1月第1版　2024年1月第1次印刷
定　　价　42.00元

前　言

本书是应用型本科经济管理类专业基础课教材，内容涵盖了电子商务流程中涉及的诸多方面，较为全面和新颖。互联网时代是一个快速迭代的商业时代，从新零售到智慧物流，从大数据到人工智能的新模式，新技术层出不穷，极大地推动了电子商务的纵深发展。

本书具有如下特色：

第一，全面系统。本书详细介绍了电子商务的整体框架及所涵盖的主要内容，强调相关概念、基本理论、技术支持和实际应用的完整性和成熟性，强调研究成果的前沿性，力图反映电子商务的最新发展趋势，使读者在阅读此书后能够对电子商务有一个清晰、完整的认识，并为后续课程的学习奠定基础。

第二，理论联系实际。本书精心挑选了与章节内容相关的案例，旨在通过案例分析使读者深入理解相关理论知识，提升学习效果。

第三，创新点较多。在内容上的创新包括增加了移动电商、电子政务、智慧物流等新的知识点。在形式上的创新主要是每章都有小知识、小批注、相关案例，并能与能源产业特色相结合。

本书共十三章，包括电子商务的网络经济学原理、交易模式、关键环节和新应用等四个方面。各章的编写分工如下：李琰负责第二章、第三章、第十章、第十一章的编写，王欣负责第一章、第八章、第九章的编写，吴安波负责第四章、第五章、第六章的编写，王会战负责第七章、第十二章和第十三章的编写。本书在编写过程中参阅了大量文献，在此向作者一并表示感谢。

本书适合作为应用型本科高等院校经济管理类专业相关课程的教材，也可以作为相关技术人员自学用书及培训教材。

作　者

2024 年 1 月

目　　录

第一章 电子商务概述

【内容提要】

本章介绍了电子商务的概念、分类、产生与发展以及商务与电子商务的区别与联系，展示了我国电子商务的发展情况，并通过案例介绍了我国电子商务在技术和商务领域取得的成绩。

【知识目标】

了解商务与商务活动的内涵；掌握电子商务的概念、概念模型、系统结构和一般框架；理解电子商务的分类；了解电子商务的产生和发展阶段；了解全球电子商务发展概况；了解电子商务法律法规的主要内容。

【能力与素质目标】

能够清晰地描述电子商务在某一行业中的应用情况；能够举例描述电子商务的分类及应用情况；能简要分析电子商务活动中的违法违规现象；能够了解电子商务行业岗位设置及相关要求。

【思政目标】

通过学习多个案例，了解我国电子商务企业在商务和技术研发两个方面取得的发展成果，理解技术进步是我国电子商务持续健康发展的重要保证；通过有关数字经济的知识拓展，了解我国重视发展数字经济，并将其上升为国家战略的意义，理解我国发展高质量数字经济、构筑国家竞争新优势的发展规划；通过学习腾讯发布科技向善的案例，了解电子商务企业规范化运营成果，提升合法经营的职业道德素养和职业操守。

【开篇案例】

陕西神东煤炭集团电子商务采购凸显降本优势

近年来，陕西神东煤炭集团树立了物资采购和物资管理也是“生产力”的理念，大胆探索物资采购新模式，在神华集团系统内率先推行电子商务采购，走出了一条高效、阳光、低成本的采购新路。2014 年，神东集团电子商务采购金额总计 6 964.88 万元，与历史采购价相比节约 3 159.09 万元，节约资金 31.20%，采购效率提高了近 31.00%。企业采购全流程是在互联网系统内实现的，替代了传统的采购方式。神东集团物资供应中心采购部电商采购员张伟说：“电商采购平台的供应商响应速度非常快，物流方便、快捷，提高了采购效率，对货物的验收、出库比较及时，可以提高库存的周转率。并且，运用阿里巴巴高效的竞价系统，以及海量的供应商资源，使得竞价更为激烈，竞争更为充分，有效地降低了采购成本。”

神东集团物资供应中心不断拓展电子商务采购业务范围，把消耗大的、采购金额高的物资进行网上采购，成果显著，极大地降低了采购成本，并且开通了补连塔煤矿等 30 家二级单位的网上采购权限，实现了二级单位低值易耗物资的灵活采购。下一步，神东集团物资供应中心将积极探索电商跨境采购，并且不断完善系统功能，进一步优化采购流程。

（资料来源：《陕西神东电子商务采购凸显降本优势》，载政府采购信息网，2015 年 11 月 10 日。收入本书时略有改动。）

思考：

电子商务给企业或个人的发展带来了哪些好处？

第一节　电子商务的概念

一、电子商务的定义

（一）什么是电子商务

电子商务是一个不断发展的概念，目前还没有一个比较权威的定义。

不同机构、学者主要从两个视角理解电子商务：一是从技术方面，认为电子商务是多种信息技术的集合体，具体包括交换数据（如电子数据交换、电子邮件）、获得数据（如共享数据库、电子公告牌）以及自动捕获数据（如条形码）等方面的技术。二是从商务方面，认为电子商务包括信息交换、售前售后服务、销售、支付等商务活动。

对电子商务的范围主要有两种看法：一是狭义的电子商务（Electronic Commerce，EC），即在互联网上开展的交易或与交易有关的活动。这类活动在技术方面主要利用互联网技术，商务活动的范畴也主要集中在交易环节。二是广义的电子商务（Electronic Business，EB），即利用信息技术使整个商务活动实现电子化。这里的信息技术主要包括利用互联网、内部网、外联网等不同形式的网络。这里的商务活动不局限于交易活动，它不仅包括面向企业外部的业务活动，如营销、采购、支付、物流配送等，还包括面向企业内部的业务活动，如企业资源计划管理、客户关系管理、人力资源管理、战略管理、生产管理、研发管理、会计及财务管理等。如图 1-1 所示。

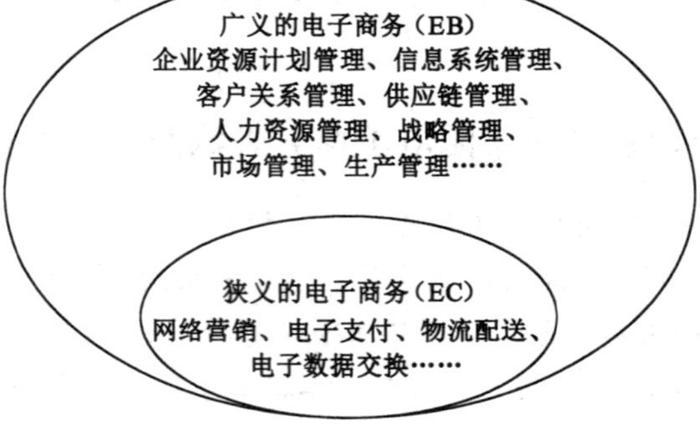

图 1-1　广义与狭义的电子商务

基于上述分析，本书采纳广义电子商务的概念，认为电子商务是指利用互联网及现代通信技术进行的各类商务活动。这里的商务活动包括企业内部的协调与沟通、企业之间的合作和网上交易三个方面的内容。

【案例】

“双 11”再刷新纪录,阿里解密背后技术

根据阿里巴巴公布的数据,2021 年天猫“双 11”总交易额为 5 403 亿元,再次创下新高。其实,自 2010 年开始,在“双 11”的倒逼下,阿里巴巴的技术也随之进化,简要梳理如表 1-1 所示。

表 1-1　阿里巴巴主要技术发展情况

时间	阿里巴巴主要技术战略及工程
2010 年	去 IOE 战略
2013 年	飞天 5K“登月”工程
2017 年	成立达摩院,机器智能驱动“双 11”
2019 年	阿里云
2020 年	数字原生商业操作系统

注:去 IOE 指在阿里巴巴的 IT 架构中,去掉 IBM 小型机、Oracle 数据库、EMC 存储设备,代之以自己在开源软件基础上开发的系统。

另外,除了物流机器人小蛮驴、直播实时翻译、虚拟主播、阿里语音机器人、OCR 无障碍购物、工业视觉 AI、认知智能引擎、云原生、运维机器人天巡、液冷数据中心等技术,2021 年阿里巴巴发布了“2021 年‘双 11’淘系技术九大技术亮点”,揭秘了屡创新高的交易额背后的硬核电商技术。例如,基于全球首个影视级扩展现实的云拍摄技术,打造 3D 沉浸式直播间;在拍立淘中首次应用超大规模多模态搜索,大幅提升搜同款效率;国内首款 AR 试表产品,体验效果领先行业水平。

(资料来源:作者根据相关资料整理。)

以上定义强调了开展电子商务需要网络化、信息化技术,以及所涉及的商务活动的范畴。然而,随着电子商务的发展,电子商务涉及更广泛的参与主体,如教育、政务、金融等其他领域和行业。电子商务通过电子技术已经建立起了一种新的经济秩序,成为数字经济的一种表现形式,是数字经济中规模较大、表现较活跃、发展势头较好的新业态、新动能,是新发展格局蓝图中非常重要的一环,必将在畅通国内大循环、促进国内国际双循环中发挥重要作用。

(二) 电子商务的内涵

第一,对电子商务的理解,应从“现代信息技术”和“商务”两个方面考虑。如果把“现代信息技术”看作一个子集、把“商务”看作另一个子集,电子商务所覆盖的范围应当是这两个集合所形成的交集,如图 1-2 所示。

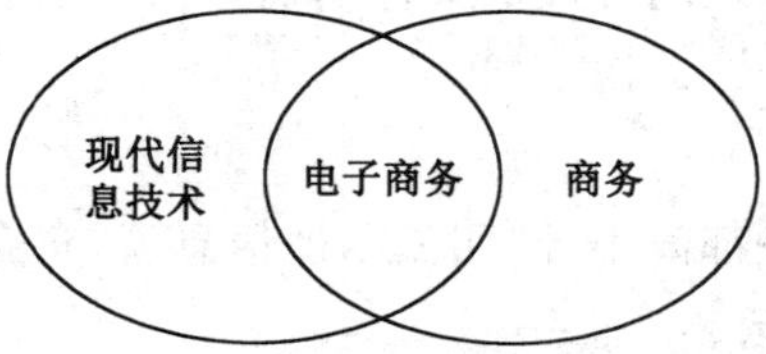

图 1-2　电子商务是技术和商务的交集

第二,电子商务不等于商业交易的电子化,也不仅仅是“新零售”。电子商务是建立在企业全面信息化的基础上,通过电子手段对企业的生产、销售、库存、服务以及人力资源等环节实行的全方位控制。它广泛涉及现代信息技术在交易前、交易中和交易后的各个环节,也广泛覆盖除零售之外的批发、服务等各个领域。

第三,电子商务是一种现代商业方法,这种方法以满足企业、商家和顾客的需要为目的,通过增加服务传递速度来改善服务质量、降低交易费用。

思考:

狭义与广义的电子商务概念的区别体现在哪些方面?试从技术和商务两个方面进行分析。

二、电子商务的概念模型

可以用电子商务的概念模型对现实世界中的电子商务活动进行抽象描述。电子商务的概念模型主要有交易主体、交易市场、交易事务和基本要素四个方面构成,如图 1-3 所示。

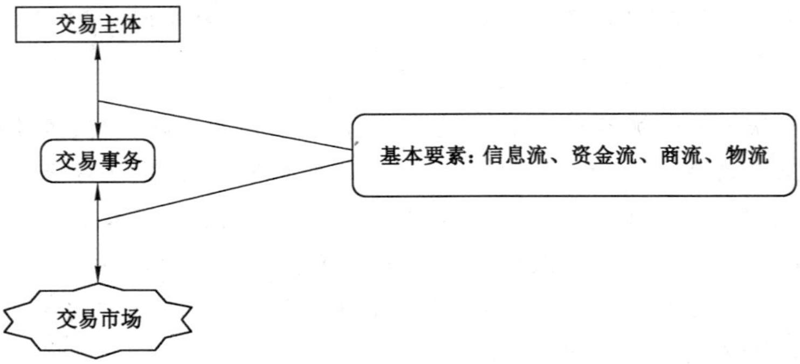

图 1-3　电子商务的概念模型

(一) 交易主体

交易主体即电子商务实体,是指从事电子商务活动的各类参与者。交易主体可以是企业、中介机构(银行、保险公司等)、政府或消费者。

(二) 交易市场

交易市场即电子市场或虚拟市场,是指电子商务实体进行商品和服务交易的场所。它是商务活动参与者利用各种接入设备,通过网络连接成的一个完整市场。

(三) 交易事务

交易事务指电子商务实体之间开展的具体的商务活动内容,如询价、报价、转账支付、广告宣传和商品运输等。

(四) 基本要素

基本要素指任何一种商务都离不开“四流”,即信息流、资金流、商流和物流,电子商务也是如此,具体内容如图 1-4 所示。

1. 信息流

信息流贯穿于电子商务交易的整个过程中,既包括商品信息的提供、促销、技术支持和

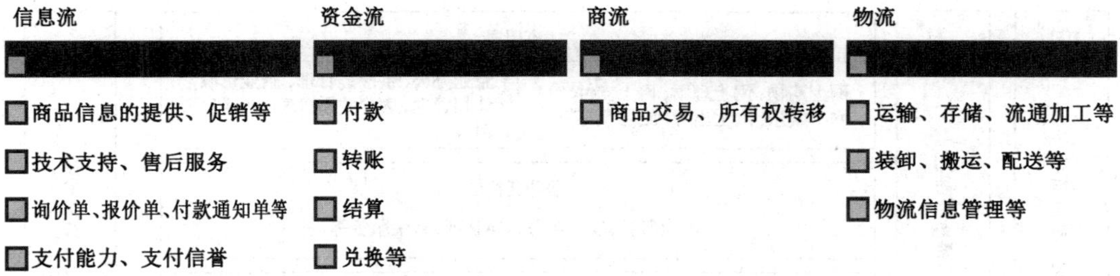

图 1-4　“四流”的主要内容

售后服务等内容，又包括询价单、报价单、付款通知单和转账通知单等商业贸易单证，以及交易方的支付能力、支付信誉等。

2. 资金流

资金流主要指资金的转移过程，包括付款、转账、结算、兑换等过程。它始于买家、终于卖家，中间会经过银行等金融机构。

3. 商流

商流是指商品在购销方之间进行交易以及商品所有权转移的运动过程，具体指商品交易的一系列活动。

4. 物流

物流主要指物质实体（商品和服务）的流动过程，即运输、存储、流通加工、装卸、搬运、配送、物流信息管理等各种活动。

电子商务中“四流”之间的关系可以表述为：以信息流为核心和桥梁，通过资金流实现商品的价值，通过商流使商品所有权转移、商品价值形式发生变化，通过物流实现商品的流通。在电子商务环境下，信息流、资金流和商流的处理都可以完全通过计算机和网络通信设备实现，物流则比较特殊，对于一些信息、数据等类型的商品和服务，是可以通过网络传输的方式进行配送的，比如软件、电子出版物、信息咨询和数据服务等。

三、电子商务的一般框架

电子商务的一般框架是指实现电子商务从技术到一般服务所应具备的完整运作基础，了解电子商务的一般框架，可以了解到电子商务产业的组成结构。完整的电子商务体系体现在全面的电子商务应用上，而这需要有基础设施和众多支撑条件构成的环境要素。这些环境要素从整体上可分为四个层次（网络层、技术支持层、服务支持层、应用层）和三大支撑（环境支撑、技术支撑和物流支撑），如图 1-5 所示。

（一）四个层次

网络层指实现电子商务的最底层的基础设施。它是信息传输系统，决定了电子商务信息传输使用的线路，是实现电子商务的基本保证。互联网是网络基础设施中最重要的部分，互联网服务提供商可以为电子商务主体提供网络接入服务。

技术支持层决定和解决了如何在网络上传输信息和管理信息。从技术角度来看，技术支持层主要包括应用开发技术、数据库技术和文件管理技术。

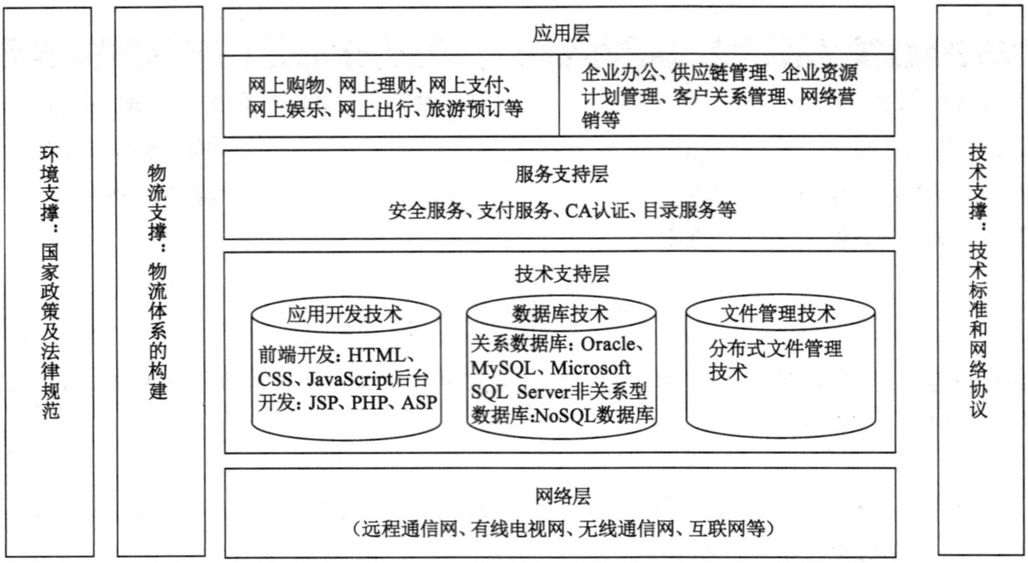

图 1-5　电子商务的一般框架

【案例】

华为云：深耕数字化，一切皆服务

随着各行各业加快云化、数字化、智能化进程，云业务面临的机遇更大。华为云给出了帮助各行各业完成数字化转型的解决方案——“深耕数字化，一切皆服务”。

基础设施即服务：华为云围绕计算、网络、存储、大数据、数据库、AI 等领域持续全面创新，构筑领先竞争力。2020 年 9 月，华为云在墨西哥和中国乌兰察布正式开服，截至 2021 年 9 月，华为云已在全球 27 个地理区域运营 61 个可用区，覆盖 170 多个国家。

技术即服务：华为将操作系统、数据库、人工智能、编译器、编解码、算法等根技术，通过云服务的方式提供给各行各业的客户、伙伴和开发者。华为云天筹 AI 求解器，帮助天津港提高调度计划速度百倍以上，实现资源调度最大化。国家电网重庆公司使用华为云 Stack 8.1 AI 服务，实现了山区高压输电线路的无人机智能巡检，原来需要 16 天才能完成的巡检、检测，现在 2 天就可以完成。

经验即服务：华为云开天 aPaaS 开放了 50 多个行业场景化云服务。在医药领域，基于中康几万家药店购药的数据分析，华为云与中康科技联合设计了药品推荐库方案，系统能主动提醒店员为顾客推荐最合适的药物。

（资料来源：作者根据相关资料整理。）

服务支持层用来为电子商务应用提供支持，包括支付服务、目录服务等。其中，CA 认证是电子商务服务支持层的核心。

应用层指在生产、流通和消费等领域的各种电子商务应用系统，主要包括网上购物等个人用户的电子商务应用，以及在此基础上企业开展的企业办公等。

思考：

电子商务的一般框架为电子商务学习者提出了知识与技术框架，电子商务从业者可以选择框架中的一部分或几部分去学习或从事相关岗位。

想一想：你对哪些岗位感兴趣，这些岗位具体的工作内容是什么？

（二）三大支柱

1. 环境支撑

开展商务活动必须遵守有关的法律法规和相应的政策。电子商务出现后，原有的法律规范已经不适应新的发展环境，需要制定新的法律规范并形成一个成熟、统一的法律体系，这已成为世界各国(地区)发展电子商务活动的必然趋势。

【知识拓展】

电子商务涉及的法律问题主要有电子合同问题、知识产权问题、个人隐私问题和管辖权问题等。《中华人民共和国电子商务法》(简称《电子商务法》)自 2019 年 1 月 1 日起施行，这是中国第一部电子商务领域的综合性法律。

2. 技术支撑

技术标准定义了用户接口、传输协议、信息发布标准等技术细节，是信息发布和传递的基础，是网络信息一致性的保证。网络协议是计算机网络中为进行数据交换而建立的规则、标准或约定的集合。网络用户要进行通信，就必须按照通信双方预先约定好的规程进行。

3. 物流支撑

物流是电子商务的重要组成部分，是信息流和资金流的基础和载体。实体商品生产和交换的全过程都需要物流活动的支持，需要高效、合理、畅通的物流系统支撑。物流业的发展壮大对电子商务的快速发展起着重要的支撑作用。

【案例】

乌兰察布首次开往老挝的中欧班列启程

2022 年 3 月 18 日上午，在乌兰察布七苏木保税物流园区货运站，装载着 1 184 件汽车轮胎的 2 个集装箱搭乘货物列车，从乌兰察布七苏木保税物流园区驶出，这批货物将由云南磨憨口岸出境，经中老铁路最终运抵老挝万象。为保障货物快速通关，集宁海关设置通关便捷通道，实现申报单证全过程电子化流转，线上办理，远程审核，进一步提升企业的通关时效。

这是内蒙古首批通过中老铁路出口的货物，此次出口，意味着乌兰察布作为中欧班列的重要物流节点，顺利将丝绸之路经济带和 21 世纪海上丝绸之路进行了有效对接，为今后本土企业拓展东南亚市场打开了新通道，使乌兰察布真正成为有效衔接“一带一路”的复合型对外开放枢纽。

（资料来源：作者根据相关资料整理。）

四、电子商务系统

我们将电子商务赖以生存的环境称为电子商务系统。

（一）电子商务系统的概念和类型

电子商务系统就是支持商务活动的电子技术手段的集合。它是实现商务活动的信息化载体和环境。电子商务系统的类型有很多，不同类型的系统功能也不同。从电子商务系统支持交易前后业务的角度来看，电子商务系统可以分为支持交易前、交易过程中和交易后的电子商务系统。从业务的性质来看，电子商务系统则可以分为企业间业务系统（Business to Business，B2B）和网上零售系统（Business to Consumer，B2C）。

（二）电子商务系统的技术架构

电子商务系统的技术架构是电子商务的技术支持环境。关于电子商务系统的技术结构主要有两种看法，分别是电子商务有三层和四层框架结构，但主要内容差异很小。本书采用的是四层结构，如图 1-6 所示。

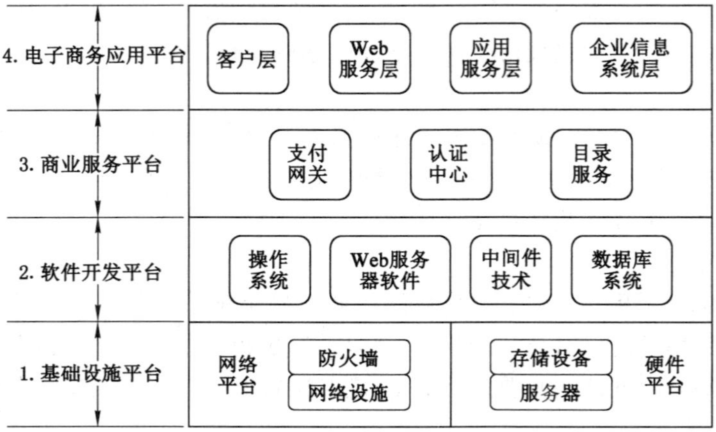

图 1-6　电子商务系统的技术架构

1. 基础设施平台

（1）网络平台

网络平台是电子商务系统的基础设施，是信息传送的载体和用户接入的基础，是电子商务数据交换的平台。网络平台可通过有线、无线网络为客户提供有线/移动网络的技术支持。电子商务活动是在网络环境中开展的交易方式，参与交易的各方都必须通过国际互联网（Internet）、企业内部网（Intranet）以及企业外部网（Extranet）紧密地结合起来。

【知识拓展】

互联网、企业内部网、企业外部网在具体使用者、提供的访问类型及传递信息的类型方面都有所不同，三者的区别如表 1-2 所示。

表 1-2　互联网、企业内部网、企业外部网三者的区别

网络类型	具体使用者	提供的访问类型	传递信息的类型
互联网	通过拨号或局域网上网的用户	无限制的访问	一般的大众信息和广告
企业内部网	被认可的企业员工	有限制的访问	企业内部的信息
企业外部网	协作企业间被认可的团体企业	有限制的访问	企业间的共享信息

（2）硬件平台

电子商务系统的硬件平台是电子商务应用系统的运行平台。电子商务系统需要的硬件主要由服务器、网络链接设备等构成，其中最主要和最重要的是服务器。服务器是指在网络环境下运行相应的应用软件，为网上用户提供共享信息资源和各种服务的一种高性能计算机。服务器管理着应用程序、数据和网络资源。电子商务系统的服务器是应用系统运行的主要环境。常用的网络连接设备包括网络适配器、中继器、集线器、传输线等，外部设备主要有内置存储设备、外置存储子系统、网络存储子系统。

2. 软件开发平台

电子商务系统的软件开发平台分为系统软件和应用软件两部分。

(1) 系统软件

操作系统(Operating System，OS)是管理计算机硬件与软件资源的计算机程序。在计算机中，操作系统是其最基本也是最为重要的基础性系统软件。

(2) 应用软件

应用软件包括电子商务开发软件及数据库软件等。常用的电子商务开发软件包括网页界面开发工具和服务器端后台程序开发工具。网页界面开发基本语言包括 HTML、CSS 和 JavaScript(其中 HTML 是 Web 开发的关键)。服务器端后台程序开发工具有 ASP、JSP 等。数据库软件有 Oracle、SQL Server、Access 等。

3. 商务服务平台

作为中间部分的电子商务基础平台，商务服务平台从狭义上讲包括支付网关和证书授证中心，从广义上讲还包括社会配送体系、公关广告公司等。

(1) 支付网关

支付网关(Payment Gateway)在整个电子商务活动中起着非常关键的作用。它一方面支持业务单位和商家通过互联网进行安全的网上交易，另一方面又通过安全通道保证与维护金融网络安全，是连接商家和金融网络的通信和交易桥梁，如图 1-7 所示。

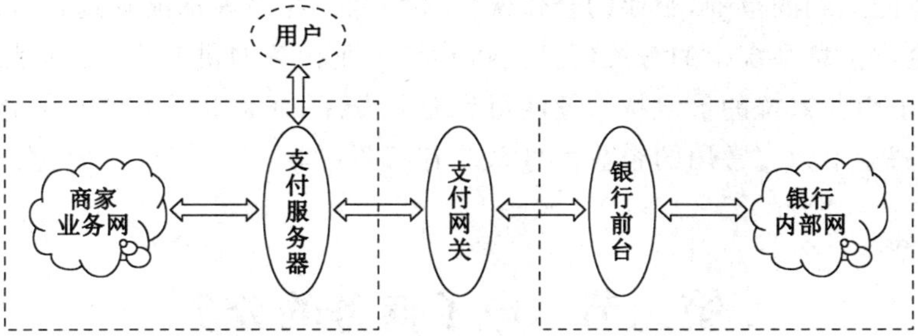

图 1-7　支付网关在整个支付系统中的位置

(2) 证书授证中心

证书授证中心又称为 CA(Certificate Authority)认证中心，是在电子商务交易中法律承认的第三方权威机构，负责发放和管理数字证书，使得网上交易的双方能够相互确认身份。它扮演的角色类似于网络上的"工商管理单位"，给个人、企事业单位和政府机构签发数字证书，用来确认电子商务活动中各自的身份，并通过加解密方法实现网上安全的信息交换与安全交易。

【知识拓展】

中国金融认证中心(China Financial Certification Authority，简称 CFCA)，是由中国人民银行于 1998 年牵头组建，经国家信息安全管理机构批准成立的权威电子认证机构。历经

20 余年积淀,CFCA 已发展成为以网络安全综合服务为核心的科技企业。

4. 电子商务应用平台

应用平台是指各种各样的电子商务应用系统,可以实现网上交易、内部管理、供应商管理等功能,分为四个部分,如图 1-8 所示。本节主要介绍其中两个部分。

图 1-8　电子商务应用平台的多层体系结构

(1) 应用服务层

随着 Internet 的发展壮大,"主机/终端"或"客户机/服务器"的传统的应用系统模式已经不能适应新的环境,于是产生了新的分布式应用系统。相应地,新的开发模式也应运而生,即所谓的"浏览器/服务器"结构、"瘦客户机"模式。应用服务器是实现这种模式的核心技术。

【知识拓展】

Web 服务器传送页面使浏览器可以浏览,然而应用程序服务器提供的是客户端应用程序可以调用的方法。Web 服务器专门处理 HTTP 请求,但是应用程序服务器是通过很多协议来为应用程序提供商业逻辑的。

(2) 企业信息系统层

在电子商务环境下,企业信息系统与企业的电子商务系统集成在一起,极大地扩展了企业信息系统所能达到的范围,企业的合作伙伴、供应商、客户等都能够通过互联网来访问他们所需要的企业信息系统中的有关信息。随着与企业相关的供应商、合作伙伴以及潜在客户的增加,电子商务系统的价值越来越能得到充分发挥,企业也越来越能在电子商务环境中把握先机、提高竞争力。常用的企业信息系统有商务智能、企业资源计划、供应链管理、客户关系管理等。

第二节　电子商务的分类

对电子商务进行分类,有助于更深入地认识各种电子商务模式的特点。本节主要从交易过程的数字化程度、交易主体的性质、交易使用的网络类型、交易主体所属关境四个方面进行分类。

一、按照交易过程的数字化程度分类

一个交易过程主要包括三个要素,即销售的产品(或服务)、销售过程、配送代理人(或中间商)。按照这三个要素的数字化程度,即从实体到数字的转变,有学者构建了一个框架,对这三个要素的不同组合进行了分析(如图 1-9 所示),把电子商务分为完全电子商务和不完全电子商务两类。

如图 1-9 所示,传统商务的所有维度都是实体的(左下角的立方体),完全电子商务的所有维度都是数字化的(右上角的立方体)。除此之外的立方体都是数字维度和实体维度的混

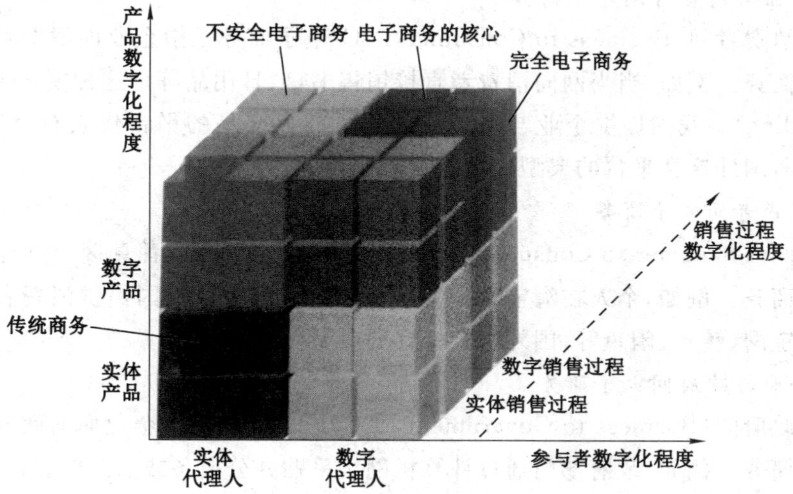

图 1-9　电子商务交易过程的数字化组合

合，这其中如果至少有一个维度是数字化的，就可以认为它是电子商务，但属于不完全电子商务。例如，从当当网购买一本纸质书，属于不完全电子商务，因为商品配送要靠物流公司来完成。然而，从当当网购买一本电子书，下订单并在线支付后，就可以将其直接下载到自己的计算机或阅读器中阅读，商品及其付款和传输都是数字化的，属于完全电子商务。

二、按照交易主体的性质分类

交易主体按照性质主要有企业(Business)、政府组织(Government)、消费者(Consumer)等，基于不同的组合，可以将电子商务分为 B2B、B2C、C2C、B2G、C2G 等类型的电子商务，如图 1-10 所示。

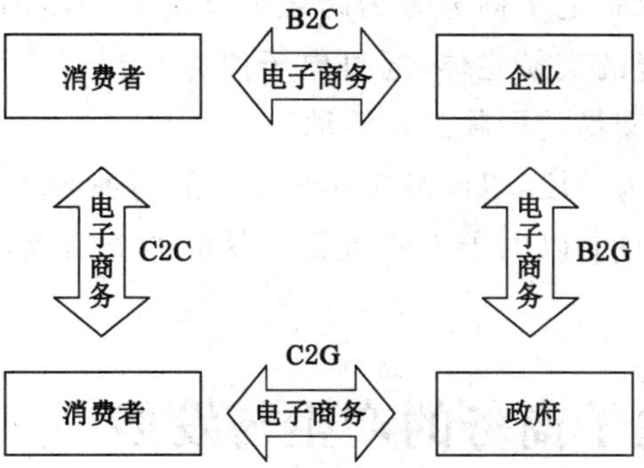

图 1-10　按交易主体的分类

(一) 企业间电子商务

企业间电子商务是指所有参与者都是企业或其他组织的电子商务。例如，制造商通过计算机网络向批发商或零售商销售产品等。用于企业间开展电子商务交易的计算机网络可以为买卖某一方所有或为多方共同所有，也可以为第三方所有。在我国，提供企业间电子商务交易的第三方平台代表有阿里巴巴、慧聪网、中国化工网、环球资源网、敦煌网等。

（二）企业与消费者间电子商务

企业与消费者间（Business to Consumer，B2C）电子商务是指企业向消费者提供产品或服务的电子商务。例如，当当网向消费者直接销售书籍、日用品等。这种模式也被称为电子零售（e-retailing）。我国提供企业与消费者间电子商务交易的平台代表有京东商城、唯品会、当当网等，国外这类平台的典型代表是亚马逊。

（三）消费者间电子商务

消费者间（Consumer to Consumer，C2C）电子商务是指消费者直接与其他消费者进行交易的电子商务。例如，个人在淘宝集市上出售产品或服务。我国提供消费者间电子商务的平台有淘宝网、转转、闲鱼等，国外这类平台的典型代表是 eBay。

（四）企业与政府间电子商务

企业与政府间（Business to Government，B2G）电子商务是指企业面向政府提供产品或服务的电子商务。例如，政府部门通过计算机网络采购办公设备或服务等。

（五）消费者与政府间电子商务

消费者与政府间（Consumer to Government，C2G）电子商务是指消费者向政府部门提供产品或服务的电子商务。

三、按照交易使用的网络类型分类

按照交易使用的网络类型不同，可以将电子商务分为基于 EDI 网络的电子商务、基于因特网的电子商务、基于内联网的电子商务、基于移动网络的电子商务和基于社交网络的电子商务五种。其中，基于移动网络的电子商务是指在无线环境中进行的电子商务交易和活动，简称移动商务。基于社交网络，利用互联网社交工具销售商品或服务的经营行为，称为社交化电子商务，简称社交商务，是新型电子商务的重要表现形式之一。

四、按照交易主体所属关境分类

按照交易主体所属关境不同，可以将电子商务分为跨境电子商务和境内电子商务。其中，跨境电子商务是一种分属不同关境的交易主体，通过电子商务平台达成交易，进行支付结算，并通过跨境物流配送商品、完成交易的国际商业活动。

境内电子商务是以网络信息技术为手段，以商品交换为中心的商务活动，也可以将其理解为在因特网、内联网和增值网（VAN）上以电子方式进行交易的商务活动，是传统商务活动各环节的电子化、网络化和信息化。

第三节　电子商务的产生与发展

一、电子商务的产生条件

电子商务代表着最新的经济发展方向，它的产生基于两个“全球化”：经济全球化和技术全球化。信息技术的发展和社会经济的发展是电子商务产生的两个重要条件。

（一）信息技术的发展

1. 计算机的广泛应用

近几十年以来，计算机的处理速度越来越快，处理能力越来越强，价格越来越低，应用越来越广泛，这为电子商务的应用提供了基础。

2. 互联网络的普及和成熟

Internet逐渐成为全球通信与交易的最主要媒体，且全球上网用户呈数量级增长趋势，其快捷、安全、低成本的特点为电子商务的发展提供了应用条件。

以IT、互联网和电信为核心的信息技术的发展与融合，已经成为驱动互联网与实体产业融合发展的动力引擎。其中的核心技术如云计算、大数据和物联网，将促进信息和数据广泛应用于电子商务、金融、公共服务、传媒和教育等领域，并进一步向制造业和供应链延伸，实现传统行业的转型升级，并催生新能源和新制造业。

（二）社会经济的发展

随着社会经济的发展，大多数商品出现了供应远远大于需求的现象。这时急需一种新的商务模式来提高企业的竞争力，电子商务即扮演了这个角色。因此，电子商务是人类社会经济发展的必然趋势。

二、电子商务的发展阶段

随着互联网的发展，电子商务已经成为日常生活不可分割的一部分。回顾世界电子商务的发展，基本历程可以分为三个阶段：电子商务1.0阶段、电子商务2.0阶段、电子商务3.0阶段。

（一）电子商务1.0阶段

电子商务1.0阶段是电子商务发展的起步阶段。20世纪70年代，电子数据交换（EDI）技术的开发引起许多国家的注意。20世纪80年代，美国、英国和西欧一些发达国家逐步开始采用EDI技术进行贸易，形成“无纸贸易”热潮。1992年年底，全世界EDI用户大约有13万户，市场业务额约为20亿美元。

20世纪90年代以来，电子商务出现并发展起来。1996年12月，联合国正式颁布《贸易法委员会电子商业示范法及其颁布指南》（简称《电子商业示范法》）。该示范法规范了电子商务活动中的各种行为，极大地促进了世界电子商务的发展，并为各国电子商务立法提供了一个范本。1997年4月，欧盟提出《欧盟电子商务行动方案》；同年7月，美国政府出台《全球电子商务框架》。这些文件极大地推动了世界电子商务的发展。1997年，通过互联网形成的电子商务交易额达到26亿美元。1998年，全球企业迎来了第一个“电子商务年”。2000年，世界电子商务交易额达到3 549亿美元。

（二）电子商务2.0阶段

进入21世纪，互联网经济遭到第一次沉重的打击。面对电子商务发展的严峻形势，2001年11月，联合国贸易和发展委员会发表了2001年电子商务的发展报告，全面总结了电子商务的发展，深入分析了电子商务对发达国家和发展中国家的影响，构造了电子商务发展环境模式和实践方法。2001年，联合国通过了《联合国国际贸易法委员会电子签字示范法》（简称《电子签字示范法》）。该法规通过规范电子商务活动中的签字行为，建立一种安全机制，促进电子商务在世界贸易活动中的全面推广。2005年，联合国通过了《联合国国际合同使用电子通信公约》，对营业地位处于不同国家的当事人之间订立或履行合同使用电子通信做出了具体规定。截至2016年10月，全世界共有20个国家签署了这个公约。与此同时，各国政府也相继推出各种鼓励政策，继续支持电子商务的发展。

从2007年开始，世界电子商务呈现出高速增长态势，网络使用人数、互联网站数目、电子商务交易额屡创新高。全球电子商务市场呈现出美国、欧盟、亚洲“三足鼎立”的局面。

（三）电子商务3.0阶段

2010年以来，随着互联网3G、4G、5G的普及，大数据、云计算、智能物流等先进信息技术广泛应用，世界电子商务进入3.0阶段，世界进入移动电子商务时代。餐饮外卖、网络约车、在线旅游等细分行业移动端占比远高于传统的网络零售，是移动电子设备发展的天然土壤，已率先进入移动时代。非标准化的、个性化的商品涌现出较大的商业机会，特别是生鲜、农副产品市场潜力大，成为电商中的蓝海。生活服务领域的电商成为大势所趋，在线旅游、网络约车、网上订餐、数字内容等服务类的电子商务呈快速发展势头，成为创业创新的热点。随着虚拟市场竞争的加剧，竞争对手不断地兼并、联合或重组，大型的电子商务企业不断涌现，阿里巴巴、亚马逊成为世界零售业领军企业。

【思政要点】

电子商务是技术与商务的结合，新技术推动电子商务发展，形成了能够“让社会更加美好”的商业模式。但是，必须引导和规范科技创新行为，让科学技术的发展有利于更好地增进人类的福祉。因此，作为电子商务从业人员，应该树立正确的职业操守。

【思政案例】

腾讯的科技向善战略

2018年1月20日，腾讯研究院在北京正式启动科技向善项目。该项目旨在引导新科技被善用，建设更好的数字文明。2021年8月，腾讯启动“共同富裕专项计划”。2021年12月20日，腾讯从“创造美好”“传播美好”“守护美好”三个关键维度切入，介绍了腾讯做出的努力。

在“创造美好”方面，腾讯各产品充分调动各自在数字内容生态以及技术、社交等方面的能力，围绕中国共产党成立100周年、助力乡村振兴等重要议题，通过电影、电视剧、漫画、H5等表达形式，精心打磨、编排了系列精品内容，助力讲好中国故事。在“传播美好”方面，腾讯努力构建美好舆论生态，为主流媒体、主流声音、主流价值提供更宽广的“出口”，推出了《骑手江湖》《我的青铜时代》《酌见》等系列纪录片，传递了他们不凡的生活态度和奋斗精神。在“守护美好”方面，腾讯在未成年人保护、适老化改造等领域持续投入，携手中国宋庆龄基金会为青少年定制“给孩子们的大师讲堂”，联合人民教育出版社开展“青少年网络安全创新科普活动”；腾讯QQ、腾讯新闻则通过上线关怀模式，积极解决老年用户的“触网”难题。

（资料来源：作者根据相关资料整理。）

三、我国电子商务发展现状

下文将以网络零售为例说明我国电子商务发展现状。中国互联网络信息中心发布的第51次《中国互联网络发展状况统计报告》显示，截至2022年12月，我国网民规模达10.67亿，互联网普及率达75.6%，我国成为全球最大的网络零售市场。国家统计局数据显示，2022年全国网上零售额达13.79万亿元，同比增长4.0%。其中，实物商品网上零售额为11.96万亿元，同比增长6.2%，占社会消费品零售总额的比重为27.2%。

商务部商务大数据对重点电商平台的监测显示，2022年全国网络零售市场主要呈现以下特点。

一是部分商品品类销售实现两位数增长。在18类监测商品中，8类商品销售额增速超过两位数。其中，金银珠宝、烟酒同比分别增长27.3%和19.1%。

二是东北和中部地区增速较快。东北和中部地区网络零售额同比分别增长13.2%和8.7%，比全国增速分别高出9.2%和4.7%。东部和西部地区网络零售额同比分别增长3.8%和3.0%。

三是农产品网络零售增势较好。全国农村网络零售额达2.17万亿元，同比增长3.6%。其中，农村实物商品网络零售额为1.99万亿元，同比增长4.9%。全国农产品网络零售额为5 313.8亿元，同比增长9.2%，增速较2021年提升6.4%。

四是跨境电商发展迅速。海关数据显示，2022年我国跨境电商进出口额为2.11万亿元（含B2B），同比增长9.8%。其中，出口额为1.55万亿元，同比增长11.7%；进口额为0.56万亿元，同比增长4.9%。

五是电商新业态、新模式彰显活力。商务大数据监测显示，2022年，电商平台累计直播超1.2亿场次，累计观看近1.1万亿人次，直播商品超9 500万个，活跃主播近110万人。即时零售渗透的行业和品类持续扩大，覆盖更多应用场景，加速万物到家。

【知识拓展】

丝路电商

商务部按照习近平总书记提出的建设和平之路、繁荣之路、开放之路、绿色之路、创新之路、文明之路的要求，深入推进"一带一路"经贸合作，发展"丝路电商"，打造国际合作新平台。2016年以来，中国已与多个国家签署电子商务合作备忘录并建立双边电子商务合作机制，合作伙伴遍及五大洲，"丝路电商"成为经贸合作新渠道和新亮点。

（资料来源：作者根据相关资料整理。）

本章练习题

一、单项选择题

1. 下列不属于电子商务一般框架结构服务支持层的是（　　）。

A. 内部网系统　　B. CA认证　　C. 支付服务　　D. 客户服务中心

2. 阿里巴巴集团的1688网站在B2B电子商务交易中扮演的角色是（　　）。

A. 中介机构　　B. 金融认证机构　　C. 交易主体　　D. 商业银行

3. 企业之间、企业与政府之间开展商务活动可以通过（　　）。

A. 内部网　　B. 外部网　　C. 互联网　　D. 局域网

4. 拼多多属于电子商务一般框架的（　　）层。

A. 网络层　　B. 技术支持层　　C. 服务支持层　　D. 应用层

5. ERP、SCM、CRM等管理信息系统属于电子商务一般框架的（　　）层。

A. 网络层　　B. 技术支持层　　C. 服务支持层　　D. 应用层

6. 中国电信、中国联通属于电子商务一般框架的（　　）层。

A. 网络层　　B. 技术支持层　　C. 服务支持层　　D. 应用层

7. 电子数据交换技术简称（　　）。

A. EC　　B. EB　　C. EDI　　D. ERP

8. EDI一般发生在（　　）。

A. 企业与企业之间　　B. 企业与个人之间

C. 个人与个人之间　　D. 政府与政府之间

二、复习思考题

1. 简述电子商务产生的条件。

2. 电子商务概念模型的组成部分有哪些？请画图并说明。

三、讨论

网络上有种舆论：实体店现在不行了，而导致这一结果的“罪魁祸首”就是电商。你认为电商冲击了实体店吗？为什么？

四、技能训练

（一）实训目的

通过本实验更好地了解电子商务的法律问题，能依据现行法规简单分析违法现象。

（二）相关知识

1. 电子商务涉及的法律问题

电子商务涉及的法律问题主要有电子合同问题、知识产权问题、个人隐私问题、管辖权问题和电子商务税收问题等。

(1) 电子合同问题。电子合同是数字化的，根本不同于传统的书面合同，这使电子合同效力的认定及操作变得非常复杂。

(2) 知识产权问题。电子商务的无形化使知识产权保护更加艰难。

(3) 个人隐私问题。计算机和网络技术为人们获取、传递、复制信息提供了方便，但网络的开放性和互动性又给个人隐私保护带来了麻烦。

(4) 管辖权问题。传统的管辖通常有两大原则：属人管辖和属地管辖。但是网络的超地域性给传统的管辖法律体系造成了极大的冲击，带来了一系列的问题。

(5) 税收问题。采用电子商务方式进行的许多贸易活动及费用的支付都可以通过网络完成，甚至有些数字化产品可以直接在网上传送，这就使关税的征收变得非常困难。

2. 已出台的电子商务政策措施

《中华人民共和国合同法》（简称《合同法》）第十一条规定，书面形式是指合同书、信件和数据电文（包括电报、电传、传真、电子数据交换和电子邮件）等可以有形地表现所载内容的形式。

《中华人民共和国民法典》（简称《民法典》）自 2021 年 1 月 1 日起施行后，《合同法》同时废止。《民法典》在现行合同法的基础上，规范了电子交易行为，对网络环境下合同的订立和合同的履行做了相应的规定。

（三）实训内容

案例分析：“清朗”行动再出发。

2022 年 3 月 17 日下午，国新办举行 2022 年“清朗”系列专项行动发布会。

国家互联网信息办公室副主任盛荣华表示，2021 年，“清朗”系列专项行动以铁的决心、铁的手段、铁的作风，狠抓突出问题的治理，网络空间日益清朗。

2021 年，“清朗”系列专项行动累计清理违法和不良信息 2 200 多万条，处置账号 13.4 亿个，封禁主播 7 200 余名，下架应用程序、小程序 2 160 余款，关闭网站 3 200 余家。

针对无底线蹭流量、高额充值打赏等各类网络直播、短视频领域失范行为，网信办拉出了人民群众意见集中、反映强烈、深恶痛绝的“七类问题”重点整治清单。

盛荣华说:“损害群众合法权益、违背社会公序良俗的种种乱象,亟须加强规范治理。”

网络乱象固然和网站平台管理有关,MCN(为网红和自媒体提供内容策划制作、宣传推广、粉丝管理、签约代理等服务的各类机构的总称)机构也脱不了干系,他们甚至是一些乱象的始作俑者。MCN 机构的活动是否规范,直接影响了互联网信息的呈现是否健康。

初步统计,几家头部网站平台,拥有 1 000 万以上粉丝的账号,约有 40% 与 MCN 机构签约;某重点平台入驻的 MCN 机构旗下账号超过 30 万个,年均生产信息超过 3 300 万条。

国家互联网信息办公室网络综合治理局局长张拥军说:“开展 MCN 机构信息内容乱象整治,就是要规范 MCN 机构与信息内容有关的业务活动。”造舆论、蹭热点;为牟利打造“网红儿童”;操控旗下账号虚构关注度、浏览量、评价、评分;批量发布同质化内容,歪曲事实真相、误导公众等 MCN 机构行为将受到严格监管和治理。

请根据以上案例并查阅相关资料,回答下列问题:

(1) 你在网络中遇到过上述不良现象吗?

(2) 你认为上述案例中提到的无底线蹭流量、充值打赏、MCN 机构信息内容乱象等社会现象违反了哪些法律规定?

(3) 请说一说我国有哪些规范平台发展的具体措施。

第二章　电子商务与网络经济学原理

【内容提要】

本章分为两部分，分别介绍了电子商务理论基础与经济学原理。在电子商务理论基础方面，介绍了一些基础的电子商务理论；在经济学原理方面，从经济学的角度，运用经济学的理论和工具，介绍了网络经济下的新经济特性和新型商业模式。

【知识目标】

熟悉电子商务理论基础；了解电子商务理论应用；掌握电子商务经济学原理；掌握网络经济的新经济特性和新型商业模式及方法。

【能力与素质目标】

学会电子商务理论并能够应用；掌握网络经济的新经济特性并结合实际进行理解；了解电子商务在计算机科学理论中的运用；认识到电子商务理论基础的重要性。

【思政目标】

深刻学习我国电子商务的优势，提升文化自信，提升专业知识素养和能力，深刻感悟中国文化的价值。

第一节　电子商务基础

一、电子商务的基本内容和服务范围

（一）电子商务的基本内容

从广义上讲，电子商务既包括电子邮件（E-mail）、电子数据交换（EDI）、电子资金转账（EFT）、快速响应（QR）系统、电子表单和信用卡交易等电子商务的系列应用，也包括支持电子商务的信息基础设施。从狭义上讲，电子商务仅指企业—企业、企业—消费者之间的电子交易。

（二）电子商务的服务范围

电子商务的服务范围主要包括两个方面的应用：一是企业与企业；二是企业与个人。企业与企业之间的电子商务，即企业与企业之间利用计算机技术和网络通信技术所从事的商业活动，例如电子数据交换、电子资金转账、快速响应系统、电子表单等；企业与个人之间的电子商务，包括企业通过增值网络对个人进行的服务及实施的商业行为，如电子购物、个人金融理财、资料库查询等。一般来说，企业与企业之间的电子商务活动较为结构化，它通常以既定的合作关系为基础；而企业与个人之间的电子商务则通常带有自发性质，企业的商业对象通常以一些非特定的大众居多。然而，由于目前基于互联网的电子商务是举世瞩目的焦点，所以两者的范畴或多或少会有重叠，但是它们的基本定位及运作方式是有差别的。前者重视的是贸易关系的建立，如传统的 EDI 系统大多为企业与厂商和商业伙伴进行合作，

通过 EDI 的方式来处理订单、发票、付款单等贸易单证，以减少纸张单证的处理及资料的重复录入，降低错误发生率，加速信息流通，从而提高效率和降低成本。而后者基本上一视同仁，无论交易方是什么人，只要他拥有合法的信用卡号码，就能进行交易，因此交易安全及用户身份的验证显得尤为重要。

二、电子商务的特点

（一）变革贸易方式

电子商务是对传统贸易方式的变革，它的实施会引起企业内部结构及企业运行机制的变革。企业的原材料采购，生产的组织、协调，产品的广告宣传、销售，都会发生一系列变化。

（二）减少费用

这主要体现在以下两方面。一方面，电子商务采用的电子单证和电子邮件代替了大量的纸张单证，从而降低了传统贸易过程中的单证费用，提高了效率。另一方面，电子商务深入到产品的订购、销售和广告宣传等中间环节，从而减少了企业以往在这方面的费用。

（三）提高工作效率、促使企业取得竞争优势

电子商务使得贸易信息能够以最快的速度接收、处理和传输，这不仅简化了信息处理的程序，而且提高了信息处理的准确性。企业通过应用电子商务，可以用最快的速度获得更多的信息，从而在竞争中赢得优势。尤其在互联网进入电子商务领域以后，以往一些由于无法承受 EDI 的高昂费用而难以实施电子商务的中小企业也可以使用电子商务。因此，企业较以往能够更为便利地获得竞争的优势。

（四）提高信息的利用效率

典型的电子商务系统应该建立在企业良好的电子计算机化的管理信息系统（MIS）基础之上。例如，企业的库存管理子系统若检测到当前库存已低于系统设定的某个值，应能自动发出订货的 EDI 单证去订货。当企业收到商业伙伴发来的订单后，它的企业管理信息系统可以自动利用它的计划系统安排适当的生产。这样的闭环系统减少了数据的重复录入，各种各样的数据都存储在计算机内，尽可能用计算机进行处理、传输和提供。大量的历史数据也可以进行归整，方便抽取出更多的辅助决策的信息。

（五）堵塞漏洞，反对腐败

通畅、快捷的信息传输可以保证各种信息之间互相核对，防止伪信息的流通。例如，在典型的许可证 EDI 系统中，由于加强了发证单位和验证单位的通信、核对，所以假的许可证就不易漏网。海关 EDI 可帮助杜绝边境的假出口、兜圈子、骗退税等行径。

第二节 电子商务理论应用

电子商务是一个系统工程，电子商务的发展需要许多相关学科技术的支持。对电子商务软环境发展影响较大的学科包括计算机学科、经济学科、管理学科、法律等。电子商务和这些学科之间是相互依赖、相互促进的关系。计算机学科的基础技术解决电子商务交易的方式问题；经济学科的基础理论解决电子商务交易的规律和理论上的问题；管理学科的理论解决整合的交易模式的效率问题；法律及相关学科理论解决制度公平、诚信和交易的环境保障问题。电子商务涉及的相关学科内容的相互关系，如图 2-1 所示。

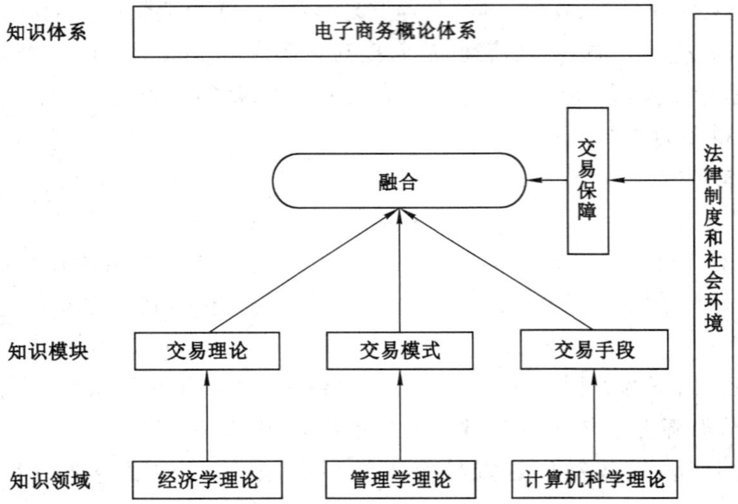

图 2-1　电子商务涉及的相关学科内容的相互关系

电子商务理论研究的基本内容应包括经济学原理的创新、虚拟网络交易市场、网络市场供需分析、网络消费行为等经济学内容，如图 2-2 所示。

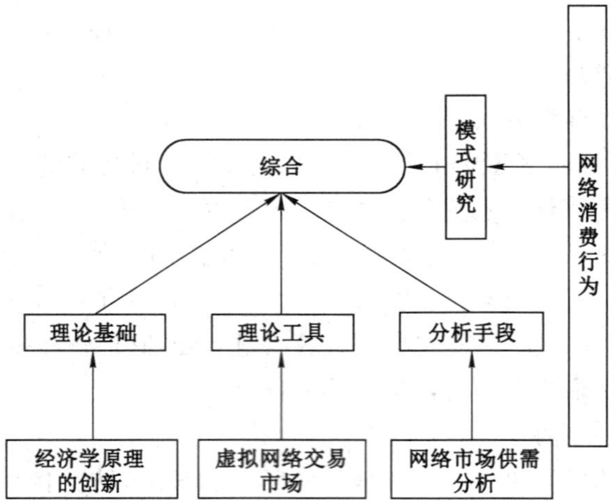

图 2-2　电子商务理论的基本内容

一、计算机科学理论应用

电子商务是以电子信息技术为基础的商务活动，它的进行需通过计算机和计算机网络系统来实现信息存储、信息交换和信息处理，因此计算机科学和计算机技术的发展对电子商务的发展有决定性作用。

计算机技术是电子商务得以进行的必要手段，计算机网络已成为电子商务的主要平台。TCP/IP 的普及大大方便了网络间信息的传输，降低了信息获取的成本：路由技术的迅速崛起，路由算法的不断创新，使得网络能够更充分地发挥作用，从而导致了 Internet 在全球的爆炸性增长。与此同时，基于 IP 协议的 Internet 和 Extranet 也得到了快速发展，成为企业实现电子商务的基础环境。WWW 技术的出现使网上信息实现了多媒体化，网上信息变得更加丰富多彩，并更易被用户接受。无线通信向数据化和宽带化方向迈进，WAP(Wireless Application Protocol)协议得到广泛认可并已开始得到应用。

计算机网络系统是融数字化技术、网络技术和软件技术为一体的综合系统，计算机网络和计算机智能节点控制技术使远程通信成为可能。正是由于远程通信的产生，才使得所谓的远程教育和远程医疗等一系列的远程应用迅速发展。因此，电子商务的实施是和计算机网络的发展密切相关的，也正是信息技术的发展推动了电子商务的发展。

计算机软件由最初的机器语言、汇编语言、高级语言向智能语言发展。大量的操作系统软件(如 Windows、UNIX、Linux 等)、办公软件(如 Office、WPS 等)、应用软件(如 Oracle、Sybase 等)、专业应用软件(如 CAD、CAM 等)和各种集成化开发应用软件(如 PowerBuilder、Delphi 等)的发展，使人们的软件开发基础能够从手工的、最底层的、大量的、繁重的脑力劳动中解放出来，而专注于把大量的具有优秀功能的基本软件模块做最好的组装。如果说网络平台是电子商务的基石，那么软件技术则是电子商务的发动机，它直接构筑了电子商务的各种应用，保证了电子商务的安全运行。各种电子商务开发软件为在网络上建立电子商务系统提供了工具，利用这些工具，人们可以构建网上商场、虚拟超市等商务系统。数据库技术也是电子商务发展的关键技术，数据库不仅为电子商务存储各种商品信息、交易信息以及用户信息，而且通过对数据的再次整理和挖掘，可以为商家提供市场信息和决策依据，从而真正体现电子商务在市场敏锐性方面的优势。安全是关系电子商务能否普及的关键问题，为保障所传信息的安全性，各种加密技术得到了发展。共享密钥、公共密钥等加密技术为信息保密提供了基础，而防火墙、入侵检测等技术为保护信息不受非法破坏和盗窃提供了保障。

计算机科学以及计算机网络技术的发展，为电子商务的实现提供了硬件和软件上的技术手段，人们甚至可以利用现有的软件开发出适合自身企业或营销所需要的电子商务软件。计算机科学理论的发展解决了电子商务的交易手段问题，也是电子商务能够在各行各业及大、中、小型单位普及的技术前提。

【批注】

TCP/IP 即传输控制协议/网络协议，它是在网络中使用的最基本的通信协议。TCP/IP 协议对互联网中各部分进行通信的标准和方法做了规定，是保证网络数据信息及时、完整传输的两个重要的协议。TCP/IP 协议严格来说是一个四层的体系结构，应用层、传输层、网络层和数据链路层都包含在其中。

二、经济学理论应用

经济学理论奠定了电子商务交易理论的基础。电子商务作为一种全新的商务方式，为全球客户提供了丰富的商务信息、便捷的交易过程以及低廉的交易成本，以往传统经济学揭示与总结的一些基本经济规律、原理对于电子商务仍然适用。

在传统的商务活动中，交易的主体是商家和消费者，而联系他们的是市场。商务活动要实现的是产品向商品的转换，没有市场就没有其转换的快捷通道。因此，发达、健全的市场就必须能够方便快捷地实现供需方面的需求转换。经济学原理就是用来分析整个交易活动过程中所出现的交易成本，以及由此带来各种经济效益的结果。分析过程必须抓住商务活动中的基本构成要素，这就是交换、媒介、市场和形式，以及联系这些环节和关系的信息。联系供需双方的交易需求信息是商务活动中降低交易成本、增加经济效益的关键。

与传统商务活动相比，作为一种新型商务活动形式的电子商务具有自己的特征，具体表现在如下几个方面。

（一）电子商务的交易成本相对较低，交易各方的信息获取和占用能力增强

第一，电子商务使买卖双方通过网络进行商务活动，无须中介方参与，减少了交易的中间环节，节省了大量费用。第二，电子商务实行“无纸贸易”，节约了文件处理费用。电子商务贸易平台是网吧和办公室，有利于降低经营场地租赁费用。距离越远，网络上进行信息传递的成本相对于信件、电话、传真而言就越低。同时，电子商务减少重复的数据录入也降低了信息成本。第三，企业利用内部网可以实现“无纸办公”，从而提高了内部信息传递的效率，节省时间并降低管理成本。互联网把企业内部与外部紧密地联系起来，使企业具有较强的市场反应能力，有利于降低库存。此外，高效快捷的配送公司提供交货服务，有利于进一步降低产品成本。

（二）电子商务使交易效率提高、资源配置优化

电子商务将传统商务活动中物流、资金流、信息流的传递方式利用网络技术加以系统整合，将贸易中的商业报文标准化，使商业报文能在世界各地瞬间完成传输与自动处理。原料采购、产品生产、需求与销售、银行汇总、保险、货物托运及申报等过程无须人员干预，并能在最短时间内完成。在传统贸易方式中，信息传输花费的时间成本较高，有时由于人员合作和工作的时间问题，导致传输时间延误，不仅增加了成本，还会丧失商机。电子商务避免了传统商务费用高、误差大、速度慢等缺点，极大地缩短了交易成本与时间，使交易效率提高。电子商务能够规范事物处理的工作流程，将人工操作和电子信息处理集成为一个不可分割的整体，不仅提高了资源的利用程度，也提高了系统运行的严密性，有利于资源配置优化和经济运行效率提高。

（三）电子商务使商品与服务市场交易进一步虚拟化、透明化

通过计算机互联网进行市场交易，交易各方从磋商、签订契约到支付，不需要全过程面对面进行，而是逐步向虚拟化方向发展。卖方可以到网络管理部门申请域名，制作自己的主页，组织产品信息上网。买方则能根据自己的需要选择广告，并将信息反馈给卖方。通过信息互换互动，签订电子合同，完成交易并进行电子支付，整个交易活动部分或全部在网络这个虚拟的环境中进行。由于买卖各方从交易洽谈、签约到货款支付、交货通知等整个过程都在网络上进行，充分的信息供应、传递与互换可以降低各种信息误差发生的概率，防止虚假信息产生，为交易各方提供相对充分的、对称的信息，使交易进程进一步透明化。交易市场的虚拟性使生产者、经营者与消费者的直接沟通成为可能，从而具有很强的直接性和低成本运作特点。

（四）电子商务促进了市场开放和经济一体化

一方面，电子商务的出现有利于突破传统的市场流通障碍，促进市场进一步开放。电子商务是一个开放的体系，能吸纳广泛的市场活动主体，而各市场活动主体所受到的制度与信息限制相对较少。电子商务赖以生存的网络市场是开放度相对较高的无形市场或无限市场，所有市场主体都能最大限度地分享市场提供的大部分市场信息，市场需求与市场供给间的沟通障碍与成本能够被较大程度地克服，从而促使市场进一步开放。另一方面，电子商务有利于加强不同区域和国家市场之间的联系，促进全球市场一体化和全球化。电子信息技术的高速发展在降低市场沟通成本的同时，也使不同市场间的时间与地域空间距离缩短，从

而促使全球市场的形成。电子商务发展带动下的市场开放，有利于在更为广阔的地域空间配置经济资源，深化不同国家、区域和市场活动主体之间的分工与合作，提高资源配置效率，使资源共享的时间与地域空间进一步扩展。电子商务和网络经济的广泛联系形成了市场的全球化，促进了世界经济一体化和区域化。

【批注】

经济学理论：由经济学概念、范畴与范畴体系组成的经济学逻辑体系，包括科学的经济学理论与不科学的经济学理论。科学的经济学理论即经济学科学真理，是反映经济发展客观规律的经济学科学规律。不科学的经济学理论往往是复杂经济现象中某些方面的抽象，是片面的，包含着合理的因素。

三、管理学理论应用

管理学理论解决了电子商务这一整合的交易模式的效率问题。众所周知，信息流、物流、资金流是电子商务活动的三个基本组成要素，是实现电子商务的三个环节。“三流”的整合形式决定了电子商务模式的基础，即信息服务、交易和支付。要实现“三流”的高效整合，就需要相应的管理理论来配合。在全球化和知识经济时代的组织管理阶段，信息化和全球化浪潮迅速席卷世界，知识经济的到来使信息与知识成为重要的战略资源。企业只有合理组织全球资源，在全球市场上争得顾客的投票，才有生存和发展的可能。为了合理组织全球资源，除了跨国公司这种组织形式以外，又出现了虚拟企业，由此引发了后来的“虚拟组织”热。这就对信息的获取能力、加工处理能力、利用能力提出了比前几个阶段更高的要求。这种客观的需要使得企业必须把原来的管理信息系统和决策支持系统（Decision Support System，DSS）相互连接起来，使具有信息传播和信息发布功能的 Internet 获得突飞猛进的发展，使电子商务的基础设施不断完善。

任何技术的发展都是以商业需求为推动力的，作为信息处理、信息获取、信息利用的电子商务技术也不例外。管理的需要，一步一步地推动计算机技术、信息处理、信息传输技术的发展、完善，直至电子信息技术和管理技术达到目前最高程度的有机融合——电子商务。管理就是这样推动电子商务发展的。

第三节 电子商务的网络经济学原理

一、网络经济活动与价值链

经济学家认为市场（market）的一般定义包括两个条件：第一，一种商品的潜在卖主和其潜在买主进行接触；第二，必须有合适的交换媒介，这种交换媒介可以是货币或易货贸易。大多数经济学家都认为市场是一种对稀缺资源进行分配的有效机制。如果事实如此，大多数的商务交易就应该在市场中进行。然而，今天有大量的商务活动发生在大的等级制企业组织的内部，经济学家一般把这种组织称为企业。现在大部分等级制企业组织有一个高高在上的总裁或总经理，他的下面有几个副总经理向他汇报工作，副总经理的下面又有更多的中层经理向他们汇报工作，依此类推。一个组织的等级可以较为平坦，即管理层次较少；也可以不平坦，即管理层次较多。无论是哪一种情况，最底层的雇员的人数总是最多的，一般由生产工人或服务的提供者组成。这些大企业的大量商务活动是完全发生在企业内部的，只有当企业购买原材料及销售最终产品时才进入市场。如果市场的确是分配稀缺资源的最佳机制，这些大企业生产和创造价值过程的每一阶段都应进入市场。诺贝尔经济学奖得主罗纳德·科斯在1937年发表的一篇论文中提出了这样的问题：为什么参与商务活动的个人经常会通过创立企业来组织这些活动？他对这些企业组织的等级制结构有着特别的兴趣。他研究了商人把很多经济活动从市场转移到等级制企业的原因，最后得出结论：交易成本是这种行为的主要动机。

【批注】

交易成本(Transaction Costs)又称交易费用，由诺贝尔经济学奖得主罗纳德·科斯提出，交易成本理论的根本论点在于对企业的本质加以解释。经济体系中企业的专业分工与市场价格机能之运作产生了专业分工的现象，但是使用市场的价格机能的成本相对偏高，因而形成企业机制，它是人类追求经济效率所形成的组织体。由于交易成本泛指所有为促成交易发生而形成的成本，因此很难进行明确的界定与列举，不同的交易往往涉及不同种类的交易成本。

（一）电子商务交易过程与服务功能

电子商务是一种多技术的集合体，包括获得数据（如共享数据库、电子公告牌）、处理数据（如认证、加密）、交换数据（如电子数据交换、电子邮件）以及自动捕捉数据（条形码）等。

对于一般的商品交易，其电子商务过程可以描述为三个阶段。

第一阶段，即交易前，主要是指交易双方在交易合同签订之前所进行的一些活动。在互联网及其他各种商务网络上，卖方发布自己的产品和交易的有关信息，买方寻找适合自己的商品和交易机会，双方通过电子网络交换信息，比较商品价格和交易条件，了解对方国家、地区的有关贸易政策，从而选择合适的交易对象。

第二阶段，即交易中，主要指签订合同、进行交易的过程。这一过程涉及面很广，如与金融机构、运输部门、税务机关、海关等方面进行电子单证的交换，即电子数据交换和电子支付等。

第三阶段，即交易后，主要指在交易双方完成各种交易手续之后，商品交付运输公司起运或通过邮局邮寄，或者直接通过电子化方式传送数字产品或提供服务，并向用户提供方便、即时、优质的售后服务等。

（二）网络经济活动

1. 交易成本

交易成本是买主和卖主收集信息和协商买卖交易时发生的全部成本的总和。虽然中介费和销售佣金也可能成为交易成本的一部分，但信息的寻找和获得成本仍是成本的最重要组成部分。交易成本的另一重要组成部分是卖主为了向买主供应产品或服务而进行的设备或人员投资。

2. 市场和等级制度

科斯认为，当交易成本很高时，商人就会创立企业，这种企业用一套等级制的监督和控制系统来代替在市场上的交易协商活动。尽管创立和维持一个监督和控制系统的成本可能会很高，但在很多情况下这些成本会低于交易成本。监督工作主要由生产一线的监工完成，这些监工是从那些更熟练的一线员工中挑选出来的。现有企业自己设立等级制的结构来替代供应商生产产品，这种做法被称为垂直一体化。

3. 电子商务的作用

企业和个人采用电子商务可以改善信息的流动、协调不同的活动、降低不确定性，从而降低交易成本。通过降低收集潜在买主和卖主信息的成本、增加潜在市场参与者的数量，电子商务可以转移很多企业对垂直一体化的注意力。现在的研究还不清楚电子商务的广泛采用是否会使等级制组织回归到它们以前的基于市场的结构，但这种可能性是存在的。

（三）电子商务中的价值链

电子商务包括的业务活动太多了，所以管理者很难决定如何在企业中使用电子商务以及用在何处。集中对某些业务流程实施电子商务的一种方法是，把这项业务分解成一系列的增值活动，这些活动结合在一起可以产生利润并满足企业的其他目标。电子商务中价值链构建的方法是：把企业的业务活动分解成一系列为企业创造价值的活动。任何规模的企业都要开展商务活动。小企业可能只关注一种产品、一个分销渠道或一类顾客。大企业经常通过多个分销渠道把很多不同的产品或服务销售给多种不同类型的顾客。在这些大企业里，管理者围绕战略业务单位的活动组织工作。战略业务单位也称业务单位，是产品、分销渠道和顾客类型的一种特定组合。多个股东拥有的多个业务单位组成企业，多个向同样顾客销售同样产品的企业形成行业。

二、网络外部性与正反馈

（一）网络外部性

1. 外部性定义及特征

当生产者或消费者从事一项活动，而且这种活动能够对社会上其他人的福利造成影响时，我们就说这种活动对外界具有外部性。

定义外部性的概念历来是一个难题。有的经济学家把外部性概念看作经济学文献中最难捉摸的概念之一，有的理论根本不提外部性的定义。归结起来，有关外部性有两类定义：一类从外部性产生的主体定义；另一类从外部性接受的主体定义。前者如萨缪尔森和诺德豪斯的定义，外部性是指那些生产或消费对其他团体强征了不可补偿的成本或给予无须补偿的收益的情形，大多数经济学文献是按照萨缪尔森的定义来理解的。后者如兰德尔的定义，外部性是用来表示当一个行动的某些效益或成本不在决策者的考虑范围内时所产生的一些低效率现象，也就是某些效益被给予或某些成本被强加给没有参加这一决策的人。如果用数学语言表述，所谓外部性是在某经济主体的福利函数的自变量中包含了他人的行为，而该经济主体又没有向他人提供报酬或索取补偿。

上述两类定义的差别在于考察的角度不同，但本质上是一致的。我们认为，外部性是某个经济主体对另一个经济主体产生的一种外部影响，而这种外部影响又不能通过市场价格进行买卖。

2. 外部性的分类

外部性按作用效果不同，分为正外部性和负外部性。给他人带来有利影响的外部性称为正外部性。例如，教育就是能够带来正外部性的最好行业，把小孩培养成有文化、有礼貌的诚实守信的公民，除了受教育者本身直接受益外，他身边的人也将受益，社会环境、社会文化氛围会得到改善，整个社会的劳动力资源水平也会得到提升。当对于教育的需求遵照市场规律时，私人成本和私人价值将决定教育的市场提供量，私人成本与社会价值的需求曲线的交点，决定了所谓教育提供的“最适量”均衡，如图 2-3 所示。

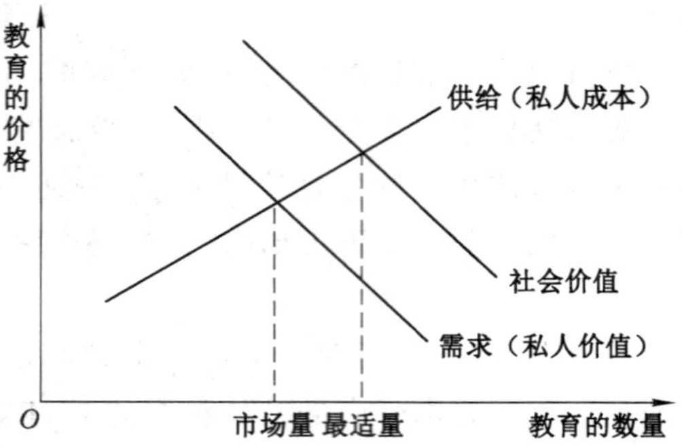

图 2-3 正外部性私人价值和社会价值

给他人带来不利影响的外部性称为负外部性。例如，造纸厂造纸会带来污染，每生产一个单位量的纸，社会成本既包括纸生产者的私人成本，也包括污染给他人带来的成本。计划经济时期的上海苏州河两岸，由于大建工厂导致河水发臭、发黑。工厂虽然制造了无数广受消费者喜爱的上海货，但是却给生活在两岸的居民留下了臭水、臭气和毒素，而且在近些年的治理过程中，又耗费了大量钱财。治理后的苏州河，不仅解决了原有的毒害难题，而且产生了广泛的正外部性。河水水质得到改善，河中有鱼，恢复了生态，游客也在增多，两岸的商业焕发新的生机。由图 2-4 可以看出，需求曲线和社会成本曲线的交点决定了社会最适产量，社会最适量比市场均衡量低。

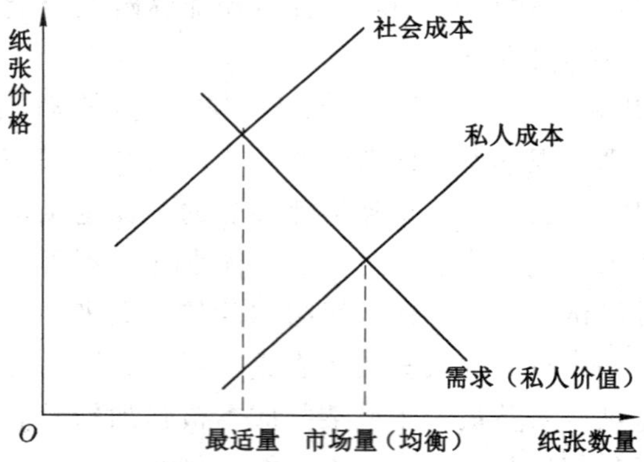

图 2-4 负外部性私人成本和社会成本

当市场存在正外部性或负外部性时，市场量有时比社会最适量高，有时比社会最适量低，这种情况被称为市场无效率。特别说明的有以下几点。

第一，符合效率的产出水平由产品的社会边际效益与产品的社会边际成本的等量关系决定。

第二，在产品具有外部成本(存在负外部性)的情况下，产品的社会边际成本等于内部边际成本与外部边际成本之和。

第三，在政府不加干预的市场竞争情况下，追求利润最大化的厂商以内部边际成本等于社会边际效益来决定产出量。在产品具有外部成本(存在负外部性)的情况时，这一产出水平高于资源有效配置的产出水平，资源配置效率受到损失，如图 2-5 所示。

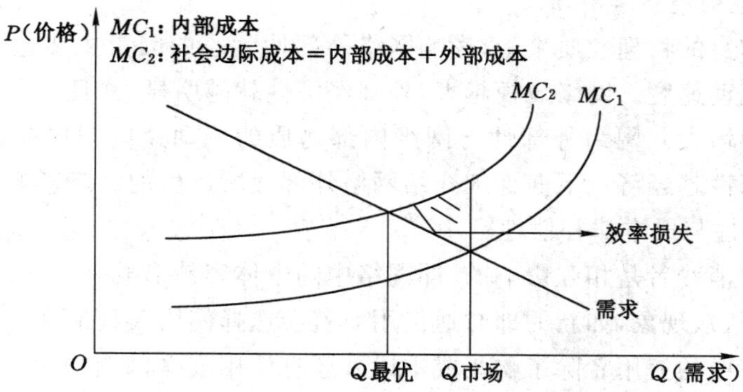

图 2-5 负外部性效率损失

3. 网络外部性的内涵

为了更好地理解网络外部性,我们先要了解网络效应。信息产品存在着互联的内在需要,因为人们生产和使用它们的目的就是更好地收集和交流信息,这种需求的满足程度与网络的规模密切相关。如果网络中只有少数用户,他们不仅要承担高昂的运营成本,而且只能与数量有限的人交流信息和使用经验。随着用户数量的增加,这种不利于规模经济的情况将不断得到改善,所有用户都可能从网络规模的扩大中获得更大的价值。此时,网络的价值呈几何级数增长,这种情况被称为网络效应,也被归纳为梅特卡夫法则。网络效应强调网络价值量随用户数量的增加而增加。

网络外部性是"新经济"中的重要概念。网络外部性强调产品对于用户的价值随着其他用户的增加而不付出任何成本的增加。通俗地说就是每个用户从使用某种产品中得到的效用,与用户的总数量有关。用户人数越多,每个用户得到的效用就越高,网络中每个人的价值与网络中其他人的数量成正比。

网络外部性可分为直接网络外部性和间接网络外部性两类。直接网络外部性是指消费者直接和网络单元相连,可以直接增加其他消费者的使用效用。如 QQ 等即时通信工具,当网络中使用 QQ 的人数增加时,每位用户从中所获取的价值就增加了。间接网络外部性是指随着一种产品使用者数量的增加,市场上出现更多品种的互补产品可供选择,而且价格更低,消费者从而更乐于购买该产品,并间接提高了该产品的价值,如硬件和软件。直接网络外部性与间接网络外部性的区别如图 2-6 所示。

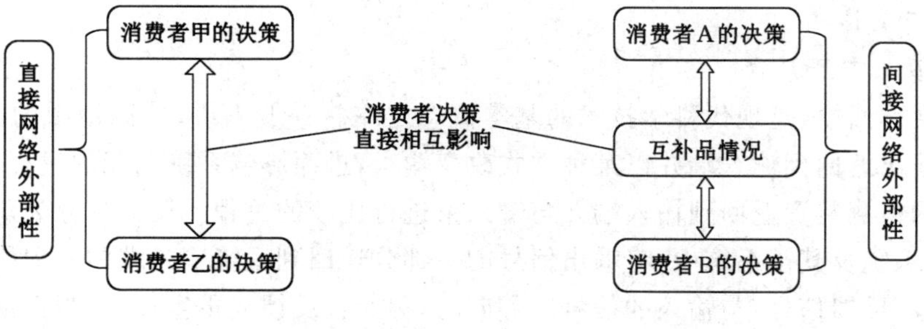

图 2-6 直接网络外部性与间接网络外部性的区别

4. 网络外部性的经济学分析

从网络系统本身的物理性质来看，影响网络外部性大小的因素主要包括网络的规模和网络内部物质的流动速度。网络规模越大，外部经济性就越明显，并且在网络规模超过一定数值（阈值）后急速增大。网络外部性与网络内部物质的流动速度同样存在着正相关的关系，流速越大，外部性越经济。下面详细介绍网络外部性所产生的经济影响。

（1）用户互联性与成本非补偿性

网络产业中的消费者是相互影响的，即网络中的个体容易形成一个联盟，其经济决策是互动的，有明显的从众现象，如新的即时通信用户就会选择使用人数最多的软件。成本非补偿性是指网络经济中的使用者除了购买成本以外还有使用成本，如购买后的软件升级费用、员工培训费用，这些都需要用户自己承担，同时也是用户购买时需要考虑的一个重要因素。

（2）供给方规模经济与需求方规模经济

不同于传统市场的边际收益递减规律，网络外部性市场具有边际收益递增的特性，即每增加一单位产品的销售所引起的收益增加值有递增的趋势，这种边际收益递增的特性源自网络外部性市场所具有的供给方规模经济与需求方规模经济的共同作用。网络外部性市场往往表现出供给方规模经济效应，即生产在达到一定规模之后，产品的单位成本将会很低。网络外部性市场，尤其是信息技术产业市场，其产品是高度技术密集型产品，这种产品凝聚了大量技术创新的成果，在前期研发中往往需要巨额研发资本的投入，因此产品生产的固定成本非常高昂。但再生产时，往往只是“复制”式生产，边际生产成本非常低，甚至与高额的前期研发投入相比，复制生产的边际生产成本可以小到忽略不计。例如，微软在开发ActiveX 技术时，前期的研发投入高达 1 亿美元，然而复制软件的成本却几乎接近于零，且复制产量可以不受自然能力的限制。

与供给方规模经济相比，网络外部性市场的需求方规模经济更为显著。网络外部性就是一种需求方规模经济，使用某一产品或服务的消费者人数越多，消费者从中获得的价值越大。这种需求方的规模经济不同于通过扩大生产规模实现成本下降意义上的规模经济，它只有通过产品拥有大规模的消费和使用才能实现。这种大规模的产品需求显然对生产者非常有利，刺激了产品的供给，而大规模生产带来的边际生产成本递减促使边际收益表现出递增性。供给方规模经济以及需求方规模经济的共同作用，使得网络外部性市场具有边际收益递增的特性。

【批注】

网络规模：互联网络中的节点数量，表示该网络所能连接部件的多少。

（二）正反馈

1. 负反馈与正反馈

反馈又称回馈，是现代科学技术的基本概念之一。一般来讲，控制论中的反馈概念，指将系统的输出返回到输入端并以某种方式改变输入，进而影响系统功能的过程，即将输出量通过恰当的检测装置返回到输入端并与输入量进行比较的过程。反馈可分为负反馈和正反馈，在控制系统及其子系统中，将输出信号的一部分送回到系统输入端的过程称为反馈。当送回的信号（反馈信号）与输入的信号同方向时，称为正反馈或再生反馈；当反馈信号与输入信号方向相反时，称为负反馈。用一句话来形容负反馈和正反馈，负反馈就是物极必反，盛极必衰；正反馈就是强者越强，弱者越弱。

现实生活中有很多负反馈和正反馈的例子，一般“恶性循环”导致系统的破坏，大多是由于正反馈的作用，如鱼塘由于天气炎热，部分鱼苗染病，如若不采取行动将导致鱼塘环境变差，鱼苗甚至植物大面积死亡。负反馈使生态系统达到或保持平衡或稳态，结果是抑制和减弱最初发生变化的那种成分的变化，如人体血糖、体温的调节，冰箱、空调的运作方式。经济学中正反馈和负反馈的例子也很多。正反馈在下文会详细介绍，这里讲传统经济中的典型的负反馈——市场均衡价格的调节。如图 2-7 所示，市场供给曲线和需求曲线相交于 E 点，E 点的价格 P^* 和产量 Q^* 即为均衡点。当市场偏离 E 点时，如价格高于 P^* 点，此时厂商愿意提供的商品数量大于消费者愿意购买的商品数量，厂商不降价则会导致商品销售困难，因此被迫降价。反之，当价格低于 P^* 时，消费者愿意购买的商品数量大于厂商愿意提供的商品数量，此时厂商涨价能销售更多商品，否则就会出现抢购和黑市现象。

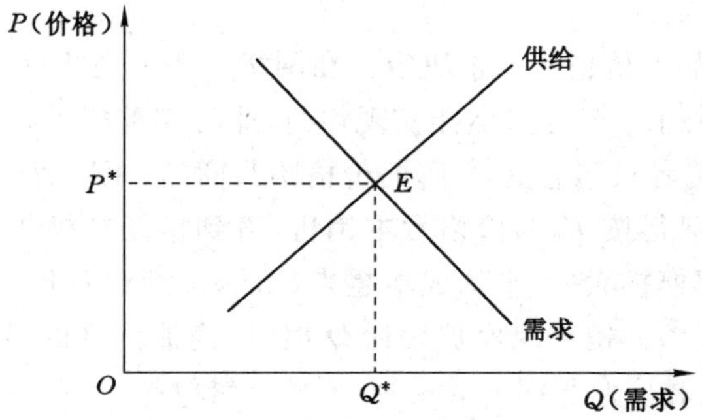

图 2-7　负反馈均衡

2. 网络经济中强烈的正反馈效应

正反馈是一个使强者更强、弱者更弱的动态过程。网络外部性市场往往易形成极强的正反馈机制，在正反馈机制的作用下，某种产品市场规模的增长过程常常符合一种可预测的模式，这种典型的模式呈现为如图 2-8 所示的 S 形的成长道路：缓慢的起步积累→用户安装基础达到一定临界规模后爆炸性地增长→饱和。所谓临界规模，是指促成该种产品或技术标准形成正反馈效应的必要用户数目或采用者群体大小，是维持一个网络的成长需要的最小非零均衡规模。

图 2-8 中点 A 所反映的产品的用户网络规模就代表了临界规模。在网络外部性市场中，引发正反馈效应的前提为产品的用户安装基础必须达到一定的容量，即临界规模。高于

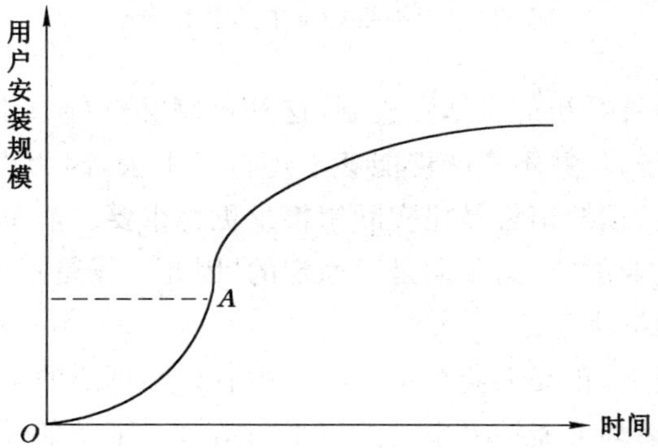

图 2-8　正反馈用户基础

临界规模的产品网络规模有自我强化的趋势，产品的用户规模进一步扩张；而当产品的用户安装基础低于临界规模的时候，产品的用户规模将不断弱化直到产品退出市场。

3. 网络经济中正反馈产生的原因

网络外部性市场中供给方规模经济与需求方规模经济共存的局面进一步强化了正反馈机制的效用。一方面，需求方的增长使得供应方规模经济得以实现，从而降低了供应方的成本；另一方面，需求方的增长借助网络外部性效应使得产品对其他消费者更具吸引力，进一步刺激了需求的增长，双重作用的共同结果产生了极强的正反馈效应，从而使网络外部性产业的发展速度要远远快于传统经济产业。具体来看，产生正反馈的原因可以归结为路径依赖、锁定和转移成本。

4. 网络经济中正反馈的影响

(1) 市场均衡的不确定性

传统经济条件下，商品的价格由供求决定。在网络经济下则相反，因此网络经济下出现多态均衡情况，如图 2-9 所示。F 点必然能实现均衡，此时供求相等。若此时市场规模不到 F 点，处于 Q_2 时，那么消费者只愿意支付 P_2 的价格购买商品，而厂商希望以 P_3 的价格出售，但消费者不会购买，厂商只得按 P_2 的价格亏本销售，直到市场规模扩大到 Q_1（此前一直为负反馈状态），厂商发现规模扩大后，平均成本越来越低，厂商愿意接受更低价格，消费者反而愿意以更高的价格购买。如销售规模扩大到 Q_3 时，厂商能接受的最低价为 P_2，而消费者愿意支付的价格为 P_3，此时厂商利润大为增加，厂商会继续扩大生产规模，最终选择哪个生产规模都不一定，即为多态均衡。

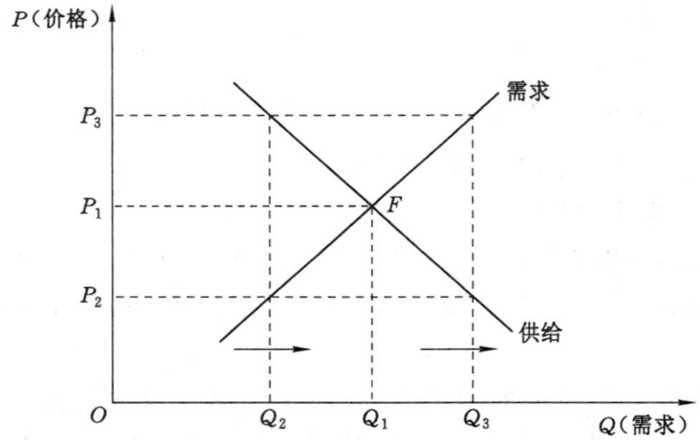

图 2-9　网络经济中的多态均衡

上述分析是网络经济系统的自增强机制，这种机制必然导致市场的不稳定。某种产品或技术，目前占据了市场，但并不意味着能够永远持续下去，因为市场是不稳定的。市场的不稳定来自预期的作用，预期销售量比实际销售量更为重要。消费者根据预期来选择产品，厂商根据预期来制定企业战略，而预期是不稳定的，因此市场是不稳定的。

(2) 可能次优技术获胜

在报酬递增的情况下，正反馈会显示出经济中有许多可能的均衡点，没有一种机制能保证在正反馈经济中，从诸多可能结果中挑选出来的结果一定是最优结果，而且一旦某种随机经济事件选择了某一路径，这种选择就可能被锁定在该条道路上了，而不会选择更为先进或合适的道路。或者说经济中一个次要的或暂时的优势、一个看似不相关的事件都可能会对最终竞争结果产生决定性影响。如果一种产品或一个国家在竞争性市场上因某种机会或机遇而领先,它就会一直领先,并扩大这种领先程度,可预测性和市场分享就不再能实现。

(3) 企业战略改变

网络经济中正反馈机制的作用将导致市场需求曲线和传统市场完全不同,因此,企业的竞争策略也会不同。在传统经济中,大规模生产存在标准价格,生产要进行计划安排和有效控制来追求效率。通过日复一日的重复性生产,人们对生产进行持续改良,努力实现最优化,因此管理上要求分工明确,实行等级管理。但在上述分析中已表明,网络经济中人们无法找到最优均衡状态,关于生产与产量的均衡水平均充满不确定性。企业在发展中必须对企业战略进行持续不断的再定位、再设计,每一次寻求的目标和任务的变化都有可能导致公司整个发展方向的变化,需要再定位公司的目标和构思公司运作的方式。同时在网络经济中,企业竞争战略将从多侧面发生改变,如抢先超越临界点战略、客户锁定战略、企业产业化战略、标准竞争战略等都是网络经济下企业竞争的特有战略。

(4) 政府规制的改变

传统经济学理论认为,完全垄断将带来消费者剩余的损失和低效率。因此在完全垄断市场上,政府必须进行规制,一般包括价格规制和非价格规制。网络经济中正反馈的存在使得一个企业只有在网络规模足够大时才能盈利,因此网络经济产业容易形成寡头垄断市场和完全垄断市场,并且完全垄断市场是最终的结果。在集中度较高的市场内,消费者剩余并不会减少,因为销售规模越大,商品价格越低,消费者剩余反而会增加,和传统完全垄断市场高价格、低产量的结果完全不一致。另外,政府需要对在位垄断者进行知识产权保护,使其在一段时间内保持高收益,将之前的研发成本收回,否则大量复制、模仿将打击企业创新的积极性,市场难以进步。

三、网络经济中的供给与需求

(一) 数字产品的供给

与传统物质产品相比,大部分数字产品的边际生产成本为零,只要消费者的需求足够大,厂商的生产就基本不受限制。由于资源的稀缺性,物质产品的生产要素投入有较大限制,因此数字产品的平均成本曲线比物质产品平均成本曲线更为宽大。数字产品的最低有效规模比一般传统产品的都要大,所谓最低有效规模就是厂商能达到平均成本最低点的最小规模。市场规模是由供求双方共同决定的,然而在当前经济环境下,需求方规模经济占有更明显的优势,所以只能生产单一产品的数字产品企业不能达到理论上的最低有效规模。同时,这意味着数字产品企业一般都表现为产能过剩。

1. 数字产品供给规律

网络经济中的供给规律表现为随着产量的增加,数字产品的售价越来越低,在网络经济当中供给曲线呈下滑趋势。数字产品供给曲线呈下滑趋势是由数字产品的成本特征和网络外部性导致的。

造成网络经济中厂商供给曲线不同于传统经济的另一个原因是网络外部性和正反馈效应。根据该理论,产品销售量每增加一单位,产品对于原有消费者价值都将上升。新用户在选择商品时,会考虑该产品用户数量的大小。用户越多,产品价值就越大,新用户越可能选择。因此从这一点来看,网络产品的价值取决于网络用户规模的大小,厂商的市场占有规模决定了产品的价值。在网络规模较小时,产品对消费者价值较小,为了促进消费者购买,厂商会低价出售。这也是现实生活中存在免费邮件、免费音乐、免费阅读、免费软件的原因,等网络规模形成后,厂商一般就开始收取费用,除非有了新的盈利模式。

2. 数字产品种类供给曲线与长尾效应

前面分析的是单个数字产品的供给曲线,我们分析市场供给曲线(把生产同类商品的各个厂商供给曲线叠加)是没有作用的。而现代社会由于消费者消费的个性化、定制化特点,可以说数字产品的差异化定制非常重要。在这样的产品差别化和定价个人化的动态过程中,如果仍然像在传统经济中那样单纯地根据价格来考虑消费者的需求变化,显然是远远不能满足实际需要的,并且竞争的结果是市场上最后只会存在一个赢家。厂商可以开发出不同特点的同类商品。图 2-10 所示为数字产品的种类供给曲线,横坐标表示产品的供给种类数量,纵坐标表示众多数字产品的加权平均价格。数字产品价格高时,企业更愿意开发新的数字产品;价格低时,企业不太愿意开发新的数字产品。

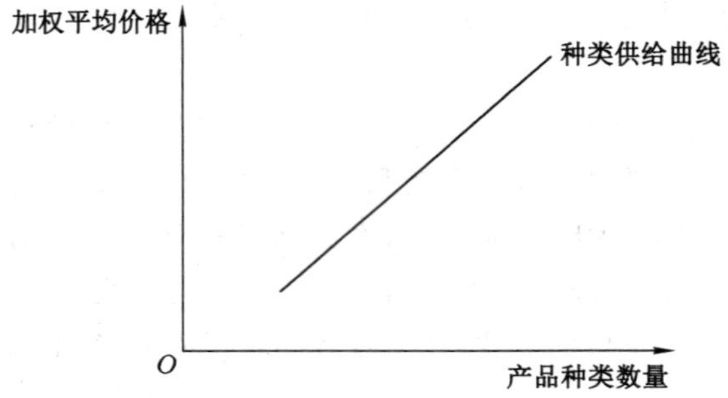

图 2-10　数字产品的种类供给曲线

在技术日益发展、信息大爆炸的今天,企业可以通过降低规模进行个性化产品生产,甚至通过消费者直接参与生产来降低产品的成本,也可以通过数据处理技术在消费者的海量选择中发现和了解其偏好的产品。由此,对于经营那些需求量小、非主流商品的企业而言,借助互联网技术快速寻找存在同样需求的消费者进而形成规模之后,其业绩也能够与需求量大、主流的商品相媲美,这就是长尾效率。

(二) 数字产品的需求分析

1. 需求影响因素分析

(1) 个人需求曲线

如果不考虑数字产品的升级和产品淘汰问题,一般消费者只会购买一单位该数字产品(不可破坏性)。对个人而言,购买多个数字产品是不合理的,没有人会同时购买两单位一模一样的数字产品。个人对数字产品的边际效用评价直接在消费第二个单位时降为 0。

假设单个消费者市场价格是 p,并且清楚地知道网络规模大小。在这种假设之下,消费者的效用函数为:

$$U = \beta + f(q^e) - p$$

其中,$\beta > 0$,为消费者不考虑网络外部性时从产品中获得的基本效用,即产品的自有价值;$f(q^e)$ 指协同价值,网络外部性给消费者带来的效用,是关于 q^e 的增函数。在既定的网络规模下,消费者是否购买产品取决于效用是否大于 0。

(2) 影响数字产品市场需求的两种力量

考察市场上所有可能的数字产品购买者，每个人对该产品都必然有一个愿意支付的最高价格，我们称之为保留价格。在保留价格上，消费者在购买或不购买的决策选择上是无差异的，即 $p=\beta+f(q^e)$ 时的情况。如果消费者选择不购买，那么供给方必然会以一个微小的降价来吸引消费者购买产品获得效用，因此我们可以假设消费者在购买与否无差异时会选择购买策略，这一假设保证了推导出的市场需求曲线的连续性。暂时不考虑网络外部性的影响，当市场上只有一个人的保留价格大于市场价格时，只有一个人愿意购买该数字产品；当只有两个人的保留价格大于或等于市场价格时，市场上将只会有两个消费者；依此类推，按价格 p 购买数字产品的消费者数量正好是持保留价格大于或等于 p 的人数，结合单个消费者只购买一次数字产品的假设，我们容易得到这样一个结论：对产品的保留价格较高的消费者总是先进入市场，这时边际消费者的支付意愿是随着进入市场次序的增加而递减的。当然，降低数字产品的价格，将会吸引更多的消费者进入市场。

数字产品的需求决定了有两个相反的力量在起作用：既定网络规模下，边际消费者对产品的偏好强度递减，同时，随着边际消费者不断进入市场，网络规模越来越大，他们愿意为已经实现的网络效应支付更高的报酬。综合考虑这两种力量对需求曲线形状的影响，并得出适合均衡分析的数字产品市场需求模型，必须注意在分析时运用不同的假设：在分析第一种力量时，网络规模是既定的，而第二种相反的力量则源于网络规模的扩大。

【批注】

支付意愿是消费者对所接受的货物和劳务的估价或愿意付出的代价。

2. 数字产品的需求函数和需求曲线

Economides 和 Himmelberg(1995)在其存在网络外部性的需求曲线模型中，应用了预期实现的假设，得到了先上升、到达市场饱和容量后再下降的倒 U 形曲线图；张小蒂和倪云虎(2008)综合考虑网络外部性影响和消费者边际效用(或需求强度)递减，得到了先下降后上升的需求曲线。Economides 和 Himmelberg(1995)模型分析的是独立的产品市场，由于不存在来自其他替代性产品的竞争，所以网络效应必然可以在不同规模上实现，不存在临界容量的问题。

在存在网络外部性的情况下，消费者在购买第 N 单位的商品 G 时，消费者意愿将受到其对 G 预期销售数量的影响。消费者预期商品 G 销售得越多，他越愿意为 G 支付更高的价格，但是在预期销售数量已确定的情况下，其消费意愿又将随着价格的下降而上升。如图 2-11 所示，在每个 $n_i=n$，时，即消费者预期实现的每一个网络规模上，都有一条向下倾斜的曲线 D_i；而不同的网络规模 $n=n_i$ 得以实现时，需求曲线 $p(n,n)$ 就是一条由点 $p(n_i,n_i)$ 组成的曲线。

张小蒂、倪云虎(2008)提出的模型考虑了来自其他可替代的产品市场的影响，只有当产品的用户规模达到临界容量时，网络效应才会发挥作用，并以此解释需求曲线在临界容量前的下降部分。但是该模型可能存在如下缺陷：首先，该模型没有饱和容量后的下降部分，无法避免爆炸式增长和无限销售的可能性出现。其次，该模型将两种影响需求的力量简单判定为相互抵消的方法过于武断，缺乏严谨的逻辑推理过程。但可以肯定的是，数字产品的市场需求曲线存在向上倾斜的区间。

数字产品的需求曲线一方面遵循网络外部性的影响，网络规模越大，消费者支付意愿越

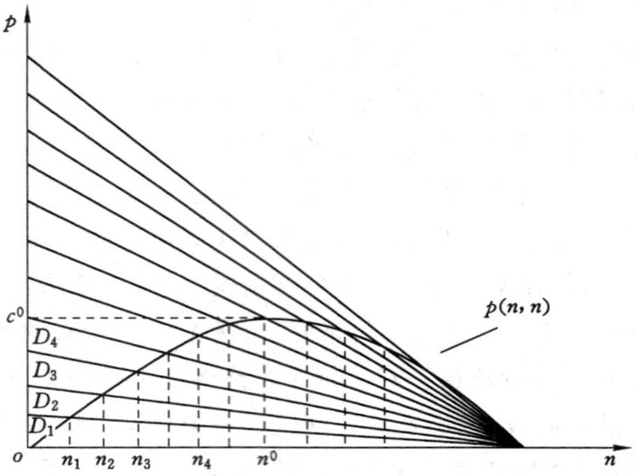

图 2-11　数字产品的需求曲线

高；另一方面遵循边际效用递减规律（但也有例外，如游戏），随着消费数量的增加，消费者支付意愿减弱。故可以将需求函数模拟为：

$$P = a - bQ + cQ^2$$

当 $Q < b/2c$ 时，P 的一阶导函数小于 0，此时随着 Q 的增加，P 不断下降，即边际效用递减规律起主要作用。

当 $Q > b/2c$ 时，P 的一阶导函数大于 0，此时随着 Q 的增加，P 不断增加，即网络外部性起主要作用。

这个共识不但适用于网络经济的核心——数字产品市场，也同样适用于所有具有网络外部性的产品市场。例如，在操作系统市场上，消费者愿意为广泛使用并拥有庞大网络规模的 Windows 产品支付更高的价格，而对 O/S、Unix 的支付意愿较低。DVD 技术新推出时，VCD 正在影音市场上普遍流行，市场对 DVD 播放器和碟片的购买需求的确随着价格的上升而降低，而当 DVD 技术的用户网络规模达到临界容量时，网络外部性影响开始凸显，消费者的支付意愿又随着网络规模的增加而增强。

本章练习题

一、单项选择题

1. 电子商务的核心是（　　）。

A. 技术　　B. 物流　　C. 交易　　D. 信息

2. 以下（　　）不是网络经济的特征。

A. 全球性　　B. 高效性　　C. 有限性　　D. 互动性

3. 网络外部性是指（　　）。

A. 网络设备的外部性

B. 网络服务的外部性

C. 网络用户的增加对其他用户产生的正面影响

D. 网络技术的快速发展

4. 在网络经济中，（　　）会随着产品产量的增加而减少。

A. 固定成本　B. 边际成本　C. 变动成本　D. 总成本

5. 在网络经济中，(　　)描述了新技术或新产品的出现会迅速取代旧的技术或产品。

A. 锁定效应　B. 替代效应　C. 网络效应　D. 创新效应

6. 在网络经济中，(　　)描述了随着用户数量的增加，每个用户从网络中获得的效用也增加。

A. 直接网络外部性　B. 间接网络外部性

C. 正网络外部性　D. 负网络外部性

7. (　　)不是网络经济中的市场结构。

A. 完全竞争　B. 垄断　C. 寡头竞争　D. 完全垄断竞争

8. 在网络经济中，(　　)描述了新技术或新产品的出现和扩散的速度非常快。

A. 技术锁定　B. 技术扩散　C. 技术替代　D. 技术跳跃

9. 在网络经济中，(　　)可能导致市场失灵。

A. 规模效应　B. 竞争效应　C. 信息不对称　D. 网络外部性

10. 在网络经济中，(　　)技术可以降低信息搜索成本、提高市场效率。

A. 搜索引擎　B. 社交媒体　C. 电子邮件　D. 即时通信工具

二、多项选择题

1. 电子商务相比传统商务模式，具有(　　)优势。

A. 交易成本更低　B. 交易效率更高　C. 交易风险增加

D. 市场范围更广　E. 客户服务更便捷

2. 在网络经济中，(　　)因素可能影响网络市场的竞争。

A. 规模效应　B. 技术创新　C. 信息不对称

D. 网络外部性　E. 消费者偏好

3. 在网络经济中，(　　)因素可能推动技术创新。

A. 市场需求　B. 竞争激烈　C. 政府支持

D. 技术锁定　E. 高昂的研发成本

4. 在电子商务中，(　　)因素可能影响消费者的购买决策。

A. 商品价格　B. 产品质量　C. 卖家信誉

D. 交付时间　E. 消费者个人喜好

第三章　电子商务安全

【内容提要】

随着网络的发展,电子商务已成为商务活动的新模式,越来越多的个人和企业通过互联网进行商务活动。电子商务越来越普及,其安全问题也变得越来越突出。如何建立一个安全、便捷的电子商务应用环境,对信息提供足够的保护,已经成为商家和客户都十分关心的话题。本章将在介绍电子商务安全威胁和安全需求的基础上,重点介绍电子商务所涉及的主要安全技术和支付安全协议,介绍我国电子商务安全的信用机制,提出在互联网上开展商务活动时应注意的网络安全防范举措。

【知识目标】

熟悉电子商务的安全要素;了解保障电子商务安全的常用技术;掌握电子商务安全交易协议;掌握电子商务信用机制的内涵与特征。

【能力与素质目标】

能够对 Office 文档加密,实现文件保护;学会应用计算机端和移动端的日常安全防护措施;能够运用电子商务安全措施进行计算机保护;了解电子商务安全在日常网络中的运用;熟悉电子商务面临的安全问题,明确电子商务对安全性的要求。

【思政目标】

通过学习目前我国电子商务安全方面的发展和相应举措,增强职业认同感;知道电子商务安全法律,提升网络行为道德意识。

【开篇案例】

电子面单破解了信息安全的难题

2018 年 3 月,多家快递网点收到了纸质快递面单加价的通知,而电子面单价格保持不变。信息技术的高速发展和行业的倒逼使纸质面单逐步退出历史舞台。与电子面单相比,传统纸质面单价格高、信息录入效率低、信息安全隐患多等劣势已越发明显。

1. 实名制增加了个人信息泄露的风险

自 2015 年 11 月 1 日起,国家邮政局推行“快递实名制”。自 2016 年 6 月起,国家强制要求实行快递实名制。快递实名制在使信息真实度提升的同时也增加了用户个人信息泄露的风险,快递单成为“泄密单”,成为泄露消费者隐私的安全隐患。

2. 电子面单破解了信息安全死穴

如何破解快递信息安全这一难题?在业界人士看来,电子面单的推行是一个契机。采用电子面单寄件时,用户只需扫描快递寄件二维码,并在手机上填写收寄件人的姓名、电话号码、地址等个人信息;快递员会根据用户提交的信息利用便携式打印机将寄件信息打印出来。针对纸质面单导致信息泄露的问题,电子面单甚至还可以进一步开发为“隐私面单”,对收发件人的个人信息进行隐藏处理。

事实上，一些业内企业早已经开始布局电子面单了。2016 年 6 月，京东商城就已经开始试行“微笑面单”，即在包裹生成时便部分隐藏用户的姓名和手机号码信息，以“笑脸”符号代替。2017 年 5 月，菜鸟也推出了“隐私面单”，以避免将消费者个人信息全部显示在快递面单上。顺丰自从推行电子面单以后，其电子面单覆盖率很快达到 90%以上。“四通一达”等主流快递企业也在加快淘汰纸质面单的步伐。

（资料来源：《一线：纸质面单涨价，多家快递公司已经发文！》，搜狐网，2018 年 3 月 27 日。收入本书时略有改动。）

思考：

1. 电子面单的推出给企业与个人带来了哪些益处？

2. 个人信息安全如何得到有效保护？

第一节 电子商务安全的内涵

一、电子商务安全的内容与安全要素

（一）电子商务安全的内容

电子商务的一个重要技术特征是利用 IT 技术来传输和处理商业信息。因此，电子商务安全从整体上可分为两大部分：计算机网络安全和商务交易安全。

计算机网络安全的内容包括计算机网络设备安全、计算机网络系统安全、数据库安全等。其特征是针对计算机网络本身可能存在的安全问题，实施网络安全增强方案，并以保证计算机网络自身的安全性为目标。

商务交易安全则紧紧围绕传统商务在计算机网络上应用时产生的各种安全问题，在计算机网络安全的基础上，保障电子商务过程的顺利进行，即实现电子商务的保密性、完整性、可鉴别性、不可伪造性和不可抵赖性。

计算机网络安全与商务交易安全实际上是密不可分的，两者相辅相成，缺一不可。没有计算机网络安全作为基础，商务交易安全就犹如空中楼阁，无从谈起。没有商务交易安全保障，即使计算机网络再安全，仍然无法达到电子商务所特有的安全要求。

（二）电子商务安全的要素

由于电子商务是在因特网环境下进行的商务活动，其交易的安全性、可靠性和匿名性一直是人们在交易活动中最为关切的问题。因此，为了保证电子商务整个交易活动能够安全、顺利地进行，电子商务系统必须具备以下几个安全要素。

1. 有效性和真实性

有效性和真实性要求电子商务系统能对信息、交易实体的有效性和真实性进行鉴别。电子商务以电子形式取代了纸张，那么如何保证这种电子形式的贸易信息的有效性和真实性，就成为开展电子商务的前提。

2. 机密性和隐私权

机密性要求信息不被泄露给非授权的个人或实体，每个人都拥有信息不被泄露的权利。电子商务作为贸易的一种手段，其信息直接代表着个人、企业或国家的商业机密。

3. 数据的完整性

数据的完整性要求在保护数据以防止其未经授权就被增删、修改或替代的同时,保证数据的一致性。

4. 可靠性和不可抵赖性

可靠性要求电子商务系统能够保证合法用户对信息资源的使用不会被不正当地拒绝;不可抵赖性要求电子商务系统能建立有效的责任机制,防止实体否认其行为。

5. 审查能力

根据机密性和完整性的要求,能利用电子商务交易系统日志文件对数据结果进行审查、追踪。

二、电子商务系统面临的安全问题

随着网络技术的发展,网络问题呈现多样化的发展态势,网络安全已经成为电子商务发展的重大课题。

(一) 个人计算机受到的威胁

1. 计算机病毒

计算机病毒(Computer Virus)在《中华人民共和国计算机信息系统安全保护条例》中有明确定义:计算机病毒,是指编制或者在计算机程序中插入的破坏计算机功能或者毁坏数据,影响计算机使用,并能自我复制的一组计算机指令或者程序代码。

2. 流氓软件

流氓软件是介于计算机病毒和正规软件之间的软件。如果计算机被安装了流氓软件,可能会出现以下几种情况:用户使用计算机上网时,会有窗口不断弹出;浏览器被莫名修改;打开网页时,网页会显示不相干的奇怪画面,甚至是涉黄广告。

【学而思,思而学】

流氓软件的最大商业用途就是散布广告。为了将广告插件神不知鬼不觉地装在用户计算机上,多数情况下,广告公司会联系热门免费共享软件的作者,以每次几分钱的价格把广告程序捆绑到免费共享软件上。用户在下载安装软件时,广告程序也就乘虚而入。你遇到过这种情况吗?

有些流氓软件只是为了达到某种目的,如广告宣传。这些流氓软件虽然不会影响计算机的正常使用,但有时会在用户启动浏览器时多弹出一个网页,以达到宣传的目的。流氓软件包含间谍软件、行为记录软件、浏览器劫持软件、搜索引擎劫持软件、广告软件、拨号软件和盗窃密码软件等。

3. 木马程序

木马程序是一种比较特殊的计算机病毒,与一般的计算机病毒不同,它不会自我繁殖,也并不主动地去感染其他文件。它通过伪装自身来吸引用户下载,之后黑客可通过木马程序任意毁坏、窃取用户计算机中的文件,甚至远程操控用户的计算机。

4. 网络钓鱼

网络钓鱼(Phishing)是指攻击者利用欺骗性的电子邮件和伪造的 Web 站点进行的网络诈骗活动,受骗者往往会泄露自己的私人资料,如信用卡卡号、银行卡账户信息和身份证号等内容。攻击者通常会将自己伪装成网络银行、在线零售商和信用卡公司等,骗取用户的私人信息。

(二) 移动端受到的威胁

1. 手机病毒

手机病毒是一种具有传染性、破坏性的手机程序,可用杀毒软件查杀,也可以手动卸载。手机病毒可通过发送短信、彩信、电子邮件、浏览网站、下载铃声、应用蓝牙传输等方式进行传播,会导致用户手机死机、关机,甚至会损毁 SIM 卡、芯片等硬件,导致手机无法正常使用。

2. 手机系统漏洞

手机系统漏洞是指手机应用软件或手机系统软件在逻辑设计上的缺陷或错误被不法者利用,通过植入木马、病毒等方式来攻击或控制手机,以窃取手机中的重要资料和信息。

3. 无线网络钓鱼

无线网络钓鱼是指网络骗子建立无线接入点,并诱使用户使用这些接入点连接到网络。在用户使用这些接入点的过程中,网络骗子通过网络监听、密码强力破解等手段盗取用户的密码和个人资料。

三、电子商务的安全要求

电子商务安全是电子商务的生存保障,只有保证了电子商务的安全,才能吸引更多的社会公众投身电子商务,才能使网络化环境中的商务活动得到有效保障。在一个完整的电子商务交易活动中,客户、商家、银行等诸多参与者都会担心自己的利益会受到威胁。那么,如何确保电子商务交易活动的安全呢?

保证电子商务安全的关键是保证交易数据和交易过程的安全。概括而言,电子商务的安全性包括信息的机密性、完整性、不可否认性,交易者身份的可鉴别性和软硬件的可靠性。

(一) 信息的机密性

信息的机密性是指信息在存储、传输和处理过程中不被他人窃取。

(二) 信息的完整性

信息的完整性是指信息在存储过程中不被篡改和破坏,以及发送的信息和收到的信息一致,且在传输中未被篡改。

(三) 信息的不可否认性

信息的不可否认性是指信息的发送方不可否认已经发送的信息,接收方也不可否认已经收到的信息。例如,因市场价格的上涨或者信息传递的延迟,卖方完全否认收到订单或否认收到订单的日期,从而会给买方造成一定的经济损失。

(四) 交易者身份的可鉴别性

交易者身份的可鉴别性是指交易双方确实存在,不可假冒。例如,A 公司与 B 公司进行网上交易前,交易双方必须确认对方身份是否真实,客户确认了商家的真实身份才能建立彼此信任的交易关系。此外,还要识别是否有第三方在假冒交易对象。

(五) 软硬件的可靠性

可靠性是指计算机及网络硬件和软件工作的稳定性,用来表示系统在规定的条件下和规定的时间内完成规定功能的能力。从信息安全的角度看,可靠性是指不会因为计算机故障或其他意外原因(如断电)而造成信息错误、失效或丢失。

四、电子商务安全的主要措施

（一）保证交易双方身份的真实性

常用的处理技术是身份认证，即依赖某个可信赖的机构（CA认证中心）发放证书，并以此识别对方。其目的是保证身份的精确性，分辨参与者身份的真伪，防止伪装攻击。

（二）保证信息的保密性

保证信息的保密性是指保护信息不被泄露或不被披露给未经授权的人或组织，常用的处理技术是数据加密和解密，其安全性依赖于使用的算法和密钥长度。常见的加密方法有对称密钥加密技术（如DES算法）和公开密钥加密技术（如RSA算法）。

【批注】

对称密钥加密又叫专用密钥加密或共享密钥加密，即发送和接收数据的双方必须使用相同的密钥对明文进行加密和解密运算。对称密钥加密算法主要包括DES、3DES、IDEA、RC5、RC6等。

（三）保证信息的完整性

保证信息的完整性，常用数据杂凑等技术来实现，即通过散列算法来保护数据不被未授权者（非法用户）建立、嵌入、删除、篡改、重放。典型的散列算法为美国国家安全局开发的单向散列算法之一。

（四）保证信息的真实性

常用的处理手段是数字签名技术。其目的是解决通信双方之间可能存在的欺诈，如发送用户对他所发送信息的否认、接收用户对他已收到信息的否认等，而不是对付未知的攻击者，其基础是公开密钥加密技术。目前，可用的数字签名算法较多，如RSA数字签名、ELGamal数字签名等。

（五）保证信息的不可否认性

通常要求引入认证中心（CA）进行管理，由CA发放密钥，传输的单证及其签名的备份发至CA保存，以此作为可能争议的仲裁依据。

（六）保证存储信息的安全性

常用的处理手段是规范内部管理，使用访问控制权限和日志，以及敏感信息的加密存储等。当使用WWW服务器支持电子商务活动时，应注意数据的备份和恢复，并采用防火墙技术保护内部网络的安全性。

第二节　电子商务安全技术框架体系

电子商务系统的关键是保证交易数据和交易过程的安全，因特网本身的开放性使电子商务系统面临各种各样的安全威胁。要解决安全问题，要求电子商务系统具备防止交易信息被非法截获或读取的保密性（Confidentiality）、防止交易过程被跟踪的匿名性（Anonymity）、防止交易信息丢失并保证信息传递次序统一的完整性（Integrity）、防止假冒身份在网上交易和诈骗的可靠性（Reliability）、防止交易各方对已做交易无法抵赖的抗否认性（Anti-denity）以及原子性（Atomicity）等安全要求。

一、电子商务的安全控制体系

电子商务的安全控制体系结构是保证电子商务数据安全的一个完整的逻辑结构，由5

个部分组成，如图 3-1 所示。电子商务安全体系由网络服务层、加密技术层、安全认证层、交易协议层、商务系统层组成。从图中的层次结构可以看出：下层是上层的基础，为上层提供技术支持；上层是下层的扩展与递进；各层次之间相互依赖、相互关联构成统一整体；各层通过控制技术的递进实现电子商务的安全。

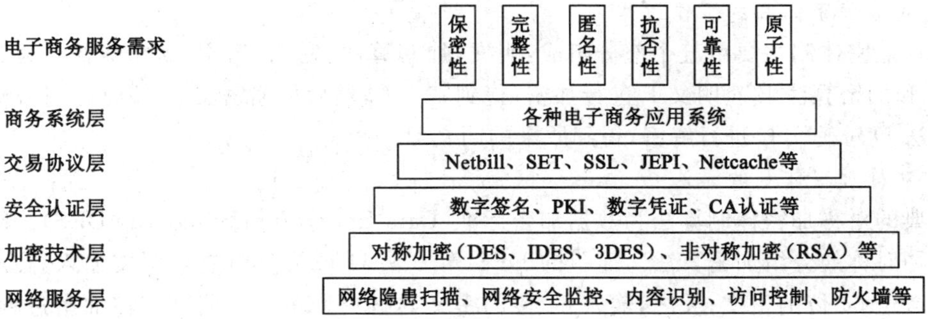

图 3-1　电子商务的安全控制体系结构

电子商务系统是依赖网络实现的商务系统，需要利用因特网基础设施和标准，所以构成电子商务安全框架的底层是网络服务层。它是各种电子商务应用系统的基础，并提供信息传送的载体和用户接入手段及安全通信服务，保证网络最基本的运行安全。为确保电子商务系统全面安全，必须建立完善的加密技术和认证机制。加密技术是保证电子商务系统安全所采用的最基本的安全措施，它用于满足电子商务对保密性的要求。安全认证层中的认证技术是保证电子商务安全的又一必要手段，它对加密技术层中提供的多种加密算法进行综合运用，进一步满足电子商务对完整性、抗否认性、可靠性的要求。在电子商务安全控制体系中，加密技术层、安全认证层、交易协议层皆专为电子交易数据的安全而构筑。其中，交易协议层是加密技术层和安全认证层的安全控制技术的综合运用和完善，它为电子商务安全交易提供保障机制和交易标准。基于前几个层次提供的安全措施，商务系统层就可以满足电子商务对安全的需求。商务系统层包括 BBZ、BCZ、BGZ 等各类电子商务应用系统及商业解决方案。

用于保证电子商务的安全控制技术有很多，其层次各不相同，但并非是把所有安全技术简单地组合就可以得到可靠的安全。只有通过合理地结合与改进，才可以从技术上实现有效的电子商务安全。

二、加密技术层

加密技术是利用技术手段把原始信息变为乱码（加密）传送，到达目的地后再用相同或不同的手段还原（解密）信息。

加密技术涉及两个元素：算法和密钥。算法是将明文与一串字符（密钥）结合起来，进行加密运算后形成密文。密钥是在将明文转换为密文或将密文转换为明文的算法中输入的一串字符，可以是数字、字母、词汇或短语。

由此可见，在加密和解密过程中，都涉及信息（明文、密文）、密钥（加密密钥、解密密钥）和算法（加密算法、解密算法）这三项内容。

【批注】

原始信息通常被称为“明文”，加密后的信息通常被称为“密文”。

现代常用的加密体制有对称加密体制和非对称加密体制两种。

（一）对称加密体制

对称加密体制是指发送方和接收方使用同样密钥的加密体制，即文件加密和解密使用相同的密钥，这种加密体制要求发送者和接收者在安全通信之前商定一个密钥。由于对称加密体制的安全性依赖于密钥，因此，只要在通信过程中采用了对称加密，密钥就必须保密。

1. 对称加密体制的工作过程

对称加密体制主要由五个部分组成：明文、加密算法、密钥、密文、解密算法。发送方用密钥 K 和加密算法 E 对明文 P 进行加密，得到密文 C，然后传输密文 C；接收方用密钥 K 和解密算法 D 对密文 C 进行解密，得到原来的明文 P。

2. 对称加密体制的算法

经典的对称加密体制算法为数据加密标准(Data Encryption Standard, DES)。DES 算法是一种对称的分组加密算法。简单的 DES 算法以 64 位为分组进行明文输入，在密钥的控制下产生 64 位的密文；反之，输入 64 位的密文，则输出 64 位的明文。在加密过程中，密钥总长度是 64 位，由于密钥表中每个字节的第 8 位都用作奇偶校验，所以实际有效密钥长度为 56 位。DES 算法可以通过软件或硬件来实现。

加密过程示例：已知明文为“个人银行存款账户是自然人因投资、消费、结算等需要而开立的可办理支付结算业务的存款账户”，密钥为 123456，则加密得到的密文如图 3-2 所示。

图 3-2　加密得到的密文

【学而思，思而学】

利用对称加密体制，个人账户信息在网络中传递时，如何保障个人账户信息安全？

（二）非对称加密体制

非对称加密体制使用的是密钥对，即公钥(Public Key)和私钥(Private Key)。公钥是公开的，可以以文件的形式存储在密钥管理中心；与之配对的私钥，则以口令或密码的方式由用户记忆、保管。通常用公钥加密、私钥解密来保证信息的机密性；用私钥加密、公钥解密来进行身份认证。

1. 非对称加密体制的工作过程

非对称加密体制由明文 P、加密算法 E、公钥、私钥、密文 C、解密算法 D 六个部分组成。非对称加密体制的工作过程是：发送方用接收方的公钥和加密算法 E 对明文 P 加密，得到密文 C，然后传输密文 C；接收方用自己的私钥和解密算法 D 对密文 C 解密，得到明文 P。

2. 非对称加密体制的算法

目前，在非对称加密体制的算法中，使用最多的是 RSA 算法。RSA 算法是一种既可用于加密，又可用于数字签名的算法。

一般来说，RSA 算法只用于对少量数据进行加密。在互联网中广泛使用的电子邮件和文件加密软件 PGP(Pretty Good Privacy)，就是将 RSA 算法作为传送会话密钥和数字签名的标准算法。

（三）对称加密体制与非对称加密体制的对比

在实际应用中，通常将对称加密算法和非对称加密算法结合使用，利用 DES 算法进行大容量数据的加密，而利用 RSA 算法来传递对称加密算法所使用的密钥。二者的结合使用集成了两类加密算法的优点，既加快了加密速度，又可以安全、方便地管理密钥。对称加密体制与非对称加密体制的对比如表 3-1 所示。

表 3-1　对称加密体制与非对称加密体制的对比

比较项目	对称加密体制	非对称加密体制
代表算法	DES	RSA
密钥数目	单一密钥	密匙是成对的
密钥种类	密钥是秘密的	一个私有，一个公开
密钥管理	产生简单，管理困难	需要数字证书及可靠的第三方
相对速度	快	慢
主要用途	大容量数据加密	数字签名或对称密钥的加密

三、安全认证层

目前，仅有的加密技术不足以保证电子商务中的交易安全。身份认证技术是保证电子商务安全的不可缺少的另一种重要手段，认证的实现包括数字摘要技术、数字签名技术、数字时间戳等。

（一）数字摘要

数字摘要(Digital Digest)是通过使用单向散列函数(Hash)将需要加密的明文“摘要”成一个固定长度(128bit)的密文。该密文同明文是一一对应的，不同的明文加密成不同的密文，相同的明文其摘要必然一样。因此，利用数字摘要就可以验证通过网络传输收到的明文是否是初始的、未被篡改过的，从而保证数据的完整性和有效性。数字摘要的过程如图 3-3 所示。

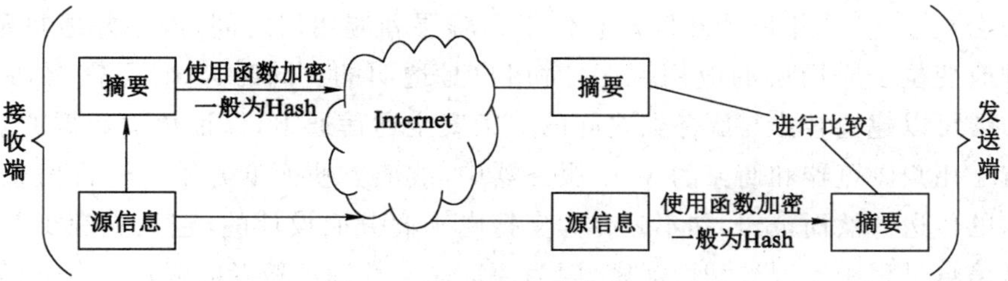

图 3-3　数字摘要的过程

（二）数字签名

数字签名(Digital Signature)是非对称加密技术和数字摘要技术的应用。其主要方式为：首先，报文发送方从报文文本中生成一个 128 位的散列值(或报文摘要)，并用自己的私有密钥对这个散列值进行加密，形成发送方的数字签名；然后，这个数字签名将作为报文的附件和报文一起发送给报文的接收方;最后,报文接收方从接收到的原始报文中计算出128位的散列值(或报文摘要),再用发送方的公开密钥来对报文附加的数字签名进行解密。如果两个散列值(或报文摘要)相同,那么接收方就能确认该数字签名是发送方的。数字签名能够实现对原始报文的鉴别、确定消息的完整性和不可否认性。

(三) 数字时间戳

在电子商务中,需对交易文件的日期和时间信息采取安全措施,而数字时间戳服务(DTS)专用于提供电子文件发表时间的安全保护,该服务由专门的机构提供。所谓的时间戳是一个经过加密后形成的凭证文档,共包括三个部分:需要加盖时间戳的文件的摘要、DTS收到文件的日期和时间、DTS的数字签名。DTS加盖时间戳的过程如图3-4所示。

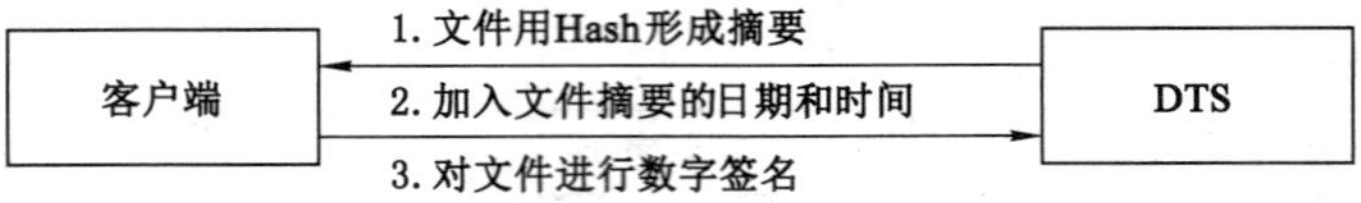

图3-4 DTS加盖时间戳的过程

(四) 数字凭证

数字凭证又称数字证书,是用电子手段来证实一个用户的身份和对网络资源访问的权限。在网上的电子交易中,交易双方出示了各自的数字凭证,并用它来进行交易操作。数字凭证的内部格式是由CCITTX.509国际标准所规定的,包含以下内容:凭证拥有者的姓名、凭证拥有者的公共密钥、公共密钥的有效期、颁发数字凭证的单位、数字凭证的序列号。

四、交易协议层

除了各种安全控制技术外,电子商务的运行还需要一套完善的交易安全协议。不同的交易协议,其复杂性、开销和安全性各不相同,不同的应用环境对协议目标的要求也不尽相同。目前,比较成熟的协议有SET、SSL、IKP等基于信用卡的交易协议,NetBill、NetCheque等基于支票的交易协议,Digicash、Netcash等基于现金的交易协议,以及匿名原子交易协议,防止软件侵权和非法复制的基于KPC的电子软件分销协议等。

(一) 安全套接层协议

安全套接层(Secure Socket Layer,SSL)协议是目前使用最广泛的电子商务协议,它由Netscape公司于1996年设计开发。它位于运输层和应用层之间,能很好地封装应用层数据而无须改变位于应用层的应用程序,对用户是透明的。同时,SSL只需要通过一次“握手”过程,便可以建立客户与服务器之间的一条安全通信通道,保证传输数据的安全。由于SSL内置于用户浏览器和商家的Web服务器中,故能方便而低开销地进行信息加密,多用于信用卡的传送。然而,SSL并不是专为支持电子商务而设计的,它只支持双方认证,只能保证传送信息过程中不因被截而泄密,因为商家完全掌握消费者的账户信息,所以不能防止商家利用获取的信用卡号而进行欺诈。SSL满足“钱原子性”。

(二) 安全电子交易协议

安全电子交易协议(Secure Electronic Transaction,SET)是由威式(VISA)公司和万事达(Master Card)公司联合开发设计的,用于划分与界定电子商务活动中的消费者、网上商家、交易双方银行、信用卡组织之间的权利义务关系,它可以对交易各方进行认证,可以防止商家欺诈。为了进一步加强安全性,SET使用两组密钥对分别用于加密和签名,通过双签名(Double Signature)机制将订购信息同账户信息链接在一起签名。SET开销较大,客户、商家、银行都要安装相应软件。SET满足“钱原子性”,但不满足“商品原子性”和确认发送原子性。

【批注】

原子性是指一个事物的操作是不可分割的,要么都发生,要么都不发生。

(三) Netbill协议

Netbill协议是关于数字商品的电子商务协议,它可以处理大量的微交易。该协议假定了一个可信赖的第三方Netbill Server,交易包括价格协商、商品传送和支付三个阶段,其使用基于Kerberos的保密密钥加密机制。对能通过网络发送的商品信息,Netbill协议将商品的传送和支付链接到一个原子事务中,所以它能够满足“钱原子性”,还可以满足“确认发送的原子性”。

(四) 匿名原子交易协议

匿名原子交易协议(Anonymous Atomic Transaction Protocol)是具有匿名性和原子性的电子商务协议,对著名的数字现金协议(Digicash)进行了补充和修改。协议改进了传统的分布式系统中常用的两阶段提交,引入了除客户、商家和银行之外的独立第四方——交易日志以取代两阶段提交协议中的协调者。匿名原子交易协议发送信息是级联式的,所以,它能够满足原子性和匿名性。

五、数字签名

数字签名可以实现对原始报文的鉴别与验证,保证报文的完整性和发送方对所发报文的不可否认性。利用公钥体制实施数字签名的过程如图3-5所示。

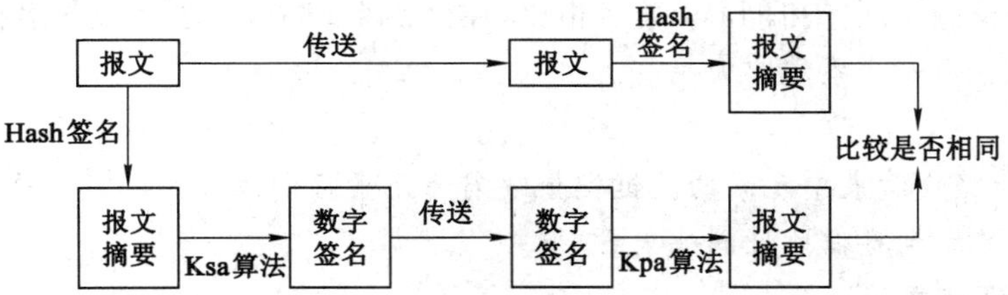

图3-5 数字签名

数字签名的算法很多,应用最为广泛的三种是Hash签名、DSA签名和RSA签名。

(一) Hash签名

Hash函数也称消息摘要函数、哈希函数或杂凑函数等,其输入为一可变长的字串x,返回一固定长度字串A,该字串A被称为输入x的Hash值(消息摘要),记作$A=H(x)$。Hash函数一般满足以下几个基本要求。

(1) 输入x可以为任意长度。

(2) 输出数据串长度固定。

(3) 易计算,给定任何x,容易算出$H(x)$。

(4) 单向函数,即给出Hash的值h,很难反向计算出一特定输入x,使$h=H(x)$。

(5) 唯一性,又叫冲突性,可分为弱抗冲突和强抗冲突两种。弱抗冲突指给出一消息x,找出一消息y同x相似且$H(x)=H(y)$是计算不可行的;而强抗冲突指找出任意两条消

息 x 和 y,使 $H(x)=H(y)$也是计算不可行的。

即使使用的算法不同,但所有的 Hash 值都拥有很多相同的属性。Hash 值的长度由算法的类型决定,与被 Hash 的消息大小无关,一般为 128 或 160 比特信息。即使两个消息差别很小,如差别一两个比特,其 Hash 值也完全不同。利用今天的算法技术,几乎不可能找到两个拥有相同 Hash 值的不同消息。用同一个算法对某一消息进行 Hash 值计算只能获取唯一确定的 Hash 值。所有的 Hash 算法都是单向的,也就是说不能从 Hash 值来获取原始消息,即使是原始消息的很少一部分信息。所以,有时候一个数据的 Hash 值可以作为一个消息的唯一标识来保护消息的完整性。发送者发送数据的同时也把该数据的 Hash 值发送过去。接收者接收到消息以后,首先根据接收到的数据计算其 Hash 值,然后和发送过来的 Hash 值进行比较,就可以判断数据在发送过程中是否被修改。

（二）DSA 和 RSA 签名

DSA 是 Schnorr 和 EIGamal 签名算法的变种。DSA 位数仅为 160 位,没有太大的意义,也存在系统平台不兼容的问题,而且 DSA 是基于整数有限域离散对数难题的,安全强度和速度均低于 RSA 算法。DSA 的重要特点是两个素数公开,RSA 算法却做不到。DSA 算法的安全性也依赖于有限域上的离散对数问题,其优点是不涉及专利问题。

RSA 是最流行的一种加密标准,许多产品的内核中都有 RSA 的软件和类库,早在 Web 飞速发展之前,RSA 数据安全公司就负责数字签名软件与 Macintosh 操作系统的集成,在 Apple 的协作软件 Power Talk 上还增加了签名拖放功能,用户只要把需要加密的数据拖到相应的图标上,就完成了电子形式的数字签名。RSA 与微软、国际商用机器公司、Sun 和 Digital 都签订了许可协议,在其生产线上加入了类似的签名特性。RSA 既可以用来加密数据,也可以用于身份认证。和 Hash 签名相比,在公钥系统中,由于生成签名的密钥只存储于用户的计算机中,安全系数要大一些。

【批注】

哈希函数指将哈希表中元素的关键键值映射为元素存储位置的函数。哈希函数就是一种映射,是从关键字到存储地址的映射。

六、CA 认证技术

在电子交易中无论是数字时间戳服务还是数字凭证发放,都不是靠交易的双方自己能完成的,而是通过一个具有权威性和公正性的第三方来完成。认证中心又称证书授权中心,是一个负责发放和管理数字证书、确认用户身份的具有权威性、公正性和唯一性的服务机构,作为电子商务交易中受信任的第三方,承担非对称密钥密码体系中公钥的合法性检验的责任。CA 的主要任务是受理数字凭证的申请、签发及对数字凭证的管理。CA 中心为每个使用公开密钥的用户发放一个数字证书,数字证书的作用是证明证书中列出的用户合法拥有证书中列出的公开密钥,CA 机构的数字签名使得攻击者不能伪造和篡改证书。CA 具有如下四大职能。

（一）证书发放

在做交易时,向对方提交一个由 CA 签发的包含个人身份的证书,使对方相信自己的身份,即数字证书。在网上的电子交易中,如双方出示了各自的数字凭证,并用它来进行交易操作,那么双方都可不必为对方身份的真伪担心。对于 SET 的用户,可以有多种方法向申请者发放证书:可以发给最终用户签名的或加密的证书;向持卡人只能发放签名的证书,持卡人证书中包括了有关持卡人所使用的支付卡的数据和相应的账户信息；向商户和支付网关发放签名并加密的证书，商户证书也包含了有关其账户的信息，支付网关一般为收单行或为收单行参加的银行卡组织。CA 所颁发的数字证书符合国内、国际安全电子交易协议标准，因此它是保证电子商务安全的核心。

【知识拓展】

根证书是数字证书认证中心给用户颁发的证书，是信任链的起始点。根证书是一种特殊的数字证书，下载根证书就表明用户对该根证书以下所签发的证书都表示信任，在技术上则是建立起一个验证证书信息的链条，证书的验证追溯至根证书即结束。所以，用户在使用自己的数字证书之前必须先下载根证书。

支付宝数字证书是使用支付宝账户资金时的身份凭证之一，可以加密用户的信息并确保账户和资金安全。用户申请后，在进行付款和确认收货等涉及资金的操作时，就会验证计算机上是否安装了数字证书。即使用户的账号被盗，对方没有相应的数字证书也动用不了用户账户中的资金。

用户在微信内按“服务—钱包—消费者保护—安全保障—数字证书”顺序进入数字证书页面，根据提示进行设置即可启用微信支付数字证书。启用微信支付数字证书可提高支付安全性，提高每日零钱支付限额。数字证书就相当于一个认证的程序，它会使微信账户更安全。

（二）证书更新

持卡人证书、商户和支付网关证书应定期更新，更新过程和证书发放过程是一样的。

（三）证书撤销

证书的撤销可以有许多理由，如私钥被泄密、身份信息的更新或终止使用。对持卡人而言，他需要确认他的账户信息不会发往一个未授权的支付网关，被撤销的支付网关证书应在撤销清单中包括相关的持卡人的信息。持卡人也不愿将任何敏感的支付信息发给商户，因此他需要进一步验证商户证书的有效性。支付网关需检查持卡人不在撤销清单中，并与发卡行验证信息的合法性；也需检查商户证书不在撤销清单中，并需与收单行验证信息的合法性。

（四）证书验证

安全电子交易的证书是通过信任分级体系来验证的，每一种证书与发放它的单位相联系，沿着该信任树直接到达一个可信赖的组织，我们就可以确认证书的有效性。信任树“根”的公钥对所有 SET 软件来说都是已知的，因而可以验证每一个证书。在两方通信时，通过出示由某个 CA 签发的证书来证明自己的身份，如果对签发证书的 CA 本身不信任，则可验证 CA 的身份，依次类推，一直到公认的权威 CA 处，就可确认证书的有效性。SET 证书正是通过信任层次来逐级验证的。每一个证书与数字化签发证书的实体的签名证书相关联。沿着信任树一直到一个公认的信任组织，就可确认该证书是有效的。例如，C 的证书是由名称为 B 的 CA 签发的，而 B 的证书又是由名称为 A 的 CA 签发的，A 是权威的机构，通常称为 RootCA。验证到了 RootCA 处，就可确信 C 的证书是合法的。在网上购物时，持卡人的证书与发卡机构的证书相关联，发卡机构证书通过不同品牌卡的证书连接到 RootCA，而 RootCA 的公共签名密钥对所有的 SET 软件都是已知的，可以校验每一个证书。

第三节　网络服务层的安全技术

一、基于 TCP/IP 网络的安全问题

首先，据统计，因特网上 95%的数据流使用的是 TCP/IP 协议，而 TCP/IP 协议是完全开放的，其设计之初没有考虑安全问题。其次，在因特网上传送的数据的最小单位是 IP 包，不管是哪种形式的网络服务，其最终的实现机制都是通过 IP 数据包在因特网(被认为是不信任的网络)上的传输来实现的，恶意攻击者可以很容易地窃取、更换、假冒数据包。最后，目前虽有许多安全协议可以为用户提供各种类型的安全服务，但都或多或少地存在安全漏洞。黑客对网络主机的攻击方式是多种多样的。一般来讲，攻击总是利用操作系统或通信协议的安全漏洞来实现。常见的网络攻击方式有以下几种。

(一) 密码猜测

密码猜测(Password Guessing)主要通过穷举的方法来试探被攻击系统的密码，为下一步攻击做准备。

(二) 窥探

窥探(Snooping)主要通过截获网络上的数据包来获得被攻击系统的认证信息或其他有价值的信息。

(三) 电子欺骗

电子欺骗(Spoofing)通过假冒合法用户的身份来进行网络攻击，从而达到掩盖攻击者真实身份、嫁祸他人的目的。

(四) 信息窃取

信息窃取(Information Theft)是网络攻击的主要目的之一，攻击者通过获得访问被攻击主机的许可权而窃取主机上的重要信息。

(五) 让主机拒绝服务

让主机拒绝服务(Denial of Service)是网络攻击的主要目的之一，这种攻击使主机或网络不能为合法用户提供服务。

(六) 信息破坏

信息破坏(Information Destruction)也是网络攻击的主要目的之一，攻击者通过篡改或毁坏被攻击主机上的信息达到破坏的目的。

二、TCP/IP 安全问题的解决策略

在进行网络攻击时，一般首先要对被攻击主机的网络流量进行窥探以取得准备攻击的基本信息。根据前面的分析，我们可以采取以下方法维护网络安全。

(一) 采用防火墙技术

防火墙并不是一个单一的软件，而是基于一种概念，即如何在开放的网络环境中构造一个相对封闭的逻辑网络环境来满足人们对于网络安全的特殊要求，从而形成阻止非授权的用户闯入内部网络的一道障碍。网络防火墙技术是一种用来加强网络之间访问控制和防止外部网络用户以非法手段进入内部网络、访问内部网络资源、保护内部网络操作环境的特殊网络互联设备。它对两个或多个网络之间传输的数据包，按照一定的安全策略来实施检查，决定网络之间通信的权限，并监视网络的运行状态。

（二）使用网络通信的安全协议

网络通信的安全协议主要有 S-HTTP、IPSec、SET、SSL 等，目前在因特网上用于电子商务的安全机制主要是安全套接层（SSL）和安全电子交易（SET）。在 Web 上已广泛应用的 SSL 工作于传输层和应用层，因其使用了多种著名且有效的加密算法，可以使 TCP 连接的内容被加密，这样用户向 Web 服务器提交数据时就有了一定的安全保障。

IPSec 协议基于在 P 层实现数据加密、信息认证和数字签名技术，从而达到保密通信的目的。IPSec 的思想就是对整个 IP 包加密，加密后的数据被封装在一个新的 IP 包里。

IPSec 主要包含两个子协议 AH（Authentication Header）和 ESP（Encapsulating Security Payload）。IPSec 还提供一种"隧道"模式，这种模式将原始 IP 头也封装起来，新的 IP 头用网关的相关信息填充，主要用于隐藏原 IP 地址或原 IP 地址非法而数据包无路由的情形。

（三）采用基于 IP 的 VPN 安全系统

利用 IP 安全协议可以建立穿越因特网的安全隧道，它可以与防火墙结合，构造出增强的虚拟专用网（Virtual Private Network，VPN）安全系统。

在安全隧道的一端，发方将 IP 数据分组加密封装成 P 安全数据分组，封装后的数据分组通过因特网传输到另一端后，收方把 P 安全分组解密并恢复成原来的 IP 数据分组。IP 安全数据分组的封装模式有两种：一种是整个 P 分组被封装在 IPSec 分组中，称为隧道模式；另一种是只将传输层数据封装在 IPSec 分组中，称为传输方式。无论采用哪种封装方式，P 安全分组的首部都是一个普通的 P 分组首部。因此，这种安全机制不需要因特网中其他路由设备的支持，并且也不影响原有的防火墙系统。基于 IP 的 VPN 安全系统中，各安全模块可以互相独立并通过安全关联进行联系，这种方式可较好地保证网络安全。

三、防火墙技术

（一）防火墙的概念

1. 防火墙的定义

防火墙是在内部网络和外部网络或公用网络之间构筑的一道屏障，是在内外有别及在需要区分处设置有条件的隔离设备，用以保护内部网中的信息、资源等不受来自互联网中非法用户的侵犯。如图 3-6 所示。具体来说，防火墙是一类硬件及软件。它控制内部网与互联网之间的所有数据流量，控制和防止内部网中的有价值数据流入互联网，也控制和防止来自互联网的无用垃圾和有害数据流入内部网。简单地说，防火墙是每一个进入内部网的信息都必须经过的限制点，它只允许授权信息通过，而其本身不能被渗透。

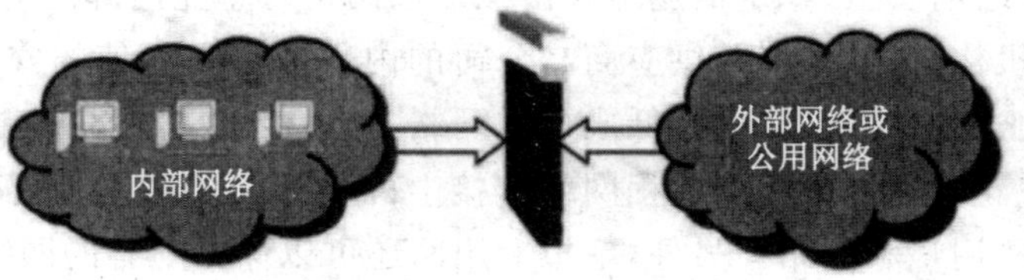

图 3-6 防火墙示意

2. 防火墙的工作原理

防火墙的工作原理是:在内部网和互联网之间建立起一条隔离墙,检查进入内部网络的信息是否合法,或者是否允许用户的服务请求,从而阻止对内部网络的非法访问和非授权用户的进入。同时,防火墙也可以禁止特定的协议通过相应的网络。

(二) 防火墙的体系结构与功能

1. 防火墙的体系结构

防火墙主要包括安全操作系统、过滤器、网关、域名服务和邮件处理五部分。防火墙常常被安装在受保护的内部网络连接到互联网的节点上。防火墙的主要目的是控制组,只允许合法的数据流通过,过滤器则执行由防火墙管理机构制定的规则,检验各数据组并决定是否允许放行。有的防火墙可能在网关两侧设置两个内、外过滤器,外过滤器保护网关不受攻击,网关提供中继服务,辅助过滤器控制业务流,而内过滤器在网关被攻破后提供对内部网络的保护。

2. 防火墙的功能

第一,保护易受攻击的服务。防火墙能过滤那些不安全的服务。只有预先被允许的服务才能通过防火墙,它强化身份识别体系,防止用户的非法访问和非法用户的访问。

第二,控制对特殊站点的访问。防火墙能控制对特殊站点的访问,隐藏网络架构。如有些主机能被外部网络访问,而有些则要被保护起来,防止不必要的访问。在内部网中只有电子邮件服务器、FTP 服务器和 WWW 服务器能被外部网络访问,而其他访问则被防火墙禁止。

第三,集中化的安全管理。对于一个企业而言,使用防火墙比不使用防火墙可能更加经济一些。这是因为如果使用了防火墙,就可以将所有修改过的软件和附加的安全软件都放在防火墙上集中管理。

第四,检测外来黑客攻击的行动。防火墙集成了入侵检测功能,提供了监视互联网安全和预警的方便端点。

第五,对网络访问进行日志记录和统计。如果所有对互联网的访问都经过防火墙,那么防火墙就能记录下这些访问,并能提供网络使用情况的统计数据。当发生可疑操作时,防火墙能够报警并提供网络是否受到监测和攻击的详细信息。

第六,提供报警服务。当有潜在威胁的访问或请求经过防火墙时,防火墙不仅能记录其动作,还能及时向系统管理员报警。

四、虚拟专用网技术

(一) VPN 的概念

虚拟专用网(VPN)被定义为通过一个公用网络建立一个临时的、安全的连接,是一条穿过混乱的公用网络的安全、稳定的隧道。虚拟专用网是对企业内部网的扩展,可以帮助远程用户、公司分支机构、商业伙伴及供应商与公司的内部网建立可信的安全连接,并保证数据的安全传输。通过将数据流转移到低成本的网络上,一个企业的虚拟专用网解决方案将大幅度地减少用户花费在城域网和远程网络连接上的费用。同时,这将简化网络的设计和管理,加速连接新的用户和网站。另外,虚拟专用网还可以保护现有的网络投资。随着用户的商业服务不断发展,企业的虚拟专用网解决方案可以使用户将精力集中到自己的经营上,而不是网络上。虚拟专用网可用于不断增长的移动用户的全球因特网接入,以实现安全连接;可用于实现企业网站之间安全通信的虚拟专用线路;可用于经济有效地连接到商业伙伴和用户的安全外联网的虚拟专用网。

因特网是全球第一大开放性的互联网络，利用因特网资源作为企业专网的延续，可以节省昂贵的长途租费。据权威机构的研究报告，VPN 可以节省公司远程接入费用的 60%。同时，企业还可以将复杂的网络管理与维护交于运营商或 ISP，大大降低了管理费用。许多业界人士认为，在采用了先进的加密技术后，VPN 的安全性甚至超过了专用网。

【批注】

网络业务提供商(Internet Service Provider，ISP)，即向广大用户综合提供互联网接入业务、信息业务和增值业务的电信运营商。

(二) VPN 的发展前景

因特网的迅猛发展给基于 IP 的虚拟专用网带来了前所未有的机遇。随着因特网上安全虚拟专用联网标准正式确定后，英特尔公司将会在其路由器中集成对这些标准的支持。因为明天的创新建立在今天的标准之上，所以符合标准会给公司在选择最佳未来技术，以满足其具体需求时，提供可选的灵活性。随着电信业务的进一步发展，必然会有更多的企业、公司构建自己的 VPN，会有更多的运营商提供 VPN 业务。

第四节　电子商务安全协议

为了保障电子交易的安全，规范在互联网上从事商务活动的流程，人们开发了各种用于加强电子商务安全的协议。当前应用比较广泛的协议主要有 SSL 协议和 SET 协议。

一、SSL 协议

(一) 基本概念

SSL 协议是由网景通信公司(Netscape，已被美国在线公司收购)提出的基于 Web 应用的安全协议。SSL 采用公钥加密技术，其目标是保证两个应用之间通信的保密性和可靠性，可在服务器和客户机两端同时实现支持。目前，利用公开密钥技术的 SSL，已经成为 Internet 上保密通信的工业标准。现行 Web 浏览器普遍将 HTTP 和 SSL 相结合，从而实现安全通信。

(二) SSL 协议的体系结构

SSL 协议位于 TCP/IP 协议与各种应用层协议之间，为数据通信提供安全支持。在 SSL 协议体系中，最主要的两个协议就是 SSL 握手协议和 SSL 记录协议。其上层是被封装的协议，即 SSL 握手协议、SSL 修改密文协议、SSL 报警协议、SSL 应用数据协议，它们用于管理信息交换，在客户和服务器传送应用层数据之前，验证通信双方的身份、协商加密算法和加密密钥；其下层是 SSL 记录协议，用于封装不同的上层协议，为不同的更高层协议提供数据封装、压缩、加密等基本功能的支持。

二、SET 协议

(一) 基本概念

SET 协议是由威士国际组织(Visa International)、万事达国际组织(MasterCard International)联合网景通信公司、微软公司等，于 1997 年推出的一种新的电子支付模型。SET 协议是 B2C 电子商务基于信用卡支付模式而设计的，它保证了开放网络上使用信用卡进行在线购物的安全。SET 协议主要是为了解决用户、商家、银行之间通过信用卡的交易而设计的，采用公钥密码体制和 X.509 数字证书标准，具有保证交易数据的完整性、交易的不可抵赖性等优点，因此它成为目前公认的信用卡网上交易的国际标准。

SET 协议主要解决了客户对服务器的身份确认、服务器对客户的身份确认、建立起服务器和客户之间安全的数据通道等问题。它的主要目标如下。

（1）防止数据被非法用户窃取，保证信息在互联网上安全传输。

（2）保证电子商务参与者信息的相互隔离。如当客户的资料加密后通过商家到达银行时，商家不能看到客户的账户和密码信息。

（3）解决多方认证问题，实现客户、商家和银行间的相互认证。

（4）保证网上交易的实时性，使所有的支付过程都是在线的。

（5）提供一个开放式的标准，规范协议和消息格式，促使不同厂家开发的软件具有兼容性和互操作功能，可在不同的软硬件平台上执行并被全球广泛接受。

（二）SET 协议的工作原理

SET 协议中所涉及的对象主要是消费者，包括个人消费者和团体消费者。消费者按照在线商店的要求填写订货单，通过发卡银行选择信用卡进行付款。在线商店提供商品或服务。具备相应电子货币使用的条件、从事自由贸易的公司组成收单银行，通过支付网关处理消费者和在线商店之间的交易付款问题。发卡银行包括电子货币（如智能卡、电子现金、电子钱包）发行公司以及某些有电子货币发行权的银行，负责处理智能卡的申请和支付工作。CA 负责对交易各方的身份确认，对厂商信誉度和消费者的支付手段进行认证。支付网关由收单行或指定的第三方操作专用系统组成，用于处理支付授权和支付。SET 协议工作原理如图 3-7 所示。

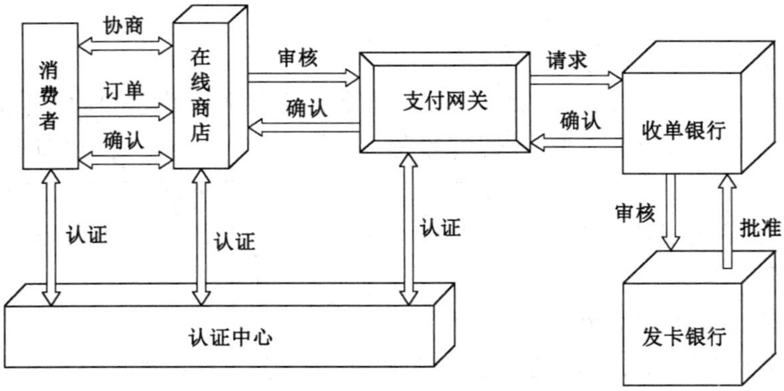

图 3-7　SET 协议的工作原理

三、SET 协议与 SSL 协议的比较

SET 协议与 SSL 协议的比较如表 3-2 所示。具体而言，SET 与 SSL 的区别主要体现在以下几个方面。

表 3-2　SET 协议与 SSL 协议的比较

项目	SSL 协议	SET 协议
是否使用专用软件	否	是
协议所处层次	传输层与应用层之间	应用层

表 3-2(续)

项目	SSL 协议	SET 协议
是否透明	透明	不透明
过程	简单	复杂
效率	高	低
认证机制	双方认证	多方认证
安全性	商家掌握客户 IP	客户 IP 对商家保密
应用领域	Web 应用	信用卡交易

(一) 在使用软件方面

SSL 协议实现简单,大部分内置于浏览器和服务器中,不用安装专门的软件,也不用申请数字证书。SET 需要在客户端、商家服务器和金融专用网络上安装相应的软件,还必须向交易各方发放数字证书,这使得协议的成本要远远高于 SSL 协议,不利于 SET 协议的发展。

(二) 在协议所处的层次方面

SSL 协议是基于传输层的通用安全协议,可以很好地封装应用层的协议,对用户是透明的。SET 位于应用层,对网络上其他各层也有涉及,规范整个商务活动的流程。

(三) 在效率方面

SET 协议交易过程非常复杂,需要验证数字证书、数字签名,传递证书,进行加密、签名等操作,处理速度较慢。SSL 协议则非常简单,效率要比 SET 协议高很多。

(四) 在认证方面

SET 协议可以实现多方认证,所有参与 SET 协议交易的成员必须先申请数字证书来证实身份。SSL 协议只能提供交易中客户与服务器间的双方认证,在涉及多方的电子交易中,SSL 协议并不能协调各方的安全传输和信任关系。

(五) 在安全性方面

SET 协议的安全性要比 SSL 协议高,主要原因是在整个交易过程中,从持卡人到商家、到支付网关再到银行网络,都受到严密的保护。SSL 协议的安全范围只限于持卡人到商家的信息交流,而且它的基点是商家对消费者信息保密的承诺,不利于保障消费者的信息安全。

【批注】

支付网关(Payment Gateway)是银行金融网络系统和 Internet 网络之间的接口,是由银行操作的将 Internet 上传输的数据转换为金融机构内部数据的一组服务器设备,或由指派的第三方处理商家支付信息和顾客的支付指令。

(六) 在应用领域方面

SET 协议主要应用于卡交易,报文能在银行内部网或者其他网络上传输。SSL 协议主要面向连接,SSL 协议之上的卡支付系统只能与 Web 浏览器捆绑在一起。

从以上的比较情况来看,SSL 协议实现比较简单,处于传输层与应用层之间,与 Web 浏览器捆绑,只能提供交易中客户与服务器间的双方认证。SET 协议实现成本高、过程复杂、效率低,但它能规范整个电子交易流程,增加了对商家身份的认证,安全性进一步提高。由于两者所处的网络层次不同，为电子商务提供的服务也不相同，因此在实际应用中可以根据具体情况来选择独立使用或是两者混合使用。

本章练习题

一、单项选择题

1. 在电子商务信息安全的要求中，信息在传输过程中或存储中不被他人获取指的是（　　）。

A. 信息的保密性　　B. 信息的完整性

C. 信息的不可否认性　　D. 交易者身份的真实性

2. 加密和解密密钥不同的加密体制称为（　　）。

A. DES加密体制　　B. 公开密钥加密体制

C. 通用密钥加密体制　　D. 恺撒加密体制

3. 加密后的内容称为（　　）。

A. 密钥　　B. 算法　　C. 密文D. 明文

4. SET协议也称为（　　）。

A. 安全套接协议　　B. 无线通信协议

C. 安全电子交易协议　　D. 超文本传输协议

5. 在使用数字证书为邮件签名之前，还应该为电子邮件地址申请（　　）。

A. 密码　　B. 密钥　　C. 账号D. 数字标识

二、复习思考题

1. 电子商务安全包含哪些内容？

2. 什么是防火墙？防火墙能否保证内部网络的绝对安全？

3. 什么是SSL协议和SET协议？它们的区别是什么？

4. 在电子商务活动中，用户应当如何进行网络安全防护？

三、案例分析

信息窃密案例

信息窃密指的是秘密地从某机构复制计算机信息及非法拿走它们。

近些年来，国外已发生多起信息窃密案件。

日本某杂志社发行代理公司将耗资5亿日元收集到的用户名单等公司商业绝密信息委托给太平洋计算机中心处理，在转手处理过程中，其信息磁带被人转录，并以82万日元出手。

俄罗斯一家贸易公司的计算机人员通过互联网络把纽约华尔街花旗银行计算机系统中的三家银行账户，转到他们在加州和以色列银行的账户中，非法转账资金高达1 000万美元。后来虽被客户银行发现并提出指控，警方将作案罪犯逮捕，追回了960万美元的赃款，但此案已使人们警觉到因特网上的信息并非都是安全的。信息窃密者随时都可以侵入计算机网络，不仅商业和银行信息有被窃的可能，甚至某些重要的国家机密信息也会被窃取。

思考：

1. 案例中的信息窃密事件造成了哪些后果？

2. 信息窃密可能由哪些渠道造成？

第四章　消费者与消费者之间的电子商务

【内容提要】

C2C是指个人卖家与个人买家之间通过网络平台进行个人交易的电子商务模式，主要特点是商品种类多，进入门槛低。对于卖家来说，可以得到相对公平的市场价格；对于买家来说，可以获得相对廉价的所需物品。本章主要介绍C2C电子商务模式的特点、分类、运营流程，最后总结出其成功的关键因素。

【知识目标】

了解C2C电子商务模式的基本概念；了解C2C交易平台的类型；了解C2C电子商务模式的盈利模式；重点掌握C2C交易平台的购物和拍卖流程；掌握并了解拍卖的相关知识；了解并分析交易成功的关键因素。

【能力与素质目标】

掌握在淘宝网开立C2C网店的具体步骤，通过收集和整理资料锻炼自学能力；加深对C2C电子商务模式的理解，能够准确识别不同C2C电子商务网站属于何种类型的C2C企业，能从多个角度归纳、总结不同C2C网站的特点、优势；了解C2C电子商务模式的运营流程、工作人员的岗位设置及相关要求；通过案例，了解我国西北乡村“新农人”的电子商务应用情况，激发对西北发展农村电子商务的思考。

【思政目标】

了解近年来我国推动平台经济规范发展的重要意义和采取的措施。

【开篇案例】

闲鱼C2C模式的分析

人们生活中闲置物品的增加催生了一片二手交易市场，C2C模式在此环境下应运而生。闲鱼作为此模式的代表，它是如何运转的呢？闲鱼C2C模式又有何前景呢？

一、闲鱼C2C模式是如何形成的？

目前，二手交易的品类资源越来越广，二手电子产品、二手奢侈品市场等上升通道逐渐打开。二手闲置物品交易平台主要有两种模式，即C2C与C2B2C。C2C模式典型的厂商代表是闲鱼和转转。C2C模式侧重渠道，主要为买卖两端撮合，让个人买家和个人卖家直接对接，通过双方协商价格达成交易，主要以社交关系链的构建实现闲置流通。

二、C2C模式的优势具体在哪里？

C2C的优势在于：轻资产，运营成本较低；库存丰富，满足长尾化交易需求；能吸引到共同爱好、特征的人群构建基于关系链的交易，促进互动，增加平台黏性。当然，其劣势也是显而易见的。该模式下二手商品真伪的问题较为明显，平台对二手商品的控制力较弱；此外，因为交易双方是C类用户，缺乏信任机制，影响成交效率。

三、闲鱼 C2C 模式到底有何前景?

易观监测数据显示，目前在移动二手电商领域，综合性二手交易平台闲鱼的独占用户率达到 64.10%。依靠阿里信用保障以及淘宝“一键转卖”的优势，闲鱼迅速成为综合性二手交易领域的头部玩家。

闲鱼以 C2C 模式下鱼塘社区的运作驱动发展，将阿里天猫、淘宝系交易的海量用户与一手成交资源带入平台，促成用户间基于兴趣、地域、校园基础上的社交化交易，推动商品的二次流通，完善社交生态。阿里巴巴系综合全面的电商库存资源，完善的支付技术、信用保障、物流等配套服务使闲鱼切入 C2C 社区模式的二手物品交易撮合具备先天优势。

（资料来源：《二手闲置物品交易 C2C 模式产品运营|社区化的闲鱼和电商式的转转》，易观方舟 AnalysysData 公众号，2018 年 4 月 28 日。收入本书时略有改动。）

思考：

结合当前时代背景，谈谈闲鱼成功的关键因素。

第一节　C2C 电子商务概述

C2C 电子商务模式，是指个人卖家与个人买家之间通过网络平台进行个人交易的电子商务模式。简单地说，就是消费者本身提供服务或产品给消费者。C2C 商务平台是通过为买卖双方提供一个在线交易平台，使卖方可以主动提供商品上网拍卖，而买方可以自行选择商品进行竞价。其代表有易趣、淘宝电子商务模式。

C2C 是消费者与消费者之间的互动交易行为，这种交易方式是多变的。例如，消费者可同在某一竞标网站或拍卖网站中，共同在线上出价而由价高者得标；或由消费者自行在网络新闻论坛或 BBS 上张贴布告以出售二手货品，甚至是新品。

目前，竞标拍卖已经成为决定稀有物价格的最有效率的方法之一。例如古董、名人物品和稀有邮票等，只要是需求面大于供给面的物品，就可以使用拍卖的模式决定最佳市场价格。拍卖会使商品的价格因为欲购者的彼此相较而逐渐升高，最后由出价最高的买家买到商品，而卖家则以市场所能接受的最高价格卖掉商品，这就是传统的 C2C 竞标模式。

在 C2C 竞标网站，竞标物品多样且毫无限制，商品提供者可能是邻家的小孩，也可能是顶尖跨国大企业；货品可能是自制的糕饼，也可能是毕加索的真迹名画。而且，C2C 并不局限于物品与货币的交易。在虚拟的网站中，买卖双方可选择以物易物，或以人力资源交换商品。例如，一位家庭主妇以准备一桌筵席的服务，换取心理医生一节心灵澄静之旅。这就是参加网络竞标交易的魅力，网站经营者不负责物流，而是协助市场资讯的汇集，以及建立信用评级制度。

一、C2C 电子商务模式平台的特点

（一）直销形式

C2C 中个人卖家将自己要销售的商品放在平台上，通过录像、拍照、文字信息描述等方式，使消费者可以获得商品的质量、价格、货源等信息，消费者根据个人偏好决定是否购买。相比较于 B2B、B2C 和 B2C 等模式，C2C 可以有效减少中间环节，更具有经济性。

（二）经营方式灵活

C2C 网络卖家是通过互联网进行日常经营的，营业时间不固定，并且商品数量等由自

己决定。一般来说，只要网络服务器正常运行，卖家就能随时随地营业。

（三）准入门槛较低

网络的快速发展和各大平台的激烈竞争使得C2C网络店铺的经营成本较低，并且没有额外的条件，准入门槛也较低。而且网络购物用户的逐年递增使得C2C电子商务模式的边际成本减少，从而使边际效益增加。个人卖家只要少量资金便可以开设自己的网店、从事商品交易活动。

（四）创造就业岗位

由于C2C市场的限制较少，人们既可以主营网店，也可以将其作为副业，从而增加自己的收入。同时，随着C2C电子商务的发展，相关衍生业务也会拉动市场需求，为就业和创业提供更多的机会。

（五）繁杂性

C2C模式的繁杂性主要体现在用户数量多且身份复杂，这是受C2C电子商务平台开放性与免费性影响而形成的。从C2C电子商务模式平台实际运营来看，几乎任何人都可以注册成为网站的用户。同时，在C2C电子商务模式平台上有海量的虚拟商品信息以及大量的消费者的评价信息，也表明了C2C的繁杂性，并且体现了C2C交易形式的随意性和多元性。

二、C2C电子商务模式平台

（一）按照售卖商品类型不同而划分

1. 实物交易平台

实物交易平台的商品种类很多，从汽车、计算机到服饰、家居用品，种类齐全。除此之外，该类平台还设置了网络游戏装备交易区和虚拟货币交易区等。

【学而思，思而学】

淘宝二手车交易平台正式上线——免费上门验车估价

2014年12月8日，淘宝二手汽车交易平台正式上线，用户可通过淘宝平台实现二手车寄卖及选购。在“双12”期间，全国大部分地区的二手车商都可给消费者提供免费上门验车及估价服务。至此，淘宝已打通汽车后市场，消费者可在线轻松完成汽车日常保养、二手车在线交易及保养。

目前，淘宝汽车二手车服务已跟包括车猫、车易拍、大搜车、车王、第一车网等在内的信誉优质的知名车商达成合作。国内知名车商大搜车网副总裁温惠认为，淘宝搭建起来的品牌影响力、交易服务保障体系及消费习惯，更容易帮助大搜车这样的二手车服务商解决二手车行业面临的最痛的信任、安全等问题。淘宝的用户代表了现今社会最有消费能力的年轻消费者，而这群消费者同样是二手车行业的消费主力。淘宝擅长C端用户需求的挖掘，与大搜车等服务商合作，可以形成充分互补的大数据应用，可以帮助商家更好地做好客户服务。如通过用户在淘宝上的配件购买，推测用户的当前用车及当前车辆的使用情况，结合淘宝对于用户的特性分析，指引车商提供给用户更精准的、更贴心的购车指导和服务。

（资料来源：《淘宝二手汽车交易平台正式上线——免费上门验车估价》，车云网，2014年12月8日。收入本书时略有改动。）

思考：

据你所知，传统的C2C电子商务平台与二手车电子商务平台有何不同？

2. 智慧交易平台

智慧交易平台的运营流程有两种。第一,现金悬赏任务流程:任务发布者发布任务→全额预付定金给淘智网网站→众多用户完成任务→任务奖金支付给作品最好的一名用户。现金悬赏任务流程易于操作和理解,但应该注意它的应用范围有一定的限制。第二,招标任务流程:任务发布者发布任务→支付少量定金或不支付定金→经淘智网网站确认的高水平客户报名参加→任务发布者选择最合适的淘客开始工作→根据工作进度由任务发布者或淘客网站向淘客支付酬劳。

【知识拓展】

常见的智慧交易网站:

http://www.680.com 时间财富网

http://www.epwk.com 一品威客

http://www.zbj.com 猪八戒网

(二)按照交易平台类型不同而划分

1. 拍卖平台

所谓网上拍卖(Auction Online)是指通过互联网实施的价格谈判交易活动,即利用互联网在网站上公开发布将要招标的物品或者服务的信息,通过竞争投标的方式将它出售给出价最高或最低的投标者。其实质是以竞争价格为核心,建立生产者和消费者之间的交流与互动机制,共同确定价格和数量,从而达到均衡的一种市场经济过程。C2C 电商企业为买卖双方搭建网络拍卖平台,按成交金额的比例收取交易费用。在拍卖平台上,商品所有者或某些权益所有人可以独立开展竞价、议价、在线交易等。网络拍卖让商品所有者或某些权益所有人在其平台上独立开展以竞价、议价方式为主的在线交易。网上拍卖和实际生活中的面对面的拍卖区别在于渠道不同、方式不同,不过拍卖本质相同。

拍卖平台的网站一般用于宣传和发布信息,属于销售型网站。网络拍卖平台大致可以分为专业拍卖网站和平台式拍卖网站两种形式。专业拍卖网站一般是指传统拍卖公司为实现其现实空间(实际经营)中的既有业务在网络空间上的延伸而建立的拍卖网站;平台式拍卖网站是在网络拍卖中提供服务和交易程序,为众多买家和卖家构筑一个网络交易市场,由卖家和买家进行网络拍卖的平台。网络公司在网络拍卖中提供交易平台服务和交易程序,为众多买家和卖家构筑了一个网络交易市场,由卖方和买方进行网络拍卖,其本身并不介入买卖双方的交易。这类网络公司在我国以淘宝网为首要代表。

网络拍卖的基本运作方式是:卖家在拍卖网站上展示将要售卖商品的图片等资料供买家挑选,买家可以随时登录拍卖网站挑选自己想购买的物品并出价竞标,实时查看整个拍卖过程。这种以竞拍方式进行的网上交易能让卖家争取到公平的市场价格,让买家找到相对廉价的所需物品。

【知识拓展】

《中华人民共和国拍卖法》(简称《拍卖法》)明确规定,拍卖是指以公开竞价的形式,将特定物品或者财产权利转让给最高应价者的买卖方式。拍卖主体包括竞买人、买受人、委托人和拍卖人,如图 4-1 所示。竞买人是指参加竞购拍卖标的的公民、法人或者其他组织;买受人是指以最高应价购得拍卖标的的竞买人;委托人是指委托拍卖人拍卖物品或者财产权利的公民、法人或者其他组织;拍卖人是指依照《拍卖法》和《公司法》设立的从事拍卖活动的企业法人。在网络上,拍卖人一般是指 C2C 电子商务拍卖平台或在平台上拍卖商品的企业或个人。

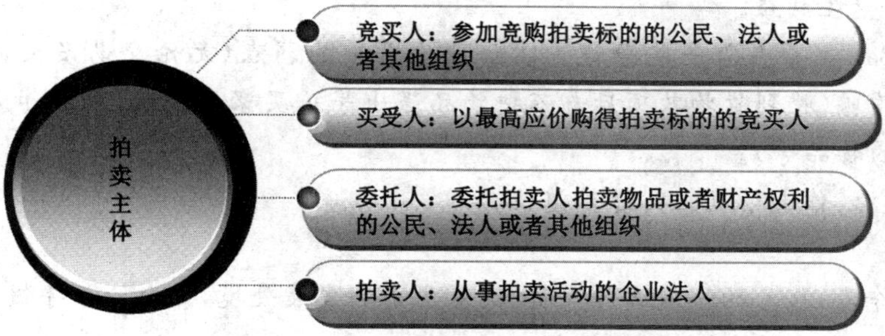

图 4-1　拍卖主体

网络拍卖可以按照多种方式进行分类。第一,按照议价方式的不同,网络拍卖可以分为竞价拍卖、竞价拍买和集体议价。第二,按照拍卖过程中主体的不同,网络拍卖可以分为普通拍卖、密封递价拍卖和双重拍卖。C2C 电子商务拍卖流程和竞拍流程如图 4-2 所示。

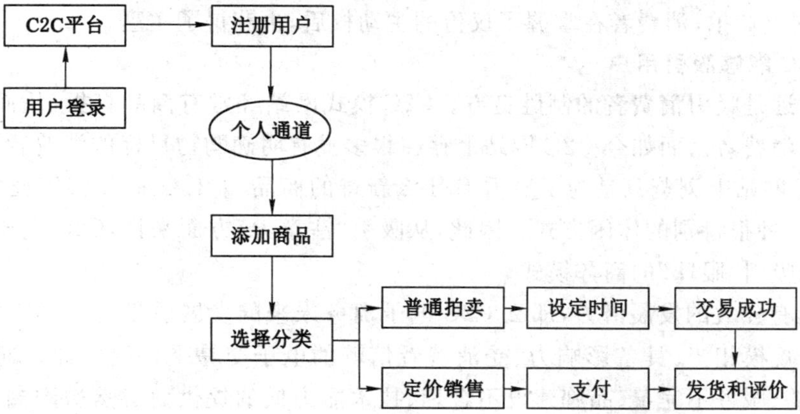

图 4-2　C2C 电子商务拍卖流程和竞拍流程

2. 店铺平台

在店铺平台运作模式下,C2C 电商企业提供平台,以方便用户在平台上开设店铺。企业既可以以会员制的方式收费,也可以通过广告或提供其他服务收取费用。拍卖平台与店铺平台间没有明确的界限,如淘宝网既是拍卖平台,又是店铺平台。

店铺平台可通过实体门店流量转化、入驻流量平台、同城自媒体推广引流、商家微信小程序、微信公众号品牌营销等方式进行运作。

【学而思,思而学】

易贝(eBay)公司于 1995 年 9 月在美国成立,类似一个跳蚤市场,是一个符合 C2C 电子商务模式的平台。个人可以到这个平台进行交易。

在 eBay,每天都有数以百万的家具、收藏品、电脑、车辆被刊登、贩售、卖出。有些物品稀有且珍贵,然而大部分的物品可能只是个满布灰尘、看起来毫不起眼的小玩意。这些物品常被其所有人忽略,但如果能在全球性的大市场上贩售,其身价就有可能水涨船高。

eBay 的盈利方式为：向每笔拍卖收取刊登费（费用从 0.25 至 800 元美金不等），向每笔已成交的拍卖再收取一笔成交费（成交价的 7%～13%不等）。另外，eBay 通过其支付工具贝宝（PayPal）也会产生利益。

然而，eBay 也存在着一些争议。比如评价系统的弱点（无论交易多大，评价只有一次等），卖家的诈骗（收到货物款项后却不把物品送出等），买家的诈骗（信用卡诈骗，宣称收到的不是叙述的物品等）。

（资料来源：作者根据相关资料整理。）

思考：

假如你作为 eBay 的一名工作人员，面对当前的发展处境，你会给领导提供什么建议？

第二节　C2C 电子商务的发展趋势

一、C2C 能够为用户带来真正的实惠

C2C 电子商务模式不同于传统的消费交易方式，如拍卖网站的出现，可使得消费者有决定产品价格的权力，并且可以通过消费者相互之间的竞价结果，让价格更有弹性。因此，通过 C2C 网上竞拍，消费者在掌握了议价的主动权后，也获得了实惠。

二、C2C 能够吸引用户

打折永远是吸引消费者的制胜良方。C2C 模式网站经常有商品打折，从而更能吸引注重性价比的消费者。而如今 C2C 网站上存在很多没有明确购物目标的消费者，他们花大量时间在 C2C 网站上浏览只是为了看看有什么新奇的商品、有什么商品特别便宜，对于他们而言，这是一种很特别的休闲方式。因此，从吸引“注意力”方面来说，C2C 电子商务模式的确是一种能吸引“眼球”的商务模式。

C2C 具有强大的发展潜力，那么 C2C 电子商务未来的发展前景怎么样呢？首先，国内会产生数个规模相当、具备影响力、受消费者信赖的电子交易平台提供商。通过残酷的竞争，实力不够、服务不完善、品牌建设不合理、技术能力低的提供商必然遭到淘汰。其次，多种支付手段将得到广泛的应用。伴随信用卡使用的推广以及技术的提高，在线支付必将在 C2C 电子商务模式领域内得到广泛的应用。有了先进的支付方式，供应商就能够更好地控制交易风险和评估用户信用程度，同时也能获得更多的盈利。最后，C2C 电子商务模式平台提供商将在政策允许的框架内开展有针对性的金融服务业务。C2C 模式平台供应商可以采用多种方式来帮助用户避免风险，如开展信用贷款、在线交易保险等金融服务类。相信随着电子商务的不断发展，会有更多的服务可以提供给用户。

【思政案例】

皖北煤电集团：“云”端会商下好“先手棋”

一列满载 3 400 吨动力煤的火车，由皖北煤电集团钱营孜煤矿发往大唐淮北发电厂。2022 年以来，皖北煤电集团坚持把统筹煤炭保供作为企业高质量发展的重要举措，通过精准研判形势、锁定目标市场、优化组织发运等措施，奋力下好“保供棋、先手棋、营销棋”，助力国家煤炭保供。

“我们充分结合国家政策、市场形势和采场情况，不断巩固市场，深化与重点、优质用户

的合作。”在与客户进行网签的过程中，皖北煤电集团销售公司经理李杰表示，“面对目前疫情防控形势，我们积极通过‘云’会商、‘云’合作，下好销售‘先手棋’，确保疫情防控期间煤炭供应衔接有序。”

2022 年上半年，受新冠肺炎疫情影响，很多传统煤炭销售线下交易无法进行，皖北煤电集团及时调整和优化销售策略，通过网络在线洽谈等方式进行对接，敲定协议内容，与周边电厂、省外钢厂建立了良好的互动交流沟通机制。同时，利用“云”端，有效掌握合作伙伴的生产、库存、供应、需求等情况，及时调整销售策略，提供优质服务。皖北煤电集团创新开展“互联网＋煤炭”销售，通过网络拍卖等方式，提升煤炭价值。2022 年一季度，皖北煤电集团共组织开展竞拍 87 次，实现煤炭溢价收入 2 840 余万元。

为了完成保供任务，皖北煤电集团倒排任务计划，充分利用产销对接会和电煤保供会议等形式，细化应对举措，逐月排定煤矿产量计划，安排好煤炭生产。同时，该集团积极调整产品结构，停止任楼煤矿中煤拍卖，千方百计增加长协供应量；组织煤源，按照进度完成港口储煤任务；主动对接重点电厂用户，详细了解他们的日耗、库存等情况，动态掌握日接(卸)煤情况，科学灵活调整电煤发运计划，并从煤炭装车发运到进厂卸车实行全流程跟踪，保障电煤供应有条不紊地进行。

(资料来源:《皖北煤电集团:保量提效调结构　一矿一策抓开采》,《中国煤炭报》,2022 年 11 月 17 日。收入本书时略有改动。)

第三节　C2C 网上交易及开店的流程

一、C2C 网上交易流程

(一) 搜索

搜索有以下几种方法。

1. 明确搜索词

只需要在搜索框中输入要搜索的宝贝、店铺、掌柜名称，并按 Enter 键或“搜索”按钮即可得到相关资料。淘宝的搜索功能不区分英文字母大小写。无论您输入大写还是小写字母都可以得到相同的搜索结果。

2. 用好分类

许多搜索框的后面都有下拉菜单，有宝贝的分类、限定的时间等选项。比如，搜索“火柴盒”时，会发现有很多汽车模型，原来它们都是“火柴盒”牌的，但当搜索时选择了“居家日用”分类，就会发现真正色彩斑斓的火柴盒全在这里。

3. 妙用空格

想用多个词语搜索，只需在词语间加上空格。

4. 精确搜索

第一，巧用双引号。如给搜索的关键词加上双引号，便能达到精确搜索的目的。第二，使用加减号。如在两个词语间用加号，意味着准确搜索包含着这两个词的内容；相反，如使用减号，则意味着避免搜索减号后面的那个词。

(二) 联络卖家

当买家在看到感兴趣的宝贝时，应先和卖家取得联系，多了解宝贝的细节，多沟通能增进对卖家的了解，避免不必要的风险。

1. 发站内信件给卖家

站内信件只有买家和卖家能看到，相当于某些论坛里的短消息。买家可以询问卖家关于宝贝的细节、数量等问题，也可以试探地询问是否能有折扣。

2. 给卖家留言

每件宝贝的下方都有一个空白框，可以在这里写上要问卖家的问题，卖家回复后这条留言和答复会显示出来。因为这里显示的信息所有人都能看到，所以不要在这里公开自己的手机号码、邮寄地址等私人信息。

3. 利用聊天工具

不同网站支持不同的聊天工具，可以利用它们直接找到卖家进行沟通。

二、C2C 网上开店的流程

（一）会员注册

方法与买方注册会员时相同。如果作为买方已注册会员，则可以使用同一会员账号。

（二）开通 C2C 平台的支付工具

如在淘宝网开店则需要开通支付宝。

（三）实名认证

如果用户要在 C2C 平台上出售商品，则必须通过实名认证。实名认证包括个人实名认证和商家实名认证两种。个人实名认证包括支付宝实名认证和淘宝开店认证，认证时必须提供用户本人的身份证；商家实名认证时必须提供营业执照等能证明商家身份的证件。

（四）发布商品，开设店铺

实名认证通过后，卖家就可以发布商品、开设店铺、进行销售了。目前，在淘宝网上定价销售（拍卖）物品不收取任何中介费用，是完全免费的，但 C2C 网站的增值服务是收取费用的，如淘宝网的旺铺、试衣间等都要收取一定的服务费。

（五）联络买家

在物品销售过程中，随时会有买家留言提问，卖家应及时、耐心地回复留言；也有买家通过站内信件的方式联系卖家，卖家应及时通过沟通工具联系买家。

（六）发货和评价

确认收到买家的货款后或者知道买家已把货款付给第三方支付机构后，卖家就可以放心地安排发货了。卖家账户收到买家货款后，买卖双方互相评价便都会得到一定的信用积分。

第四节　C2C 电子商务盈利模式及成功的关键因素分析

作为买卖双方电子交易的平台，C2C 运作模式很简单。第一步，卖家将欲出售的物品登记并展示在 C2C 平台上；第二步，买家通过浏览 C2C 电子商务网页得到想要的物品资料；第三步，买方确认卖方的信用度后选择想要购买的物品；第四步，通过管理交易平台，完成资料记录；第五步，付款认证；第六步，买方付款给卖方；第七步，网站的物流系统将买家所购物品送到其手中。

一、C2C 常见的盈利方式

（一）会员费

会员费就是会员制服务收费，是指 C2C 网站为会员提供网上店铺出租、公司认证、产品信息推荐等多种服务组合而收取的费用。由于网站提供的是多种服务的有效组合，比较能适应会员的需求，因此这种模式的收费比较稳定。费用按年度交纳，第二年到期时需要客户续费，续费后再进行下一年的服务。不续费的会员将恢复为免费用户，不再享受多种服务。

（二）交易提成

交易提成不论什么时候都是 C2C 网站的主要利润来源。C2C 网站是一个交易平台，它为交易双方提供机会，就相当于现实生活中的交易所、大卖场，从交易中收取提成是其市场本性的体现。

（三）广告费

企业将网站上有价值的位置用于放置各类型的广告，根据网站流量和网站人群精准标定广告位价格，再通过各种形式向客户出售。如果 C2C 网站具有充足的访问量和用户黏度，广告业务量会非常大。但是 C2C 网站出于对用户体验的考虑，均没有完全开放此业务，只有个别广告位不定期开放。

（四）搜索排名竞价

C2C 网站商品的丰富性决定了购买者搜索行为的频繁性，也体现了商品信息在搜索结果中排名的重要性，由此便引出了根据搜索关键字竞价的业务。用户可以为某关键字提出自己认为合适的价格，最终由出价最高者竞得，在有效时间内该用户的商品可获得竞得的排位。卖家只有认识到竞价能为他们带来潜在的收益，才愿意在这上面花钱。

（五）支付环节收费

支付问题一向是制约电子商务发展的瓶颈，直到阿里巴巴推出了支付宝，才在一定程度上促进了网上在线支付业务的开展。买家可以先把预付款通过网上银行打到支付公司的个人专用账户，待收到卖家发出的货物后，再通知支付公司把货款打入卖家账户。这样买家不用担心付款后收不到货，卖家也不用担心发了货而收不到款，而支付公司则按成交额的一定比例收取手续费。

C2C 电子商务模式自 1999 年出现，作为电子商务的重要组成部分，得到了飞速发展，其市场已经进入成熟期。但目前许多 C2C 电商企业因不能盈利而面临生存危机，以淘宝为代表的 C2C 企业份额不断下降，采取适合企业发展的盈利模式，是促进 C2C 电商企业可持续发展的关键。

二、C2C 电商企业取得成功的关键因素

（一）商品因素

商品始终是影响消费者购买意愿的主要因素。C2C 模式企业起初由于商品种类多且价格友好，占据市场半壁江山，但随着电子商务平台的快速发展，B2B2C 模式兴起，大中型企业通过入驻电子商城，获得了和中小卖家相同的简易销售途径。中小卖家因市场监管不力、商品质量不达标等，生存环境日益严峻。因此，C2C 平台应始终把提高商品质量放在首要位置。

（二）物流因素

物流是影响消费者购买意愿的第二大因素。电商经营者在物流选择上主要有两种方式，一种是自营物流，一种是第三方物流。与京东、亚马逊等大型 B2C 商城相比，以往 C2C 卖家选择第三方物流配送，能够有效降低成本、取得价格优势。然而，随着大众消费水平的升级，消费者对于物流的速度更为看重，这使得第三方物流优势减小。以京东物流为例，虽然价格较高，但配送速度远高于第三方物流，所以中小卖家越来越难以和其竞争。与此同时，由于在物流成本方面受到销售规模的限制，普通中小卖家在与天猫大卖家的竞争中同样无法取得最优报价，只能被迫降低利润空间。

（三）服务因素

随着人们生活水平的不断升级，消费者的购买体验感也成为影响购买意愿的主要因素之一。在线上购物的过程中，消费者更看重商品的售后服务。对于 C2C 中小卖家，由于其规模优势较小、利润较低，难免会在与消费者沟通的过程中发生摩擦。因此，对于消费者来说，体验感自然逐渐降低，从而购买意愿不断下降。

（四）支付安全因素

一般来说，线上购物支付方式大致相同，安全性都有保障，但 C2C 卖家在平台经营条件日益严苛的环境下，希望能够摆脱限制，寻找更加灵活、自主的销售渠道，建立正式的交易渠道。

【学而思，思而学】

淘宝网由阿里巴巴集团于 2003 年投资创设，并于 2014 年在纽约证券交易所成功上市。截至 2021 年 3 月，阿里巴巴生态体系的年度活跃消费者达到 11.3 亿。

目前，淘宝网已成为亚太地区最大的 C2C 电子商务平台，以其推出的“‘双 11’购物狂欢节”“年货节”“造物节”“618 年中大促”等标志性活动而享有极高的知名度。淘宝网的快速成长除了得益于电子商务市场整体的快速发展外，还与其在线支付体系、物流体系和领先的营销方式等密切相关。淘宝网已经成为成功的 C2C 电子商务平台，因此基于淘宝网对 C2C 电子商务的发展战略进行探讨，将对我国 C2C 电子商务发展具有借鉴意义。

（资料来源：《阿里发布 2021 财年年报，年度活跃用户达 11.3 亿》，腾讯网，2021 年 7 月 28 日。收入本书时略有改动。）

思考：

1. 淘宝网的盈利模式有哪些？

2. 在网络快速发展的时代，淘宝网在众多电子商务平台中脱颖而出，它独特的竞争策略有哪些？

本章练习题

一、单项选择题

1. C2C 电子商务模式是指（　　）。

A. 消费者与企业之间进行交易的模式

B. 消费者与消费者之间进行交易的模式

C. 企业与企业之间进行交易的模式

D. 没有正确答案

2. C2C 交易中的支付方式通常包括（　　）。

A. 货到付款和网上支付

B. 信用卡支付和账户余额支付

C. 银行转账和支付宝支付

D. 手机支付和货币支付

3. C2C 电子商务平台上常见的信任建立方式主要包括(　　)。

A. 用户评价和信用评级系统

B. 价格比较和促销活动

C. 社交媒体推广和广告宣传

D. 物流配送和退款政策

二、多项选择题

1. 关于 C2C 电子商务模式,以下哪些说法是正确的?(　　)。

A. 交易主体是个人用户

B. 平台提供交易撮合和支付服务

C. 常见的 C2C 电子商务平台包括淘宝网和闲鱼网

D. 交易价格由平台进行统一定价

2. C2C 电子商务模式的特点包括(　　)。

A. 交易规模较小,单笔交易金额相对较低

B. 平台仅提供交易撮合的功能,不参与交易过程

C. 卖家和买家之间可以直接沟通和协商

D. 交易中存在信任问题,可能有风险

3. 在 C2C 电子商务模式中,以下哪些是卖家的主要责任?(　　)。

A. 提供诚实、准确的商品描述

B. 及时发货并提供物流跟踪信息

C. 保证商品的质量和售后服务

D. 承担交易相关的退款责任

三、简答题

1. 简述 C2C 电子商务模式的基本原理和特点。

2. 列举一种典型的 C2C 电子商务平台,说明该平台的特点和优势。

3. 在 C2C 电子商务模式中,买家和卖家之间如何建立和维护信任?

第五章　企业与企业之间的电子商务

【内容提要】

B2B 作为电子商务衍生出的另外一种模式，是指企业与企业之间通过互联网进行信息数据的交流，从而提高商业效率。本章以“找煤网”为引例，探索 B2B 电子商务模式的特点、运营模式及盈利模式。B2B 电子商务平台由于采购成本低、交易周转效率较快，为众多卖家提供了更多的市场机会，特别是获得中小卖家的青睐。但是，在当今互联网快速发展的时代，也要时刻警惕可能出现的安全风险，比如与用户体验、购买意愿密切联系的产品质量、支付系统安全、物流速度等。因此，建立一个安全、服务好、质量好的 B2B 电子商务平台符合时代发展的需要。

【知识目标】

了解 B2B 电子商务模式的基本知识与运营模式，以及水平 B2B 和垂直 B2B 的区别；掌握 B2B 电子商务模式平台的分类及盈利模式特点；熟练掌握 B2B 电子商务模式平台的买卖交易流程；理解 B2B 电子商务模式成功的关键因素；重点掌握基于中介网站的 B2B 交易和 B2B 的交易过程。

【能力与素质目标】

学会在采购商网站上进行网上招投标；学会在一些中介网站上进行交易。

【思政目标】

提高对我国经济由高速增长阶段转向高质量发展阶段的认识，塑造正确的企业价值观；学会打造企业的核心竞争力，使企业实现可持续发展。

【开篇案例】

找煤网：帮客户找到最便宜的煤炭

在“2017 年中国大宗商品电商百强企业”评选中，宁波电商经济创新园区企业“找煤网”成为行业排名第一的第三方煤炭电子交易平台。据介绍，截至 2017 年 5 月 30 日，“找煤网”平台注册会员数达上万家，线上成交煤炭量超过 1 000 万吨。

宁波是华东地区主要的煤炭中转和储存基地，煤炭年交易额近 1 000 亿元。但熟悉这一行业的人都知道，煤炭交易过程烦琐，终端客户很难直接采购到优质、低价的煤炭。传统产供销模式中，煤炭流通成本占到价格的 40%。找煤网 CEO 崔肇说，企业平台主要通过线上交易和线下贸易、线上商流和线下物流的方式，使煤炭交易更加简单、透明，从而帮助用户找到最便宜的煤炭。

崔肇有多年从事煤炭贸易的经历，知道煤炭价格居高不下的原因，除了正常的原料、物流成本外，很大一部分是因信息不对称而产生的不合理成本。2015 年 6 月，崔肇和同事创办的“找煤网”正式上线，通过“互联网＋”整合海量信息，为煤炭交易方提供信息、交易、物流、金融等全产业链服务。“找煤网”一上线，其基于减少交易环节来降低煤炭价格的B2B交易模式便得到了市场的肯定，成功获得源码资本和阿里巴巴元璟资本数千万元的投资。

在成功帮助煤炭交易精简环节后，“找煤网”把帮助企业提高运营效率作为下一个发展目标。崔弅介绍，“找煤网”这两年面向煤炭行业推出了撮合交易、找煤物流等多种服务，但在“煤金融”领域方面仍有发展空间。

据介绍，在煤炭贸易过程中，煤矿要求采购企业提前付款，电厂需要供货商提供30天至45天的账期。“找煤网”推出的供应链金融服务，计划通过发行产业基金的形式来募集资金，通过互联网创新资金使用流程和风险控制模式来满足贸易商的资金使用需求和达到金融机构的安全控制要求。

（资料来源：《找煤网：帮客户找到最便宜的煤炭》，《宁波日报》，2017年6月12日。收入本书时略有改动。）

思考：

从B2B线上交易的角度说说“找煤网”对于煤炭交易过程具有哪些优势。

第一节　B2B电子商务模式概述

B2B是指企业与企业之间通过专用网络或互联网进行数据信息的交换与传递，从而开展交易活动的商业模式。B2B电子商务模式以信息技术为核心，打破时间和空间上的限制，从而提高交易效率。

B2B不仅仅是建立一个网上的买卖者群体，它也为企业之间的战略合作提供了基础。任何一家企业，不论它具有多强的技术实力或多好的经营战略，要想单独实现B2B是完全不可能的。单打独斗的时代已经过去，企业间建立合作联盟逐渐成为发展趋势。网络使得信息通行无阻，企业之间可以通过网络在市场、产品或经营等方面建立互补互惠的合作，形成水平或垂直形式的业务整合，以更大的规模、更强的实力、更经济的运作来真正达到全球运筹管理的模式。

一、B2B电子商务平台的特点

（一）降低采购成本

企业通过与供应商建立企业间电子商务，实现网上自动采购，可以减少双方为进行交易投入的人力、物力和财力。另外，采购方企业可以通过整合企业内部的采购体系，统一向供应商采购，从而实现批量采购并获取折扣。如沃尔玛将美国的3 000多家超市通过网络连接在一起，统一进行采购配送，从而通过批量采购节省了大量的采购费用。

（二）降低库存成本

企业通过与上游的供应商和下游的顾客建立企业间电子商务系统，实现以销定产、以产定供，实现物流的高效运转和统一，最大限度地控制库存。如通过允许顾客网上订货，实现企业业务流程的高效运转，大大降低库存成本。

（三）节省周转时间

企业还可以通过与供应商和顾客建立统一的电子商务系统，实现企业的供应商与企业的顾客直接进行沟通和交易，减少周转环节。如波音公司的零配件是从供应商采购的，而这些零配件很大一部分是满足它的顾客——航空公司维修飞机时使用的。为减少中间的周转环节,波音公司通过建立电子商务网站实现波音公司的供应商与顾客之间的直接沟通,大大减少了零配件的周转时间。

（四）扩大市场机会

企业通过与潜在的客户建立网上商务关系,可以覆盖原来难以通过传统渠道覆盖的市场,从而增加企业的市场机会。如通过网上直销,有20%的新客户来自中小企业;通过与这些企业建立企业间电子商务关系,大大降低了双方的交易费用,增加了中小企业客户网上采购的利益动力。

（五）改善供应链管理

供应链(Supply Chain)是指围绕核心企业,通过对信息流、物流、资金流的控制,从采购原材料开始到制成中间产品和最终产品,最后由销售网络把产品送到消费者手中的将供应商、制造商、分销商、零售商、最终用户连成一个整体的功能网链。

供应链是企业赖以生存的商业循环系统,是企业电子商务管理最重要的环节。有关统计数据表明,企业供应链可以耗费整个公司高达25%的运营成本。由此可见,降低供应链耗费,对企业提高利润率有重要影响。B2B电子商务模式利用ERP、客户关系管理等手段,可以将上下游企业组成一个供应链,并且与其他企业、供应链连接,组成一个动态的、虚拟的、全球的供应链网络,真正做到降低企业的采购成本和物流成本,在整个供应链网络的每个过程实现最合理的增值,并且最重要的是提高企业对市场和最终客户需求的响应速度,从而提高企业的市场竞争力。

（六）增加商业机会和开拓新的市场

B2B电子商务模式帮助企业打破时空的界限,使企业可以随时随地宣传自己的形象,发布自己的产品信息并与客户、合作伙伴进行全方位的信息交流和沟通。从时间上,企业的网站可以全天候为客户、合作伙伴提供企业相关信息;从地域上,企业可以跨越国界把自己的市场拓展到世界上的任一个角落,增加企业的国际机遇。

【案例】

我国首家B2B跨境电商平台——敦煌网

敦煌网于2004年创立,是国内首个为中小企业提供B2B跨境交易的平台。作为跨境电商的重要载体,敦煌网凭借其独特的优势为中小卖家提供了市场机会,在帮助中小企业降低交易成本的同时,助力企业拓宽营销渠道。

敦煌网主要拥有以下几个方面的优势。在技术方面:由于多年的技术积累,敦煌网建立了完整的数字贸易智能生态体系(DTIS),而且可以根据外部环境与内部环境的需求进行动态优化调整;在用户方面:经过多年的沉淀,敦煌网拥有完备的产品体系、安全的交易系统、周到的服务体验,使得用户遍布全球200多个国家(或地区);在品牌方面:通过对品牌进行广泛的推广,敦煌网在国际上形成了较高的品牌知名度;在运营管理方面:敦煌网具有自身企业的特色,如模块化鲜明和互联网基因优良。

随着信息技术的快速发展,跨境电商B2B平台也不可避免地存在一些缺陷。

首先,进口方存在信用风险。在进行跨境交易的过程中,一些信用不良的进口商借助审核系统的疏漏,利用虚假信息来诈骗出口企业的货物,或者以差评等方式威胁出口企业降价或者做出其他让步。其次,跨境电商平台信息的真实性和可靠性有限。比如当买卖发生时,进口方可能因为某些重大决策失误等特殊情况导致支付能力丧失，没能力按照合同规定的方式和时间及时、足额付款。再次，跨境支付环境及第三方支付体系的局限性，造成了跨境收汇环节的风险。最后，由于 B2B 跨境电商平台大多会选择与第三方物流公司进行合作，服务差、效率低等情况会使进口方对国内订单不满意。因此，出口外贸企业需要根据风险产生的原因，积极采取相应的措施来避免或降低风险。

（资料来源：《我国首家 B2B 跨境电商平台——敦煌网》，贸易金融网，2018 年 9 月 29 日。收入本书时略有改动。）

思考：

以敦煌网为例，对 B2B 跨境电商平台存在的一些缺陷，你有哪些建议？

二、B2B 电子商务模式的分类

B2B 电子商务按照交易模式不同，可以划分为综合 B2B 电商和垂直 B2B 电商；按照 B2B 交易平台的构建主体不同，可以划分为自建 B2B 电商、自有 B2B 电商和中介 B2B 电商；按市场战略的不同，可以划分为卖方控制型、买方控制型以及中介控制型。此外，还有内贸 B2B 电商以及外贸 B2B 电商。内贸 B2B 电商、外贸 B2B 电商、垂直 B2B 电商及综合 B2B 电商的关系如图 5-1 所示。

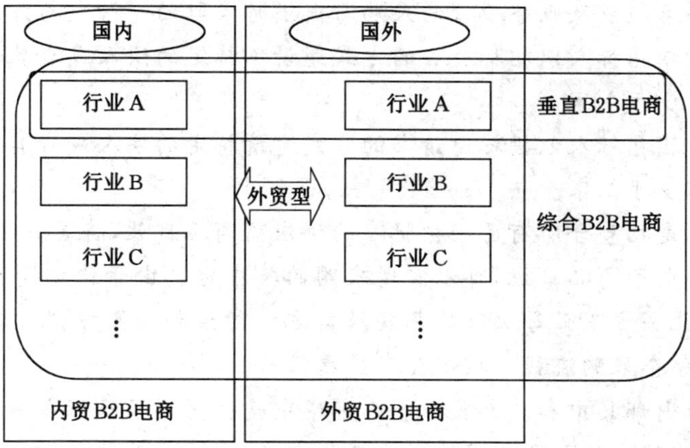

图 5-1　内贸 B2B 电商、外贸 B2B 电商、垂直 B2B 电商及综合 B2B 电商的关系

（一）按照交易模式不同进行的划分

1. 综合 B2B 电商

综合 B2B 电商是利用网上中介服务网站将买方和卖方集中到一个市场上来进行信息交流、广告促销、拍卖竞标、商品交易、仓储配送等商业活动。如阿里巴巴等为传统企业提供网上中介的服务。这种模式之所以称为综合 B2B 电子商务，是因为利用这种模式的行业广泛、企业众多，很多行业和企业都可以在同一个网站上进行商务贸易活动。

2. 垂直 B2B 电商

垂直 B2B 电商是指面向制造业或面向商业的垂直 B2B，其面对的是一个特定的行业、领域。垂直的 B2B 电子商务可以分为两个方向：上游 B2B 电子商务和下游 B2B 电子商务。企业既可以与上游的供应商形成供货关系，也可以与下游的经销商形成销货关系。生产商或商业零售商与上游的供应商形成供货关系，如戴尔电脑公司与上游的芯片和主板制造商就是通过这种方式进行合作的。生产商与下游的经销商可以形成销货关系,比如思科与其分销商进行的交易。垂直B2B电商成本相对要低很多,因为垂直B2B面对的多是某一个行业内的从业者,所以客户相对比较集中而且有限。

(二)根据B2B交易平台的构建主体不同进行的划分

1. 基于企业自有网站的B2B电商

这是一种以传统企业为中心的B2B电商,也叫面向制造业或面向商业的垂直B2B电商,一般依托于传统企业的自有网站开展活动。基于企业自有网站的B2B电商交易可以分为两种:基于采购商网站的B2B交易和基于供应商网站的B2B交易。其中,基于采购商网站的B2B电商交易也称为以买方为主导的B2B电子商务,是指采购商基于自有网站与其上游供应商开展的各种商务活动,如电子化采购、网络采购等。网络采购即利用互联网或专用网络(如EDI)在企业间开展的商品、服务等的购买活动。网络采购的主要目标是对那些成本低、数量大或对业务影响大的关键产品和服务订单实现处理和完成过程的自动化。

【知识拓展】

网上招投标是指企业通过互联网发布采购信息,接受供应商网上投标报价、采购商网上开标及公布采购结果的全过程。网上招投标是在市场经济条件下进行大宗货物买卖、工程建设项目的发包与承包以及服务项目的采购与提供时采取的一种交易方式。

公开招投标是指招标人以招标公告的方式邀请不特定的法人或者其他组织投标。公开招标的投标人应不少于七家。

邀请招投标是指招标人以投标邀请书的方式邀请特定的法人或者其他组织投标。邀请招标的投标人应不少于三家。

集中采购目录是指整合所有已经被批准的供应商商品目录,将其集中到企业服务器上,作为一个企业内部电子商品目录,可以实现采购的集中化。由于价格是预先谈好的或者通过招标确定的,因此买方不必每次采购都要跟卖方进行谈判。买方通过在服务器上整合供应商商品目录,对整个采购流程的控制会变得更容易。

团体购买分为内部集中和外部集中。内部集中是公司为了降低成本而集合所有子公司进行采购,全公司范围内的订单都通过网络来集中采购,并自动添补。外部集中是指企业参加一些第三方机构组织的团购活动。

易货交易指在不使用货币的基础上交换货物和服务的行为。其基本思想是企业以自己剩余的东西交换自己需要的东西。企业可以为自己的剩余物资做广告,但成功交易的机会非常小,所以需要中介的帮助。中介可以建立一个电子易货交易所来协助企业与企业之间的交易。流行的易货交易对象有办公场地、闲置设备和劳动力、产品,甚至还有横幅广告。电子易货的特点是客户越多、速度越快、佣金越低。

思考:

什么是工业4.0?工业4.0最突出的特点是什么?

【学而思,思而学】

海尔:以用户为中心驱动智能制造体系建设

海尔集团在沈阳、佛山、郑州和青岛新建的四个互联工厂,已经能够生产空调、冰箱、洗衣机和热水器四大品类的定制化产品。智能制造体系的搭建必须是以用户为中心的个性化定制。互联工厂就是要“互联出用户的最佳体验”，实现大规模定制 B2B 电子商务模式的运营流程。

海尔工业 4.0 的经验启示如下：

(1) 工业 4.0 不只是构建智能工厂，以智能工厂为基础，创造超预期的用户体验才是其最终目的，要牢牢牵住“以用户为中心”的牛鼻子。

(2) 工业 4.0 不只是制造系统的智能化升级，更重要的是背后的管理变革。

(3) 工业 4.0 涉及的不只是冷冰冰的智能设备，还需要构建一个生态圈。

(资料来源：《海尔：以用户为中心驱动智能制造体系建设》，海尔集团官方网站，2016 年 10 月 9 日。收入本书时略有改动。)

思考：

海尔是如何实施工业 4.0 战略的？海尔工业 4.0 给我们带来的启示有哪些？

2. 基于供应商网站的 B2B 交易

基于供应商网站的 B2B 交易也称为以卖方为主导的 B2B 电子商务，主要是指供应商基于自有网站与其下游的企业用户开展的以电子化分销或网络直销为核心的各种商务活动。基于供应商网站的交易流程如图 5-2 所示。

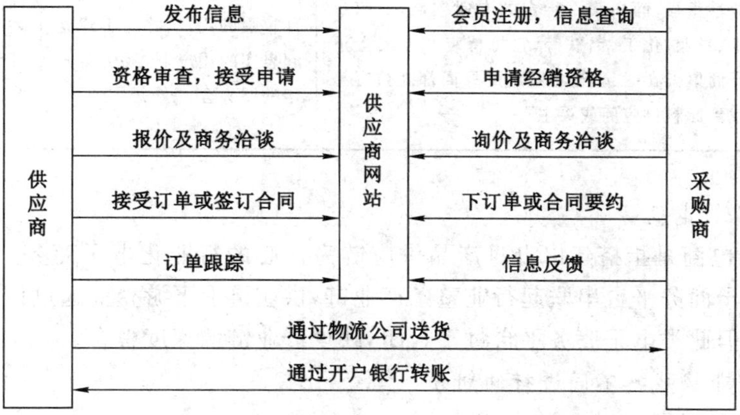

图 5-2　基于供应商网站的交易流程

3. 基于中介网站的 B2B 电商

中介 B2B 电商既不是拥有产品的企业建立的，也不是经营商品的商家建立的，并不参与交易，它只是提供一个平台，将销售商和采购商汇集在一起进行交易。参与主体主要包括认证机构、采购商、供应商、第三方中介 B2B 型网站、物流配送中心、网上银行等。

中介 B2B 电商的主要功能有：提供供求信息服务(主要是为买家开通的服务，包括展示买家商品需求订单信息等)、提供附加信息服务、提供电子目录管理服务、提供与交易配套的服务、提供客户关系管理、提供定价机制服务和供应链管理服务。

中介 B2B 电商的基本流程是：第三方电子商务网站构建交易平台→交易双方分别申领、下载与安装 CA 证书→交易双方在第三方交易平台进行会员注册→平台审核通过交易双方的会员注册申请→交易双方通过第三方交易平台发布各自的供求信息→交易双方在交易平台上提供大量详细的交易数据和市场信息→交易双方选择自己的贸易伙伴进行商务谈判并签订交易合同→交易双方在第三方交易平台指定的银行办理收付款手续→物流配送部门将卖方货物送交买方→交易双方对对方信用做出评价，如有问题可通过平台进行投诉。

中介 B2B 电商按照面向的行业范围又可划分为垂直 B2B 市场和水平 B2B 市场，二者的比较分析见表 5-1。垂直 B2B 市场也称行业型 B2B 电子商务网站，比如中国钢铁网、中国化工网、全球纺织网、全球五金网等。此类网站的优点是针对一个行业做深、做透，有着较强的专业性；其缺点是受众过窄、难以形成规模效应。水平 B2B 交易市场也称综合类 B2B 电子商务网站，之所以用“水平”这一概念，主要是因为这种网站的行业范围很广，很多行业都可以在同一网站上开展商务活动。

表 5-1　水平 B2B 交易市场和垂直 B2B 交易市场的比较

类型	特点	优点	缺点
水平 B2B 交易市场	为买卖双方创建一个信息和交易的平台，涵盖了不同行业和领域，服务于不同行业的从业者	追求的是“全”，能够获益的机会很多，潜在的用户群落较大，能够迅速地获得收益	用户群不稳定，被模仿的风险大
垂直 B2B 交易市场	将买卖双方集合在一个市场中进行交易，网站的专业性很强，面向某一特定的专业领域，如信息技术、农业、化工、钢铁等，它将特定产业的上下游厂商聚集在一起，让各阶层的厂商都能很容易地找到原料供应商或买主	专业性很强，容易吸引针对性较强的用户，并易于建立起忠实的用户群，吸引着固定的回头客	短期内不能迅速获益，很难转向多元化经营或向其他领域渗透

4. 自建 B2B 电商

自建 B2B 电商是指搭建以自身产品供应链为核心的行业化电子商务。行业龙头企业通过自身的电子商务平台串联起行业整条产业链，供应链上下游企业通过该平台实现资讯、沟通和交易。但此类电子商务平台过于封闭，缺少产业链的深度整合。

（三）按照市场战略不同进行的划分

1. 卖方控制型

卖方控制型 B2B 电商是指由单一卖方建立，以期寻求众多的买者，旨在建立或维持其在交易中的市场势力。通常企业自建的、服务于本企业的电子采购就是这种模式，一般以大型企业为主，因为该类公司负责管理其下属所有企业的统一采购。物资采购网能使采购过程公开化、规范化，实现信息共享、加快信息流动速度、扩大询价比价范围、节省交易费用、强化监督控制体系和提高整个运营环节的工作效率。它不仅能产生规模效益，而且由于公司掌握整个数据流，对整个交易的监督、管理、考评、分析等工作有着无法估量的价值。

这种模式也可以由几家大买家共同构建平台用来联合采购，因为投资者希望通过联合买家的议价力量得到价格上的优惠。这种模式最适合的是企业的非直接性物料采购，如办公文具等。这种模式有一个显著的特征，它比较偏向于为买家提供服务，而不会更多兼顾到供应商的利益。例如，Worldwide Retail Exchange（全球零售交易市场），就是由大约 27 家零售商联合创办的。

2. 买方控制型

买方控制型 B2B 电商即由一个或多个购买者建立，旨在把市场和价值转移到买方的市场。买方控制型市场战略除了由一个购买者直接建立的电子市场之外，还包括买方代理型和买方合作型两种买方控制型 B2B 网站。

买方集中模式可以帮助企业加快产品的销售速度，特别是促进新产品的推广、降低销售成本、扩展卖方渠道（包括数量与区域）等。这种模式的一个显著特征是它比较偏向于为卖家提供服务，而不会更多兼顾到买家的利益。

目前在这种模式中，也出现了几家大型的卖家联合起来组建交易平台面向多个买家的形式。如果制造商 A 供应锤子，而与 A 联合的供应商 B 供应钉子，作为房产建造商的买家 C 到 A 的网站上来寻找他所要的产品就容易多了。

3. 中介控制型

前文已经叙述。

【学而思，思而学】

美菜网："两端一链一平台"重塑农产品供给体系

美菜网是农产品移动电商平台，成立于 2014 年，定位为餐饮食材行业的 B2B 平台。美菜网的核心业务是通过全程精细化管控采购、仓储、物流、商品品控、售后等各个环节，为中小餐厅提供食材采购服务，并利用这些需求撬动现有的农产品供应链，整合仓储、物流资源，对接蔬菜肉蛋、米面粮油、酒水饮料、调味品等生产商及农业基地。

美菜网通过"两端一链一平台"建设，全面打通了农产品"采仓配销"，压缩了中间环节，从而推动了农业供给侧改革，实现了农产品的标准化。

美菜网未来发展方向与战略构想：通过缩短菜品、食品供应链，压缩物流成本，降低产品价格；通过搭建城乡通道，为农民提供更多的农产品销路；解决当地的就业问题；解决食品安全问题。

（资料来源：《美菜网："两端一链一平台"重塑农产品供给体系》，搜狐网，2018 年 3 月 21 日。收入本书时略有改动。）

思考：

1. 分析美菜网通过"两端"提高效率所采取的措施。

2. 美菜网是如何全面打通农产品"采仓配销"、压缩中间环节的？

第二节　B2B 电子商务的发展阶段及趋势

一、B2B 电子商务的发展阶段

（一）信息服务阶段

经营模式：以提供信息服务为主，从信息资讯入手，通过信息资讯联通供需双方，以信息资讯平台带动商业平台，主要经营模式为信息黄页。

盈利模式：通过提供会员服务、广告展示、流量变现、竞价排名和线下展会等，收取用户费用。如阿里巴巴、中国化工网、中国制造网等。

（二）交易服务阶段

经营模式：B2B 电商平台除了具备信息展示功能外，企业间还可以在平台上进行线上交易。B2B 电商平台主要的经营模式有自营、撮合、代售（寄售）等模式，通过系统或人工撮合，实现供需信息匹配和在线交易。

盈利模式:收费会员服务、出售营销增值服务、收取交易佣金、平台资金沉淀等。如敦煌网、找钢网、科通芯城等。

（三）产业链综合服务阶段

经营模式:随着交易数据的积累,B2B电商平台可为采购双方提供包括仓储、金融信贷、大数据分析等在内的一系列高附加值的服务,打通了供应链,构建了产业生态圈。

盈利模式:收取数据服务费、信息服务费、物流服务费、金融服务费等费用。如易采办、粮达网等。

二、B2B电子商务的发展趋势

（一）供应链一体化

简单地讲,一体化是指把若干分散的企业联合起来,组成一个统一的经济组织,这种统一的经济组织可以是联合公司或企业集团。企业实行一体化经营的方式有纵向一体化(原材料—制造—分销—销售,分为向前一体化和向后一体化)和横向一体化(又叫水平一体化,是与同行业企业联合)两种。

【知识拓展】

《中华人民共和国国家标准:物流术语(GB/T 18354—2021)》中对供应链的表述是:生产及流通过程中,围绕核心企业的核心产品或服务,由所涉及的原材料供应商、制造商、分销商、零售商直到最终用户等形成的网链结构。供应链一体化是一个系统概念,它包括功能一体化、空间一体化、跨期一体化(分级规划),分别指:采购、生产、运输、仓储等活动的功能一体化。这些活动在地理上可实现分散的供应商、设施和市场之间的空间一体化,也可以在战略层、战术层、运作层三个规划层次上实现跨期一体化。

【思政案例】

焦煤易购:掀起采购变革风潮

近年来,山西焦煤牢牢抓住"集团化管控"这一深化改革的牛鼻子,全面推进企业内部的协同联动、融合发展,高质量发展态势强劲,改革的脚步蹄疾步稳。

面对企业内部物资采购主体分散,产品差异化大、通用性差、质量不统一、价格虚高、市场碎片化、信息互通不畅的现状,山西焦煤抓住"集团化管控、平台化运行"这一关键点,不断强化顶层设计,积极运用互联网思维,经过充分调研、反复酝酿,"焦煤易购"电商平台应运而生。

作为煤机行业第三方B2B物资交易平台,"焦煤易购"建设之初并没有成熟的经验可借鉴。为此,承建该平台的机电公司积极走出去,广泛学习京东、阿里巴巴、苏宁易购、欧冶采购等电商大鳄的理念与技术;同时,机电公司积极引智,邀请相关电商专家对"焦煤易购"的平台搭建把脉、建言。

平台在建设中及建成后,山西焦煤所属各子分公司也第一时间积极行动,强力推进本单位业务上线"焦煤易购":西山煤电确定由供应公司牵头,制定并下发了西山煤电物资统一采购总体思路、指导意见和管理办法,成立了物资采购管理委员会,起草了上线"焦煤易购"平台实施细则等;汾西矿业积极推进合同在线签订工作,与"焦煤易购"配合紧密,其新签订合同数量最多、签订速度最快;山西焦化作为第二批启动上线单位,在第一时间启动了上线对接工作，通过“焦煤易购”达到阳光采购、降本增效、规范程序的目的。

“平台上线后，我们通过签订电子合同，有效提高了工作的整体效率。同时，我们作为供货商入驻平台后，有更多的采购单位能够查询到我们的商品，有利于市场的开拓。”山西天地煤机装备有限公司山西销售公司副总经理李腾说道。采访中，广大供应商纷纷为“焦煤易购”平台的搭建点赞，特别是他们提到了山西焦煤把“主动承担违约金”等内容作为约定事项写入采供双方商务合同等一系列做法，充分彰显了国有大型煤炭企业自我革新的勇气和胸怀。与此同时，“焦煤易购”将企业传统的线下采购转变成了线上电子化采购模式，各单位采购过程中可以通过“一键比价”等功能，直观地了解到同一类型商品不同供货商的报价情况，还能够看到内部兄弟单位的采购价格，实现了信息资源共享，阳光透明，全程留痕，并有效减少了中间环节，带来了自然降价，逐步实现了采购价格的统一。

（资料来源：《焦煤易购：掀起采购变革风潮》，山西焦煤集团官方网站，2018 年 12 月 20 日。收入本书时略有改动。）

（二）行业纵深细分且服务化

第一，B2B 电子商务网站面向行业的纵深化。未来，垂直类 B2B 网站将会快速发展。与综合类 B2B 网站不同的是，垂直类电子商务网站更加专注于服务的整合，提供更加专业化的资讯，其细分垂直化的服务可以帮助客户更快地找到所需要的信息。为了克服垂直行业 B2B 网站的规模限制，该类网站之间将进一步表现出联盟趋向，以获得规模效应和协同效应。垂直类 B2B 电商平台通过聚焦优势品类，在产品和服务上专注各自的行业特点，形成专业集群。比如钢铁行业中，找钢网通过之前数据和交易的积累，也开始尝试开展金融服务，做仓库、加工、物流，甚至自己开发管理软件。另外，在化工、纺织、农业等行业中，垂直 B2B 电商领域也从单纯的信息撮合，逐渐向行业的广度和深度发展。

第二，B2B 电子商务网站服务功能体验及专业度的纵深化。B2B 电子商务网站将不断完善网站服务功能、提高网站服务水平。随着客户及产品信息的增多，B2B 电子商务网站的搜索功能也将完善。仅仅提供信息服务将不能满足企业的要求，未来 B2B 电子商务平台将扩大平台服务的功能，由资讯提供向更深层次的交易服务转变。

（三）根据地方特色产业链集群构建的 B2B 电商模式

国内很多地区都有自己的产业集群，比如虎门的女装、南通的家纺、温州的鞋帽等，这种依托于地方特色产业发展起来的产业带，现在都面临着转型升级的迫切需求。

（四）电子商务模式多样化

目前，各种电子商务模式相继出现、共同发展，呈现出多样化的发展特征。出现多样化的电子商务模式、电子商务网站以及电子商务服务，是为了满足越来越多的参与到电子商务交易中的客户的多样化需求。B2B 平台运营商会根据日益增多的企业、行业、客户的需求，提供更加专业精细的 B2B 电子商务平台服务。这种多样性在 B2B 电子商务平台所服务的行业领域以及 B2B 电子商务网站盈利模式等方面都会有体现。

（五）盈利模式多样化

初期的 B2B 电子商务网站运营商以收取会员费、广告费等为盈利方式，随着 B2B 电子商务网站功能的拓展与深入，B2B 电子商务网站已经拓展出更多的盈利方式，并且这些方式开始成为 B2B 电子商务网站的主要盈利方式，比如佣金制，同时还拓展了竞价排名、线下服务、商业合作、询盘付费、提供 B2B 电子商务网站解决方案等多样性的服务方式来实现盈利的增长。随着整个电商的发展，未来 B2B 电子商务网站的盈利模式将会继续拓展，并逐步优化，盈利模式将走向多元化。

第三节　B2B 电子商务模式交易流程

一、准备

（一）买方按需准备

买方根据自己要买的商品，准备购货款，制订购货计划，进行货源市场调查和市场分析，反复进行市场查询；了解各个卖方国家的贸易政策，反复修改购货计划和进货计划，确定和审批购货计划；再按计划确定购买商品的种类、数量、规格、价格、购货地点和交易方式等，尤其要利用 Internet 和各种电子商务网络寻找自己满意的商品和商家。

（二）卖方按需准备

卖方根据自己所销售的商品，召开商品新闻发布会，制作广告进行宣传；全面进行市场调查和市场分析，制订各种销售策略和销售方式，了解各个买方国家的贸易政策；利用 Internet 和各种电子商务网络发布商品广告，寻找贸易伙伴和交易机会，扩大贸易范围和商品所占市场的份额。其他参加交易各方如中介方银行金融机构、信用卡公司、海关系统、商检系统、保险公司、税务系统、运输公司等，也都要为进行电子商务交易做好准备。

（三）交易谈判和签订合同

这一阶段主要是指买卖双方对所有交易细节进行谈判，将双方磋商的结果以文件的形式确定下来，即以书面文件形式和电子文件形式签订贸易合同。电子商务的特点是可以签订电子商务贸易合同。交易双方可以利用现代电子通信设备和通信方法，经过认真谈判和磋商后，将双方在交易中的权利和义务，对所购买商品的种类、数量、价格、交货地点、交货期、交易方式和运输方式，对违约和索赔等，作出全面、详细的规定。拟定电子交易合同后，合同双方可以利用电子数据交换（EDI）进行签约，可以通过数字签名等方式签名。

（四）办理交易前的手续

这一阶段主要是指买卖双方签订合同后到合同开始履行之前办理各种手续的过程，也是双方贸易前的交易准备过程。交易可能要涉及中介方、银行金融机构、信用卡公司、海关系统、商检系统、保险公司、税务系统、运输公司等，买卖双方要利用 EDI 与有关各方进行各种电子票据和电子单证的交换，直到办理完所购商品从卖方按合同规定开始向买方发货的一切手续为止。

（五）交易合同的履行和索赔

这一阶段是从买卖双方办完所有手续之后开始。卖方要备货、组货，同时进行报关、购买保险、取证、办理信用证等，并将所购商品交付给运输公司包装、起运与发货，买卖双方可以通过电子商务服务器跟踪发出的货物；银行和金融机构也按照合同，处理双方收付款并进行结算，出具相应的银行单据等；直到买方收到自己所购商品，整个交易过程完成。索赔是在买卖双方交易过程中出现违约时，需要进行违约处理的工作，受损方要向违约方索赔。

二、常规流程

B2B 电子商务模式运营的常规流程如图 5-3 所示。

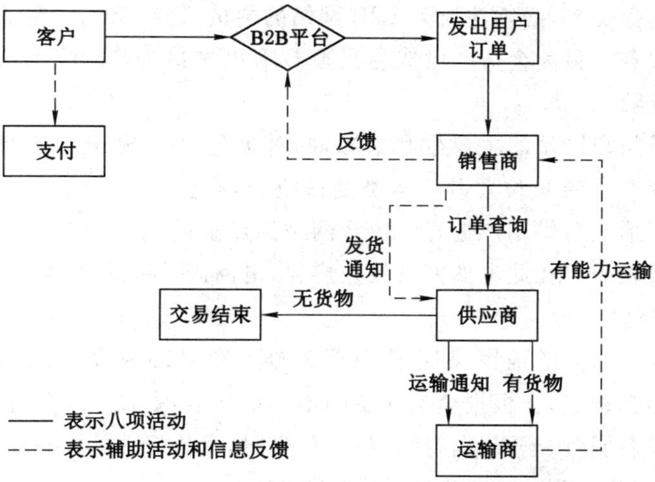

图 5-3 B2B 电子商务模式运营流程图

（一）用户订单

商业客户向销售商订货，首先要发出用户订单，该订单应包括产品名称、数量等一系列有关产品问题。

（二）订单查询

销售商收到用户订单后，根据用户订单的要求向供货商查询产品情况，发出订单查询。

（三）返回订单查询

供货商在收到并审核完订单查询后，给销售商返回订单查询的回答，基本上是有无货物等情况。

（四）运输查询

销售商在确认供货商能够满足商业客户用户订单要求的情况下，向运输商发出有关货物运输情况的运输查询。

（五）返回运输查询

运输商在收到运输查询后，给销售商返回运输查询的回答。如有无能力完成运输，有关运输的日期、线路、方式等要求。

（六）反馈及运输通知

在确认运输无问题后，销售商即刻给商业客户的用户订单一个满意的回答，同时要给供货商发出发货通知，并通知运输商运输。

（七）付款通知

运输商接到运输通知后开始发货，商业客户向支付网关发出付款通知。

（八）转账通知

支付网关向销售商发出交易成功的转账通知。

第四节 B2B 电子商务盈利分析

一、会员费用收取

会员费用收取已经成为 B2C 企业最关键的盈利方式。企业想要通过第三方电子商务平台参与电子商务交易，必须注册为B2B网站的会员，每年交纳一定的会员费，才能享受网站提供的各种服务。目前会员费已成为我国B2B网站最主要的收入来源。

二、广告费用

网络广告是门户网站的主要盈利来源，同时也是B2B电子商务网站的主要收入来源。网站的广告根据其在首页位置及广告类型来收费，有弹出广告、漂浮广告、横幅广告、文字广告等多种表现形式可供用户选择。B2B网站的点击量大，在B2C网站入驻的企业想要获得更多的访问量就需要在此电商网站投入广告，电商网站因此获得了广告费用。

三、竞价排名

企业为了促进产品的销售，都希望自己的排名在B2B网站的信息搜索中靠前，网站在确保信息准确的基础上，会根据会员交费的不同对排名顺序做相应的调整。竞价排名是会员专享的搜索排名服务，当买家在搜索供应信息时，竞价企业的信息将排在搜索结果的前三位，被买家第一时间找到。排名靠前的商城系统网站，通常会获得更好的用户流量，企业为了促进产品的销售，都希望自己的网站在B2B系统网站的信息搜索中排名靠前，所以竞价排名应运而生。

四、增值服务

B2B网站通常除了为企业提供贸易供求信息以外，还会提供一些独特的增值服务，包括企业认证、独立域名、提供行业数据分析报告、搜索引擎优化等。像现货认证就是针对电子这个行业提供的一个特殊的增值服务，因为通常电子采购商比较重视库存。所以，B2B网站可以根据行业的特殊性去深挖客户的需求，并提供具有针对性的增值服务。

五、线下服务

线下服务主要包括展会、期刊、研讨会等。通过展会，供应商和采购商面对面地交流，一般的中小企业比较青睐这个方式。期刊主要是收录行业资讯等信息，期刊里也可以植入广告。

六、商务合作

商务合作包括广告联盟、政府、行业协会、传统媒体的合作等。广告联盟通常是网络广告联盟，亚马逊通过这个方式取得了不错的成效。我国比较成熟的广告联盟有百度联盟、谷歌联盟等。

七、询盘付费模式

区别于传统的会员包年付费模式，询盘付费模式是指从事国际贸易的企业不是按照时间来付费，而是按照海外推广带来的实际效果，也就是海外买家实际的有效询盘来付费。其中询盘是否有效，主动权在海外买家手中，由其自行判断来决定是否消费。尽管B2B市场发展势头良好，但B2B市场还是存在发育不成熟的一面。这种不成熟表现在B2B交易的许多先天性交易优势，比如在线价格协商和在线协作等还没有充分发挥出来。因此传统的按年收费模式，越来越受到询盘付费平台的冲击。询盘付费模式有四大特点：零首付、零风险；主动权、消费权；免费推、针对广；及时付、便利大。广大企业不用冒着“投入几万元、十几万元后一年都收不回成本”的风险，零投入就可享受免费全球推广。企业获得有效询盘，辨认询盘的真实性和有效性后，只需在线支付单条询盘价格，就可以获得与海外买家直接谈判成单的机会，主动权完全掌握在供应商手里。

八、收取佣金模式

企业通过第三方电子商务平台参与电子商务交易，必须注册成为B2B网站的会员，每年不需交纳会员费就可以享受网站提供的服务，但是平台在买卖双方交易成功后要收取佣金。

【学而思，思而学】

2017年11月28日，由万科、中城投资、中天集团等共同发起成立的建材B2B第三方采购交易平台"采筑"在深圳召开发布会。采筑电商平台是由万科牵头成立的第三方建材B2B采购交易平台，旨在提高行业采购透明度，为客户提供优质产品，助力企业降本增效，推动绿色采购标准实施，带动地产供应链服务水平提升。

在采筑电商平台上，客户可以享受到透明的交易环境，产品价格、订单状态皆可实时追踪，同时还能够与万科这样的大型开发商联合招标集中采购，实现效益最大化。此外，在采筑平台上，客户还可以一站式对比产品、筛选供方、招标、签约、下单、收发货、支付结算，大大提升了采购效率。采筑虽是第三方服务平台，却不以赚取差价为盈利手段，而是以更优质的产品和更完善的服务为客户降低成本，助力其提高利润、发展业务。

（资料来源：《采筑——B2B采购平台》，新浪科技网，2017年11月28日。收入本书时略有改动。）

思考：

1. 与传统的B2B电商平台相比，采筑电商平台的盈利模式有何不同？

2. 采筑电商平台的运营模式给传统电商平台什么经验启示？

本章练习题

一、单项选择题

1. B2B电子商务模式是指(　　)。

A. 企业对企业的电子商务模式　　B. 个人对个人的电子商务模式

C. 企业对个人的电子商务模式　　D. 个人对企业的电子商务模式

2. B2B电子商务模式的特点包括(　　)。

A. 大宗交易和长期合作　　B. 面向个人消费者的零售交易

C. 交易规模较小，交易金额较低　　D. 交易主体是个人用户

3. B2B电子商务模式的优势之一是(　　)。

A. 减少交易中的信任和风险问题　　B. 提供个性化的商品和服务选择

C. 实现更高效的物流和供应链管理　　D. 提供方便快捷的支付方式

二、多项选择题

1. B2B电子商务模式的主要参与方包括(　　)。

A. 供应商　　B. 制造商　　C. 分销商D. 个人消费者

2. 在B2B电子商务模式中，常见的供应链管理工具有(　　)。

A. 订单管理　　B. 库存管理　　C. 物流管理D. 会员积分管理

3. 在B2B电子商务模式中，供应商和买家之间的合作通常包括(　　)。

A. 产品定制　　B. 价格协商　　C. 交货期约定D. 促销活动

三、简答题

1. 请简述 B2B 电子商务模式的基本原理和特点。

2. 举例说明一种典型的 B2B 电子商务平台，以及该平台的特点和优势。

3. 在 B2B 电子商务模式中，供应链管理的重要性体现在哪些方面？

四、案例分析

南非 B2B 网站泄露客户数据事件

南非某 B2B 电子商务网站曾遭受一次信息泄露事件。根据相关报道，该网站是一家为企业提供采购解决方案的在线平台，拥有大量注册客户和供应商。事件发生后，黑客入侵了该网站的数据库，获取了包括客户姓名、住址、电子邮件和公司信息在内的敏感数据。

该事件对该 B2B 电子商务网站造成了严重的影响。首先，客户的个人和商业信息遭到曝光，可能导致身份失窃和其他安全风险。其次，企业的商业机密和合作伙伴关系也受到了损害，可能导致信任破裂和商业损失。

为了应对此次事件，该网站立即采取了紧急措施，包括关闭受影响的服务器、通知客户并提供安全建议，并加强网络安全措施以防止未来的类似事件发生。此外，根据 2021 年南非信息保护管理法案的要求，该网站还向相关监管机构报告了这一事件。

该案例表明，在 B2B 电子商务领域，信息安全和数据保护尤为重要。企业必须采取适当的安全措施，包括加密客户数据、定期进行安全审计和漏洞评估，并建立应急响应计划，以便及时应对安全事件。

（资料来源：作者根据相关资料整理。）

思考：

1. 在该案例中，你认为该 B2B 电子商务网站可能存在哪些安全漏洞或弱点，导致黑客能够入侵并获取客户数据？请提出一些建议，帮助该网站加强信息安全措施。

2. 这起事件对该 B2B 电子商务网站的声誉和客户关系造成了明显的影响。你认为该网站应采取怎样的措施来恢复客户信任和建立更强的安全意识？

第六章　企业与消费者之间的电子商务

【内容提要】

本章以戴尔公司的电子商务模式作为开篇案例导入。首先,介绍 B2C 电子商务模式的概念、分类、平台形式、特点及运作流程;随后根据案例研究 B2C 电子商务模式下平台的运营模式及成功的关键因素;最后总结其在当下所面临的问题,并提出改善建议。

【知识目标】

了解 B2C 电子商务模式的概念与运营模式;掌握 B2C 电子商务平台的形式、分类与盈利模式;掌握 B2C 电子商务模式平台的买卖交易流程;了解新技术在 B2C 电子商务模式中的应用;掌握 B2C 电子商务模式成功的关键因素。

【能力与素质目标】

加深对 B2C 电子商务模式类型的理解,能够准确识别案例企业属于何种类型的 B2C 企业,能从多个角度归纳、总结该种 B2C 类型的特点、优势;熟练进行网上购物,学会网上支付;能够举例分析不同 B2C 网站的经营模式;能够使用 Word、Excel 等工具,以图文并茂的形式整理调查数据;参加讨论并完成案例分析,了解新技术与 B2C 电子商务模式的结合,了解 B2C 电子商务模式的发展趋势,建立行业视野。

【思政目标】

提高关于电子商务模式理论基础的同时,懂得我国市场交易的众多形式,从而进一步提升社会责任感和民族自豪感;了解我国 B2C 电子商务企业商业模式创新能力,建立职业认同感;了解近年来我国推动平台经济发展的重要意义和采取的措施,培养正确的职业道德规范意识。

【开篇案例】

戴尔(DELL)公司,1996 年开展了网络直销业务。戴尔的个性化定制,是由客户直接向戴尔下订单,订单中可以详细列出所需的计算机配置,随后由戴尔"按单生产"。戴尔的按单生产可以使戴尔实现"零库存"的目标,零库存不仅意味着具有减少资金占用的优势,还意味着减少了计算机行业的巨大降价风险。

总之,戴尔的优势一是能够在一定程度上满足用户的个性化需求;二是戴尔精简的生产、销售、物流过程可以省去一些中间成本,因此戴尔的产品价格较低;三是用户可以享受到完善的售后服务,包括物流、配送服务,以及其他售后服务。

(资料来源:作者根据相关资料整理。)

思考:

1. 戴尔公司是如何提高公司的核心竞争力的?

2. 试分析戴尔公司的电子商务模式。

第一节 B2C 电子商务模式概述

一、B2C 电子商务模式的概念及基本需求

B2C 电子商务模式是按电子商务交易主体划分的一种电子商务模式，是指通过信息网络以及电子数据信息的方式实现企业或商家机构(以下统称为企业)与消费者之间的各种商务活动、交易活动、金融活动和综合服务活动，是消费者利用 Internet 直接参与经济活动的一种形式。简单来说，B2C 电子商务模式指企业通过 Internet 向个人网络消费者直接销售产品和提供服务的电子商务经营方式。这种模式的电子商务目前以网络零售业为主，一般借助于 Internet 开展在线销售活动。

B2C 电子商务交易模式是最早出现的电子商务模式，它以 1995 年 7 月亚马逊网上书店的诞生为标志。我国最早采用 B2C 电子商务模式的是成立于 1999 年 9 月的 8848 网上商城。

B2C 电子商务模式的基本需求包括用户需求、客户管理需求和销售商的需求。用户管理需求主要是用户注册及用户信息管理。客户管理需求主要包括提供电子目录，帮助用户搜索、发现需要的商品，进行同类产品比较，帮助用户进行购买决策，进行商品的评价，将商品加入购物车，下订单，撤销和修改订单，网络付款，对订单的状态进行跟踪。销售商的主要需求包括检查客户的注册信息，处理客户订单，完成客户选购产品的结算，处理客户付款，发布商品信息，发布和管理网络广告，与银行建立接口，进行电子拍卖，管理商品库存，与物流配送系统建立接口，跟踪产品销售情况，实现客户关系管理，提供售后服务。

二、B2C 电子商务模式的特点

企业与消费者之间的电子商务引发了商品营销方式的重大变革，无论是企业还是消费者，都从中获益匪浅。由于 Internet 提供了强大、直观、安全的交互式功能，这种交易模式大大节省了客户和企业双方的时间与空间，提高了交易效率，因而逐渐得到了人们的广泛认同。

(一) 对消费者而言，B2C 电子商务的优点

1. 购物不受时间和空间的限制

Internet 的发展以及网上商店的出现，使消费者足不出户便可以通过自己的计算机在网上寻找、购买所需的商品，获得商家提供的一系列服务。这对当今生活节奏较快的人们来说，具有极大的便利性；特别对工作忙碌的上班族来说，这种模式可以为其节省宝贵的时间。同时，网络零售没有时间的限制，真正实现一年 365 天、每周 7 天、每天 24 小时的全天候营业，消费者没有对“打烊”的担心。

2. 经济性

除了方便之外，低价格是吸引消费者光顾的主要原因。网络零售实际上是一种直接销售，一方面，不需要中间环节介入，订单直接转给生产商和分销商，由他们直接把商品运送到消费者的手中；另一方面，网络商店基本不设仓库或铺面，没有房租、不需要装修、没有大量的店员工资，仅有网络维护费用，相比传统商店而言能提供更低的价格。

3. 有更多的选择机会

电子商务为消费者提供更多的选择机会，他们可以从互联网上众多的销售商和众多

的产品中选择最合适自己的。网上商店无须实际店面，企业可以在网上展示销售上千万种产品。例如，亚马逊网上书店可提供310万册图书目录，比世界上任何一家书店的存书都多15倍以上。网络多媒体技术还可对商品由内到外进行全面介绍，便于消费者选择。

4. 个性化的服务

网上购物为现代社会消费时尚的个性化进一步提供了便利，消费者不再是只能被动地购买已有的商品，而是可以通过网络向商家提出个人要求进行预订，甚至可以虚拟出自己想要的商品，商家获取信息后，就可能满足消费者独特的消费愿望。例如，美国著名的戴尔公司为顾客提供电脑定制服务，允许顾客自定义设计其喜欢的产品；顾客可以自由选择和配置计算机的各种功能、型号和参数；戴尔公司根据客户的要求进行生产，满足客户的个性化需求。

（二）对商家而言，B2C电子商务的优点

1. 建立网上商店，完全更新了原有的市场概念

传统意义上的商圈被打破，客户扩展到了全国乃至全世界，B2C电商模式形成了真正意义上的国际化市场，赢得了前所未有的商机。

2. 有效减少了交易环节，大幅度降低了交易成本和商品价格

对产品的制造商来讲，网上直销和借助于中介服务的销售方式，大大减少了传统商品的流通环节。对传统的销售商来说，这种新型的销售方式可以很便利地扩展其销售渠道，而不像传统方式那样为了扩展产品的销售范围，需要企业和商家支付很多费用。这样，在电子商务条件下，由于中间环节的减少和销售范围的扩大，一方面，产品价格降低了；另一方面，商家或厂家的销售额大幅度提高，竞争力不断增强。

3. 减少了售后服务的技术支持费用

B2C电子商务模式可以使消费者在遇到使用上、技术上的问题时，通过Internet来获取在线的技术支持，或者通过电子邮件与厂家技术人员直接交流。这样减少了技术服务人员的数量与技术服务人员的出差费用，从而降低了企业的经营成本。

此外，B2C电子商务还具有一些比较明显的特点，如企业与消费者通过网络进行的商品销售与购买活动，发生较为频繁，交易次数较多；B2C电子商务属于一种个体消费行为，其交易金额一般不会太大。

三、B2C电子商务模式的产品功能和设计原则

（一）产品功能

前台功能模块包括商品展示、站内搜索、用户管理、在线订购、批量采购、招商加盟、网站公告、帮助中心、友情链接等；后台管理功能包括客户管理、订单管理、商品管理、销售管理、客服管理、采购管理、库存管理、出库管理、退货管理、财务管理、统计报表、权限管理、操作日志等。

（二）设计原则

（1）易用性：软件操作界面应简洁，方便各类操作人员操作使用。

（2）高效性：软件页面的设计应大气、美观、简洁，能体现公司的企业文化，尽可能地提高浏览速度，突出主要信息。软件导航应层次清晰，方便浏览者对相关信息的访问。

（3）结构合理：栏目设置应合理，符合人们的浏览习惯；软件层次设计应合理，让操作者

可以通过尽可能少的点击次数应找到需要的信息。

(4) 可扩展性:软件设计应考虑到业务未来发展的需要及软件使用的阶段性,要设计简明,各个功能模块间的耦合度小,便于软件的扩展,以及平滑地与其他应用软件自动接口。

(5) 安全性和稳定性:在充分考虑到软件访问性能的同时,软件还应格外重视安全性和稳定性问题。

(6) 并发性:考虑到软件的使用者同时操作软件的情况,软件应支持多人操作,建立高速缓冲机制,提高使用者的访问速度。

(7) 可移植性和可延续性:采用的开发技术不仅要满足应用需求,而且要适应未来的发展趋势,方便以后的升级、移植工作,降低用户的二次开发成本,保证用户的投资利益。

(8) 个性化:应利用注册用户提供的相关信息或利用 COOKIE 等技术,为顾客提供尽可能多的个性化服务。

(9) 互动性:软件应建立反馈机制,实现自动响应和高度互动。

(10) 创意性强:结合行业现状与行业特点,功能应特色鲜明、独具风格,充分体现销售公司管理流程。

(11) 维护性强:软件维护应简单、操作方便,企业自己的管理人员应完全可以自行维护软件的栏目内容。

第二节　B2C 电子商务模式的分类

一、按照企业与消费者买卖关系分类的 B2C 电子商务模式

(一) 卖方企业对买方个人的电子商务模式

这种模式的卖方企业一般拥有丰富的产品线、自有仓库、库存产品,具备物流配送和客户服务功能,甚至会有自己的品牌。如亚马逊、当当网等。

(二) 买方企业对卖方个人的电子商务模式

例如智联招聘凭借大数据和 AI 技术打造开放的人力资本生态,为求职者与用人单位搭起桥梁,让人才和机会更精准高效地建立连接,为生态内的合作伙伴创造更多价值。

【学而思,思而学】

智联招聘:ESG 最佳社会责任实践企业

在中国网财经频道主办的 2021 中国企业 ESG 实践调研中,智联招聘荣获“2021 年度 ESG 最佳社会责任实践企业”奖,其积极践行企业社会责任,尤其在公益合作、科技创新、重点帮扶等方面的突出贡献得到业界肯定。

关注重点就业群体、积极践行社会公益

2021 年,我国全年城镇新增就业 1 269 万人,超额完成稳就业目标。智联招聘作为中国领先的职业发展平台,积极参与各类公益和帮扶行动,尤其是针对大学生、残疾人、农民工等重点关注群体,持续发挥平台、技术优势,为稳就业贡献自己的一分力量。

近年来,智联招聘积极参与教育部举办的“24365 校园招聘服务”、中国发展研究基金会“赢未来”校企合作行动计划、共青团中央举办的“千校万岗·就业有位来”等大学生招聘活

动当中，为毕业生提供广泛、多样的就业岗位机会。

此外，智联招聘还积极参与“春风行动暨就业援助月专项服务”活动中，针对有就业创业意愿的农村劳动者、就业困难人员、零就业家庭成员等提供相应的求职服务，并特别开通“就业扶贫直通车”小程序，联合人社部就业指导中心开展精准就业扶贫项目，帮助农民工找到“家门口”的好工作。

科技创新助力就业、助力市场焕发生机

智联招聘积极将社会责任与产品技术深入结合起来。新冠肺炎疫情期间，智联招聘推出空中宣讲会、空中双选会、空中面试“三空产品”，以“云招聘”促成企业与人才克服地域限制、实现精准高效匹配。不仅如此，智联招聘还在疫情期间提供多项免费服务、公益培训课程等，为企业复工复产、大学生求职提供帮助。

（资料来源：《智联招聘荣膺“ESG最佳社会责任实践企业”奖多措并举为保就业护航》，中国科技网，2022年1月24日。收入本书时略有改动。）

二、按照交易客体分类的 B2C 电子商务模式

按照交易客体不同，B2C 电子商务模式可以分为无形商品和服务的电商模式、有形商品和服务的电商模式两种，两者的区别主要是前者的完整交易流程可以通过网络来进行；后者在网络中只能实现货币交易，实物交易则需要通过物流来实现。

（一）无形商品和服务的电商模式

无形商品和服务主要指电子信息、计算机软件、数字化视听娱乐产品等。这些产品可以通过在线下载的方式直接提供给消费者。这种电商模式包括网上订阅模式（在线娱乐——游戏、视频网站等），广告支持模式（百度），网上赠予模式（软件公司如360、瑞星、金山等）。

（二）有形商品和服务的电商模式

有形商品和服务的电商模式，主要指实物商品通过购物网站能够查询、订阅和付款，不过最终的交易活动不能通过网络来实现。有形商品的 B2C 电子商务模式又可以分为两类，分别为独立 B2C 电子商务网站和 B2C 电子化交易市场。

三、按照网购模式分类的 B2C 电子商务模式

（一）商城类

商城类电子商务模式可以分为综合平台商城模式、独立商城模式、网络品牌商城模式和连锁购销商城模式。

1. 综合平台商城模式

一方面，综合平台商城与传统购物商城一样，有庞大的购物群体，也有大量的供应商驻足网站提供丰富的商品以满足不同消费者的购物偏好；另一方面，它又不同于传统购物商城，它是24小时的“不夜城”，消费者随时随地想买就可以买。我们所熟知的淘宝、天猫、京东等就属于综合平台商城。

2. 独立商城模式

独立商城是通过网店系统、商城系统等网上购物系统构建成的，区别于其他多用户商城性质的商城。独立商城就像现实生活中的大型商场一样，拥有自己独立的店标、品牌和企业形象。

3. 网络品牌商城模式

比如凡客诚品，其产品涵盖男装、女装、童装、鞋、家居、配饰、化妆品等七大类，支持全国一千余个城市货到付款、当面试穿、30 天无条件退换货。

4. 连锁购销商城模式

连锁经营是一种商业组织形式和经营制度，是指经营同类商品或服务的若干个企业，以一定的形式组成一个联合体，在整体规划下进行专业化分工，并在分工基础上实施集中化管理，把独立的经营活动组合成整体的规模经营，从而实现规模效益。

（二）导购类

许多消费者已经不单单满足直接进入 B2B 网站购物了，购物前都会通过浏览一些网购导购网站。导购类型的网站使购物的趣味性、便捷性大大增加，同时，这类型网站里的消费者可以发布自己的购物体验，其他消费者可以点评。

此外，随着生活水平的不断提高，传统的商品不再能够完全满足消费者独特的个人偏好，消费者购买一种商品可能仅仅是因为某一种特性。为了使得物有所值，在线商品定制可以让消费者参与到商品的设计中，从而得到自己真正喜欢和想要的商品。

四、按商品品类多少分类的 B2C 电子商务模式

垂直 B2C 电子商务模式下，商城提供的众多商品具有更多的相似性，这主要是为了满足某一群体，或者是满足某种特定需要，或者只提供某种平台的商品。如主要提供家具用品类的苏宁易购、国美在线、海尔商城等。

（一）品牌型垂直电子商务模式

品牌型垂直电子商务模式主要负责销售单品类、单品牌商品。例如，小米商城和华为商城分别是小米和华为公司为旗下产品建立的品牌型垂直电子商务商城。

（二）平台型垂直电子商务模式

平台型垂直电子商务模式主要负责销售单一品类下的多个品牌产品。如聚美优品，覆盖了化妆品类多品牌产品。

【思政案例】

优煤易购："互联网＋"打造优质无烟煤 B2C 产业链闭环

"优煤易购"是个网络平台，采用的运营模式为"B2B2C＋门店"，目的是让上游的煤炭企业、洁净煤加工企业，以及下游的各地代理商和终端客户在平台上完成定制服务以及线上交易、线下体验等业务。通过这种"互联网＋"交易模式，优煤易购的 40 余万终端用户与 300 家经销商直接交易，这不仅保证了无烟煤质量、增加了产品附加值，也使供需渠道更畅通、交易流程更短、交易成本更低。上下游通过优煤易购电商平台实现了无缝对接，形成了一个完整的优质无烟煤 B2C 产业链闭环。

做品牌、做渠道、做终端，上下游各方通过优煤易购平台实现无缝对接，煤炭由过去的按吨卖、按车卖，变成了现在的论斤卖、论袋卖，由原来的卖原料升级为卖商品，让袋装无烟煤成了市场上的抢手货。

互联网给散煤治理、清洁煤炭推广带来的改变不只停留在销售模式上，还延伸到了政府清洁煤供应管理系统。"清洁煤供应管理应用系统"成为全国首款专业政府清洁煤供应管理系统，既可帮助政府节省人力物力、提高办事效率、杜绝监管漏洞，也可为政府将来退出供应补贴后，在清洁煤监管方面提供有效手段。

（资料来源：《优煤易购："互联网＋"打造优质无烟煤 B2C 产业链闭环》，中国煤炭网，2018 年 7 月 10 日。收入本书时略有改动。）

【知识拓展】

网站访问统计的一些站点：

http://alexa.chinaz.com

http://www.umeng.com

专业调查网：

http://www.1diaocha.com

http://www.askform.cn

http://www.wjx.cn

对于传统企业而言，怎么开展 B2C 的业务，方式有哪些呢？我们认为主要有以下几个方面：在第三方平台开店；搭建自身内容服务平台；自有品牌服务商组建虚拟渠道；利用传统连锁店的品牌效应，建立独立网购平台。

【学而思，思而学】

苏宁易购的电子商务模式分析

苏宁集团由张近东在 1990 年创办，一开始只是销售日常百货。1999 年，苏宁全面进入综合电器领域，并且提出来全国连锁的发展模式，由此苏宁开始走向全国，并在各个省份生根发芽。经过 14 年的发展，苏宁在 2004 年成功上市，成功推动了其快速发展道路。2009 年，张近东带领 18 岁的苏宁向互联网转型。2010 年，苏宁易购正式上线，开始了互联网和实体店相结合的同步发展，并不断提升互联网市场份额。

管理模式的创新。在发展过程中，苏宁掌门人张近东采用的是信息化、标准化、专业化的发展策略，打造以自主培养为主的人才化战略，构建国际化的管理方式，这些措施都为苏宁的发展打下了坚固的基础。

紧跟时代潮流。从成立起，苏宁就紧随时代发展的大方向，在发展线下的同时，也为线上发展做准备。苏宁还积极在县级市开店，因为中国城镇化进程加速，未来要均衡发展，三四线地区更有机会。

利益共同体。苏宁云商从个人创业发展到国内民营企业三甲之一，从个人企业到公众公司走过了 18 年的路。这 18 年既是苏宁不断发展的过程，也是苏宁不断与团队和社会分享其财富的过程。张近东不断稀释手中的股权，实施员工股权激励。根据相关规定，股权激励计划最高涉及的标的股票可达公司股本总额的 10%。这一举措让苏宁员工不自觉地为公司、为自己奋斗。

（资料来源：《零售数字化转型先行者——苏宁》，搜狐网，2021 年 4 月 27 日。收入本书时略有改动。）

思考：

1. 苏宁易购是如何提高公司的核心竞争力的？

2. 试分析苏宁易购的电子商务模式。

第三节 B2C 电子商务模式后台管理流程和网上购物流程

一、B2C 电子商务模式后台管理流程

B2C 电子商务模式后台管理流程如图 6-1 所示。

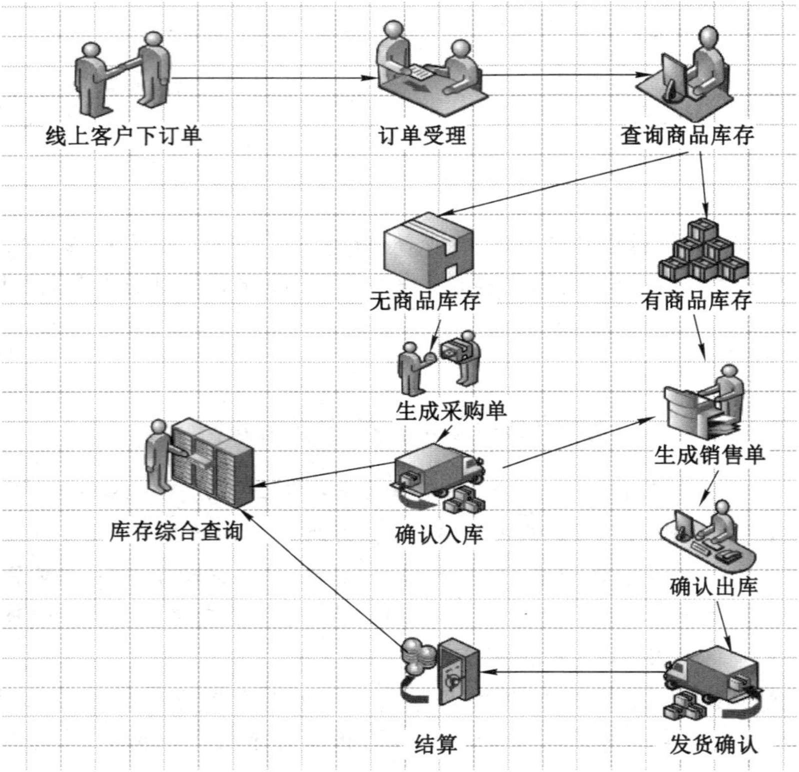

图 6-1 B2C 电子商务模式后台管理流程

二、B2C 电子商务模式网上购物流程

B2C 电子商务模式网上购物流程为:客户注册会员→商品搜索选购→下订单(放进购物车)→收银台→选择送货方式→选择支付方式(在线支付或货到付款)→支付完成→订单查询→等待收货。如图 6-2 所示。

客户可以在订购过程中注册会员,在注册会员时选择送货方式和支付方式,并可以在完成订单前随时修改送货方式和支付方式。

三、B2C 电子商务模式后台管理的功能

(一) 会员管理

会员管理包括会员的审核与账号清理、会员密码查询与更改、会员预付款充值及会员消费扣款(从预付款中扣除费用)等。

(二) 产品管理

产品管理包括产品的分类管理、产品的资料管理、产品的属性管理、产品的营销管理,以

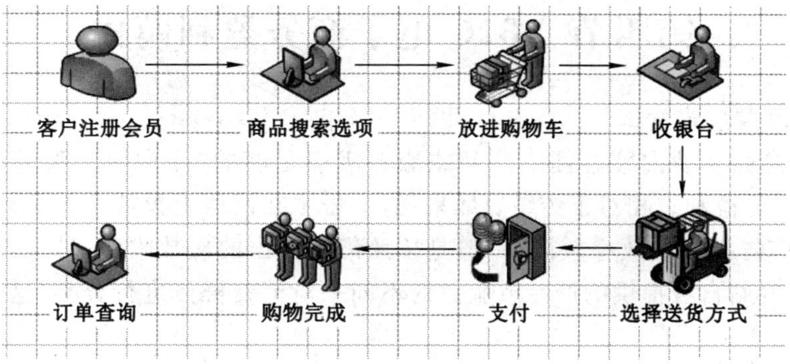

图 6-2　B2C 电子商务模式网上购物流程

及产品的评论管理等。

（三）价格管理

价格管理功能用来定义价格级别(非会员价、会员价、金牌会员价等)、制定产品价格、设置营销方式(数量折扣、捆绑销售、发放赠品)等。

（四）订单管理

客户提交订单之后,可以在后台查询订单的处理进度。网站系统的后台订单处理包括订单审核、财务处理和物流处理等内容。订单一般有待付款、待发货、待收货和待评价等状态。

（五）销售统计分析

销售统计分析可为网站的运营团队提供详尽的分析报表,为经营者的广告投放、网站阵列方式提供指导依据,提供日、周、月、季营收报表(销售、预售、实收),以及商品销售报表(汇总/明细)、商品类别销售报表(汇总/明细)。

订单转化率是指有效订单数量与用户总访问次数的比值。转化率越高,网站运营水平越高。提高订单转化率可以提高网站的交易金额。

（六）网站统计分析

网站统计分析提供图形化的统计分析工具,可对来访者 IP、地区、来访时间进行跟踪统计,还可对站内的商品访问进行统计。网站经营者可以利用一些流量统计软件来完成网站统计分析,如百度统计和友盟＋等。

（七）站点管理

优秀的网站绝非一成不变的,而是能够根据市场需求进行相应的改进。如在站点结构管理方面,网站主导航栏、网页布局均可按要求重新设置;在站点样式管理方面,网站的主体风格、色彩搭配和图片等均可按要求进行调整;在站点数据管理方面,可随时进行数据的分析、安全备份与恢复;在站点安全管理方面,采用更严密的权限分配策略、操作员权限重新配置等。

（八）其他管理

其他管理包括物流进程监控管理、网站的内容管理、网站的功能管理和服务管理等。

第四节　B2C 电子商务盈利模式

一、网站联盟广告营销

B2C 网站通过免费向顾客提供产品或服务吸引足够的“注意力”、吸引广告主投入广告，从而通过广告盈利。相对于传统媒体来说，广告主在网络上投放广告具有独特的优势：一方面，网络广告投放的效率较高，一般是按照广告点击的次数收费；另一方面，B2C 网站可以充分利用网站自身提供的产品或服务的不同来对消费群体进行分类，这对广告主的吸引力也很大。

二、轻资产运营模式

轻资产运营模式不同于传统运营模式，它是指将产品制造和零售外包，将成本主要用于运营服务和推广，重点打造出消费者信赖的品牌，保障产品质量，不断加快发展。在轻资产运营模式中，B2C 电子商务网站需要对顾客群体有着深刻的了解和精准的市场定位。该运营模式不仅可以降低产品的价格，而且可以为企业节约整体成本，提高企业的核心竞争力。

三、会员制营销

会员制营销是指，当顾客在网店有过一次购物经历后，他就可以成为店铺会员，之后在此网店的购物过程中，可以享受到店铺专属会员的优惠。此举可以增加与客户的黏性，从而为网站创造利益。

四、广告为主，佣金为辅

这种模式针对用户的优化留存，以性价比高的优势产品为主，以收取佣金、广告的方式直接让利更多商家，进而能够使得商家让利于消费者。

五、产品销售营业收入模式

这类网站通过网上售卖产品，从采购价与销售价之间的差价中赚取利润。大多数 B2C 的网站都属于这种模式，如亚马逊、京东商城、唯品会、海尔商城等。

六、网站物流收益模式

我国 B2C 电子商务的交易规模已经达到数百亿元，由此产生的物流市场也很大。将物流纳为自身的服务，网站不仅能够占有物流的利润，还能使用户创造的价值得到增值。不过，物流行业与互联网信息服务有很大的差异，B2C 网站将物流纳为自身服务的成本非常高，需要建立实体配送系统，而这需要有强大的资金做后盾，大多数网站很难做到。

七、网上支付收益模式

当 B2C 网上支付拥有足够多的用户时，就可以开始考虑通过其他渠道来获取收入的问题。以淘宝网为例，有近 90%的淘宝用户通过支付宝带给淘宝巨大的利润空间。淘宝不仅可以通过支付宝收取一定的交易服务费用，而且可以充分利用用户存款和支付时间差产生的巨额资金进行其他投资盈利。

八、收费会员制收益模式

B2C 网站对会员提供便捷的在线加盟注册程序、实时的用户购买行为跟踪记录、准确的在线销售统计资料查询及完善的信息保障等。收费会员的数量在一定程度上决定了网站通过会员最终获得的收益。网站收益量的大小主要取决于自身的推广努力。比如网站可以适时地举办一些优惠活动并给予收费会员更优惠的会员价，与免费会员形成差异，以吸引更多的长期顾客。比如，当前淘宝网推出的“88VIP”是阿里巴巴会员体系中的一种等级，除享受“88VIP”特优价之外，在日常的购物、支付、娱乐等方面均拥有尊贵特权。

本章练习题

一、单项选择题

1. 生产类企业网上采购是一种典型的(　　)电子商务活动。

A. B2C　　B. B2B　　C. C2C　　D. B2G

2. 阿里巴巴网站的类型是(　　)。

A. B2B　　B. C2C　　C. B2C　　D. B2G

3. 最早的网上 B2C 公司是(　　)。

A. 英国的网上服装店　　B. 美国的网上商城亚马逊

C. 英国的网上书店亚马逊　　D. 美国的网上书店亚马逊

二、多项选择题

1. 在 B2C 电子商务模式中，最受消费者欢迎的支付方式是(　　)。

A. 现金支付　　B. 银行转账　　C. 信用卡支付　　D. 货到付款

2. 在 B2C 电子商务模式中，最适合通过在线渠道销售的产品类型是(　　)。

A. 大型耐用品，如家电　　B. 快速消费品，如食品和日用品

C. 定制化产品，如家具　　D. 淘宝特产

3. 在 B2C 电子商务模式中，普遍应用于商品配送的物流方式是(　　)。

A. 自有物流团队　　B. 快递公司

C. 邮局　　D. 航空货运

三、简答题

1. 什么是 B2C 电子商务模式？请列举一个实际案例。

2. 列举并简要说明 B2C 电子商务模式中常见的盈利模式。

3. 在 B2C 电子商务模式中，消费者购买决策的影响因素是什么？请简要讨论其中几个重要的因素。

4. 在 B2C 电子商务模式中，用户体验非常重要。请简要分析用户体验对 B2C 电子商务成功的影响，并提出一些建议以提升用户体验。

第七章 跨境电商

【内容提要】

本章注重跨境电商理论与实践的结合，介绍了数字经济与跨境电商的内涵、关系和发展，跨境电商发展的理论基础，跨境电商的商业模式及其分类，跨境电商的生态系统及平台构建技术，跨境电商供应链网络与管理方法，跨境电商的营销方式和用户行为分析，跨境电商金融与区块链技术，跨境电商物流与管理方法，跨境电商的政策法规及其促进效应，跨境电商企业成长的成功要素等内容。

【知识目标】

加深对跨境电商的认识；掌握跨境电商的基本概念；掌握跨境电商的特征和分类；了解跨境电商物流与支付的过程。

【能力与素质目标】

能够完成跨境电商支付等基本操作；能够注册成立一个跨境电商商铺并顺利完成交易过程；能够准确发送跨境电商物品并受到好评；树立物品质量第一的意识，具备从事跨境电商所应有的良好职业道德；不把虚假夸大物品推售给消费者；以耐心诚恳的态度解答消费者对商品的疑虑。

【思政目标】

引导学生深刻理解并自觉实践职业精神和职业规范，增强职业责任感；提高学生的使命感与责任感，强化学生自身的教育能力和理性的爱国精神。

【开篇案例】

晋能控股集团：打造能源电商 煤炭上线交易

2021 年，晋能控股集团在持续抓好传统销售工作的同时，充分发挥中国太原煤炭交易中心有限公司的“中”字头品牌效应，瞄准“大销售、大平台、大地位、大用户、大效益”，积极探索“互联网＋煤炭”的销售办法，全面推进统一上线交易工作，实现效益最大化。2021 年上半年，晋能控股集团煤炭销量完成 2.83 亿吨，同比增加 16.1％。

晋能控股集团加强与其他煤炭经营企业的协同联动，着力构建覆盖山西省、辐射全国的市场化服务网络。中国太原煤炭交易中心有限公司建立起包括市场化交易、全流程交易、交易交收、金融结算、能源行情、期现融合、大数据平台七大板块的现代能源电子商务平台，推出竞价销售、竞价采购、挂牌销售、挂牌采购等市场化交易服务产品，帮助企业客户增加交易机会、降低交易成本、提高交易效率、获取更大经济效益。公路煤炭、煤泥销售也通过能源电子商务平台，搭上了“互联网＋”快车。

在上半年时间里，晋能控股集团内部上线交易累计签订合同 36 990 万吨，成交金额 144 亿元。另外，中国太原煤炭交易中心有限公司还积极谋求晋能控股集团外企业客户上线交易。该公司为华阳新材料、潞安化工等27家外部企业开展市场化交易,成交金额42亿元。煤炭运销总公司作为晋能控股集团又一重要的销售阵地,针对各生产矿公路煤销售现状,出台多项管理政策及措施,为生产子公司、煤炭事业部详细梳理竞价流程,督促开展线上交易,建立并完善价格审批程序,提出价格制定建议,开展上网竞价常态化督查,保障公路煤网上竞价销售有序进行,实现了销量收益双增长。

晋能控股集团利用大数据、物联网、人工智能等新技术,优化电商平台功能,持续创新服务产品,完善业务流程,努力把交易商在能源电子商务平台上开展交易的各个环节做实打通,形成上下联动、环环相扣的业务链条,进一步提升平台市场化、专业化、智能化水平。晋能控股集团在利用"互联网+煤炭""互联网+电商"销售模式为客户提供销售服务,把品牌优势、资源优势转化成实实在在的效益优势的同时,还在积极探索"碳达峰、碳中和"背景下的碳交易,推动煤炭和上下游企业之间建立互利共赢的关系,提高资源配置效率,持续提升市场影响力,全方位推进高质量发展。

(资料来源:《晋能控股集团:打造能源电商　煤炭上线交易》,中新网,2021年7月16日。收入本书时略有改动。)

思考:

1. 晋能控股集团为打造线上平台交易做了哪些准备?

2."互联网+煤炭""互联网+电商"销售模式是否会存在潜在风险?

第一节　认识跨境电商

当前,跨境电子商务作为网络化的新型经济活动,正以前所未有的速度迅猛发展,已成为世界各国增强经济竞争实力、赢得全球资源配置优势的有效手段。2018年10月1日起,财政部、国家税务总局、商务部、海关总署联合发文,对跨境电子商务综合试验区电商出口企业实行免税新规。2018年11月21日召开的国务院常务会议决定,延续和完善跨境电子商务零售进口政策并扩大适用范围,扩大开放更大激发消费潜力;部署推进物流枢纽布局建设,促进提高国民经济运行质量和效率。按照党中央、国务院决策部署,我国自2019年1月1日起,调整跨境电商零售进口税收政策,提高享受税收优惠政策的商品限额上限,扩大清单范围。2020年,我国率先恢复制造业产能,完成深"V"反转,成为全球唯一货物贸易正增长的主要经济体,跨境电商功不可没。海关总署数据显示,2020年我国跨境电商进出口1.69万亿元,同比增长31.1%。2021年上半年,我国跨境电商进出口额为8 867亿元,同比增长28.6%。2021年7月,国务院办公厅印发《关于加快发展外贸新业态新模式的意见》提出,到2035年,外贸新业态、新模式发展水平位居创新型国家前列。2021年11月,商务部印发《"十四五"对外贸易高质量发展规划》。跨境电商已成为我国外贸发展新动能、转型升级新渠道和高质量发展新抓手。

一、跨境电子商务概述

跨境电子商务是指分属不同环境的交易主体,通过电子商务平台达成交易、进行支付结算,并通过跨境物流送达商品、完成交易的一种国际商业活动。

跨境电商的概念有狭义和广义之分。狭义的跨境电商基本等同于跨境零售,是指分属于不同关境的交易主体,借助计算机网络达成交易、进行支付结算,并采用快件、小包等方式通过跨境物流将商品送达消费者手中的交易过程。

广义的跨境电商基本等同于外贸电商，是指分属于不同关境的交易主体，通过电子商务的手段将传统进出口贸易中的展示、洽谈和成交等各环节电子化，并通过跨境物流送达商品、完成交易的一种国际商业活动。

跨境电子商务作为推动经济一体化、贸易全球化的技术基础，具有非常重要的战略意义。跨境电子商务不仅冲破了国家间的障碍，使国际贸易走向无国界贸易，同时它也正在引起世界经济贸易的巨大变革。跨境电子商务构建的开放、多维、立体的多边经贸合作模式，拓宽了企业进入国际市场的路径，促进了多边资源的优化配置与企业间的互利共赢，跨境电子商务也使消费者非常容易地获取其他国家的信息并买到物美价廉的商品。

图 7-1 为跨境电商的出口流程。由图可以看出，国内货源无论是经过境外电商平台，还是通过邮轮运输到区内保税库，均需要经过海关通关商检。在经过商品备案、清单核放、汇总申报、退税结汇后，境外电商平台的货源可通过飞机直邮的方式与国外消费者进行交易，区内保税库可通过货车物流运输方式与国外消费者进行交易。

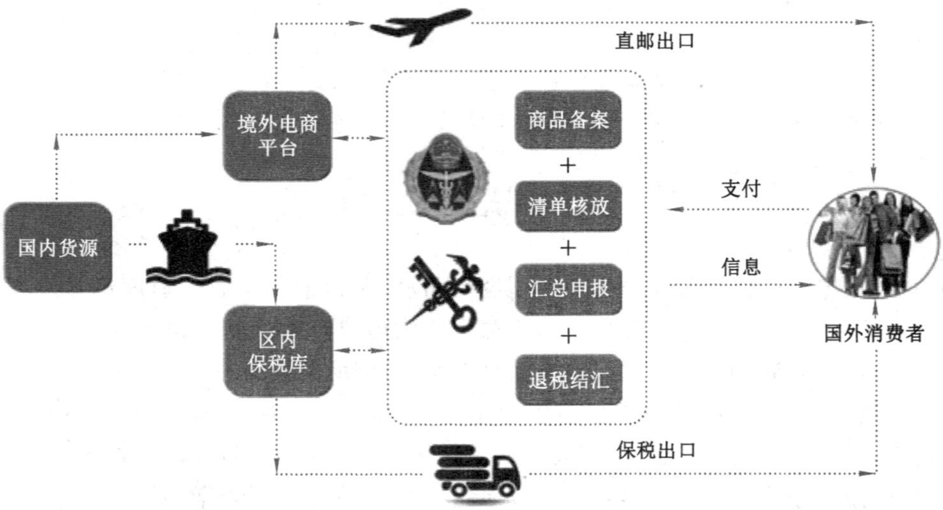

图 7-1　跨境电商的出口流程

二、跨境电商的特征与分类

（一）跨境电商的特征

跨境电子商务是基于网络发展起来的，网络空间相对于物理空间来说是一个新空间，是一个由网址和密码组成的虚拟但客观存在的世界。网络空间独特的价值标准和行为模式深刻地影响着跨境电子商务，使其不同于传统的交易方式而呈现出如下特征。

1. 全球性

网络是一个没有边界的媒介体，具有全球性和非中心化的特征，依附于网络发生的跨境电子商务也因此具有了全球性和非中心化的特性。

【批注】

电子商务与传统的交易方式相比，一个重要特点在于电子商务是一种无边界交易，基本不受传统交易所具有的地理因素的限制。互联网用户不需要考虑跨越国界就可以把产品尤其是高附加值产品和服务提交到市场。

网络的全球性特征带来的积极影响是信息最大程度的共享，消极影响是用户可能面临因文化、政治和法律的不同而产生的风险。任何人只要具备了一定的技术手段，在任何时候、任何地方都可以让信息进入网络，相互联系进行交易。美国财政部在其财政报告中指出，对基于全球化的网络建立起来的电子商务活动进行课税是困难重重的，因为电子商务是基于虚拟的电脑空间开展的。电子商务中的制造商容易隐匿其住所，而消费者对制造商的住所是漠不关心的。比如，一家很小的爱尔兰在线公司，通过一个可供世界各地的消费者点击观看的网页，就可以通过互联网销售其产品和服务，因此很难界定这一交易究竟是在哪个国家内发生的。

这种远程交易的发展，给税收当局制造了许多困难。税收权力只能在一国范围内严格地实施，税务机关对超越一国的在线交易行使税收管辖权则比较困难。而且互联网有时扮演了代理中介的角色，它不同于传统交易模式存在有形的销售网点。例如，传统交易模式通过书店将书卖给读者，而在线书店可以代替书店这个销售网点直接完成整个交易。但问题是，税务当局往往要依靠这些销售网点获取税收所需要的基本信息，并代扣代缴所得税等。没有这些销售网点的存在，税收权力的行使也会发生困难。

2. 无形性

网络的发展使数字化产品和服务的传输盛行。数字化传输是通过不同类型的媒介，例如数据、声音和图像等在全球化网络环境中集中进行的，这些媒介在网络中是以计算机数据代码的形式出现的，因而是无形的。以一个 e-mail 信息的传输为例，这一信息首先要被服务器分解为数以百万计的数据包，然后按照 TCP/IP 协议通过不同的网络路径传输到一个目的地服务器并重新组织转发给接收人，整个过程都是在网络中瞬间完成的。

【批注】

数字化传输是指以电脑为主体、以多媒体为辅助的，能提供多种网络传播方式来处理包括捕捉、操作、编辑、储存、交换、打印等多种功能的信息传播活动。数字化传播集合了语言、文字、声像等特点的新的传播途径，是为适应现代社会发展的需求而出现的。

数字化产品和服务基于数字传输活动的特性也必然具有无形性。传统交易以实物交易为主，而在电子商务中，无形产品却可以替代实物成为交易的对象。以书籍为例，传统的纸质书籍，其排版、印刷、销售和购买被看作产品的生产、销售。然而在电子商务交易中，消费者只要购买网上的数据权便可以使用书中的知识和信息。但是，如何界定该交易的性质、如何监督、如何征税等一系列的问题，却给税务和法律部门带来了新的课题。

3. 匿名性

跨境电子商务由于非中心化和全球性的特性，很难识别其用户的身份和所处的地理位置。在线交易的消费者往往不显示自己的真实身份和自己的地理位置，不过这丝毫不影响交易的进行，网络的匿名性也允许消费者这样做。在虚拟社会里，隐匿身份的便利性容易导致自由与责任的不对称。人们在这里可以享受最大的自由，却只承担最小的责任，甚至能够逃避责任。

4. 即时性

对于网络而言，传输的速度和地理距离无关。在传统交易模式中，信息交流方式如信函、电报、传真等，在信息的发送与接收过程中，存在着长短不同的时间差。而电子商务中的信息交流，无论实际时空距离远近，一方发送信息与另一方接收信息几乎是同时的，就如同生活中的面对面交谈。某些数字化产品（如音像制品、软件等）的交易，还可以即时清算，订货、付款、交货都可以在瞬间完成。电子商务交易的即时性提高了人们交往和交易的效率，免去了传统交易中的中介环节，但也隐藏了法律危机。

【学而思，思而学】

网络不但提高了跨境电商的交易效率，还省去了中介费用。但是，交易全部依赖于网络是否能够承担起网络崩坏带来的损失呢？而且如今的网络诈骗层出不穷，交易双方是否能够快速识别出网络诈骗分子而防止受骗呢？对于这样的情况，有没有有效的解决方法？

5. 无纸化

电子商务主要采取无纸化操作的方式，电子计算机通讯记录取代了一系列的纸面交易文件。由于电子信息以比特的形式存在和传送，整个信息发送和接收过程实现了无纸化。无纸化带来的积极影响是使信息传递摆脱了纸张的限制，但由于传统法律的许多规范是以规范“有纸交易”为出发点的，因此，无纸化在一定程度上可能会引发法律问题。

6. 快速演进

跨境电子商务是一个新生事物，现阶段它尚处在幼年时期，网络设施和相应的软件协议的未来发展具有很大的不确定性。基于互联网的电子商务活动也处在瞬息万变的过程中，短短的几十年中电子交易经历了从 EDI 到电子商务零售业的兴起过程，而数字化产品和服务更是花样出新，不断地改变着人类的生活。

【批注】

跨国电子商务具有不同于传统贸易方式的诸多特点，传统的税法制度是在传统的贸易方式下产生的，如果将其运用在电子商务贸易中必然会漏洞百出。网络深刻地影响着人类社会，也给税收法律规范带来了前所未有的冲击与挑战。税务政策的制定者和税法立法机关应当密切注意网络的发展，在制定税务政策和税法规范时充分考虑这一因素。

（二）跨境电商的分类

1. 按进出口方向分类

（1）出口跨境电商

出口跨境电商是指境内卖家将商品直销给境外买家。境外买家在浏览境内卖家的网店时，若发现自己心仪的商品，可以先联系卖家询问商品的大致情况，然后下单购买；在支付完成后，境内卖家就可以发国际物流将商品寄给买家。出口跨境电商的模式主要有入驻第三方平台模式、自建跨境电商网站模式、综合服务商模式、代运营服务商模式，如表 7-1 所示。每个模式都各有其优缺点，因此从事跨境电商的创业者需要根据市场环境选择适合的模式。

（2）进口跨境电商

进口跨境电商是指中国境内消费者通过跨境电商第三方平台经营者自境外购买商品，并通过“网购保税进口”或“直购进口”运递进境的消费行为。跨境电商进口模式一般涉及企业信息备案、订单申报、跨境物流、报关、配送等流程，整个过程复杂且需要消耗一定的时间。第一，清单申报。当消费者在电商平台成功下单之后，商家需要将整个订单信息发送到相应的服务平台，支付方需要将订单支付的情况反馈给平台，

表 7-1　出口跨境电商的模式分类

模式分类	模式特点	优势	劣势
入驻第三方平台模式	企业需缴纳佣金或会费入驻第三方平台，平台只提供信息展示、产品交易和营销推广等服务，不参与售前售后过程	成本低，风险低，信用体系完善，平台流量大且用户目的性强，网上商店容易搭建	形式单一，特色不明显，可扩展性低，需缴纳一定费用
自建跨境电商网站模式	企业自建跨境电商网站，负责跨境电商流程中的所有工作	能有效把控产品质量，可扩展性高，与客户的联系紧密	网站开发和运营维修需要大量资金，初期扩展难度大
综合服务商模式	为中小企业提供模块式电子商务解决方案，涵盖了金融支付、通关、结汇退税及跨境物流等服务	针对性强，灵活自由，成本低	只能解决局部问题，不能整体优化
代运营服务商模式	全程代理企业产品的销售和推广，但不参与平台搭建	专注于品质，节省平台搭建和运营维护的费用	整体的成本偏高，对渠道和品牌的管控力度弱

对应的物流商则需要发送运单和舱单等信息给平台，平台在收到三方的清单之后会生成清单信息。第二，审单。清单申报之后会自动进入电子审单的流程。对于存在潜在风险的商品会直接送往人工审单，人工审单需要海关和商检员共同审核。审单之后就会发放审单结果，如退单、审核通过、检验放行等。第三，查验。审单后的产品会直接送往海关对货物进行X光的查验，X光机检正常就会自动放行。机检异常的货物则需要进行人工查验，查验完毕之后记录查验结果。通过机检的货物，可以在通关服务平台查阅到，每单的商检指令和海关查验状态都有完整的显示。第四，出库、缴税。电商场站的工作人员对放行的货物会逐单进行扫描，结果无误就会放行出库。对成功放行的产品，相应的物流公司会直接配送到消费者手中。

2. 按交易模式分类

(1) B2B跨境电商

B2B跨境电商平台主要有“交易佣金＋服务费”和“会员制＋推广服务”两种经营模式。其中“交易佣金＋服务费”模式采用免费注册、免费商品信息展示、只收取交易佣金的方式。其一般采用单一佣金率模式，按照平台类目分别设定固定佣金比例来收取佣金，并实施“阶梯佣金”政策。当单笔订单数额满足一定标准时，即按照统一的标准收费。“会员制＋推广服务”模式主要为商家提供贸易平台和资讯收发等信息服务，通过收取会员费和服务费的方式进行运营，目标不同，提供的咨询服务也不同。

(2) B2C跨境电商

在B2C模式下，中国企业直接面向外国消费者，主要销售个人消费品。在物流方面，他们主要采用航空包裹、邮件、快递等方式。报关主体为邮政或快递公司，目前大部分不在海关登记范围内。

B2C根据平台运行方式，分为开放式平台和自主式平台。开放式平台的内容涉及出口电子商务的各个环节，除开放买卖双方数据外，还包括开放商品、门店、交易、物流、评估、仓储、营销、促销等环节和流程，以实现应用与平台的系统对接，并围绕平台建立自己的开发者生态系统。更多的开放平台作为管理和运营平台提供商存在，通过整合平台服务资源进行数据共享，直接为买卖双方提供服务。代表企业主要有亚马逊、全球速卖通、eBay 等。自主式平台通过定制符合自立品牌需求和消费者需求的采购标准，管理商品的引进、分类、展示、交易、物流配送、售后支持等整个交易过程的关键环节，并通过互联网 IT 系统管理和大型仓储物流系统建设，实现对整个交易过程的实时管理。代表企业主要有兰亭集势、环球易购、米兰网等。

(3) C2C 跨境电商平台

C2C 跨境电商的平台有淘宝网、京东、天猫、唯品会、拍拍网等。

【案例】

亚马逊与阿里巴巴 B2C 跨境电商平台商业模式

美国亚马逊和我国阿里巴巴全球速卖通在 B2C 跨境电商领域都有所建树，形成的独特商业模式对于其他电商平台具有较高的借鉴价值。二者在商业模式上有相似之处而又不尽相同，通过分析、借鉴可以扬长避短，促进各自平台的进一步优化完善。通过对亚马逊和全球速卖通的商业模式的比较研究，得出的主要结论是两个平台在盈利模式、跨境物流体系及资金支付方式等方面存在诸多异同。具体来说，亚马逊在盈利模式上更丰富多元，其跨境物流体系更庞大。当然，全球速卖通顺应我国物流行业快速发展的趋势，也在不断创新发展其跨境物流体系。同时，二者在支付方式上各有千秋，由于平台面对的地区市场不同，针对不同地区本地化要求提供的支付方式因而也不同。从运营效果来看，亚马逊作为跨境电商的鼻祖，其在全球范围内影响力大、业务范围广、各项体系更成熟，从财务数据可以看出其近几年发展呈现平稳增长的态势。而全球速卖通作为后起之秀，虽然在全球搜索热度、访问量上略输亚马逊一筹，但交易规模增长势头强劲，尤其基于近几年我国对于跨境电商的利好政策，其发展潜力巨大。

（资料来源：《亚马逊与阿里巴巴 B2C 跨境电商平台商业模式的比较研究》，中国知网，2019 年 6 月 5 日。收入本书时略有改动。）

三、跨境电商的发展历程

近年来，中国进口电商呈现出的爆发式增长，得益于国内海淘用户规模的快速增长以及消费者对海外商品的认知度提高、消费观念升级、需求多样化等驱动因素。同时，政府在跨境金融、税收、物流方面出台利好政策，也为跨境电商发展奠定了基础。中国实现对外出口贸易互联网化源自 1999 年阿里巴巴用互联网连接中国供应商与海外买家。此后，中国跨境电商的发展经历了三个发展阶段。

（一）跨境电商 1.0 阶段（1999—2003 年）

跨境电商 1.0 时代的主要商业模式是网上展示、线下交易的外贸信息服务模式。跨境电商 1.0 阶段第三方平台的主要功能是为企业信息以及产品提供网络展示平台，并不在网络上涉及任何交易环节，此时的盈利模式主要是向进行信息展示的企业收取会员费（如年服务费）。跨境电商 1.0 阶段发展过程中，逐渐衍生出竞价推广、咨询服务等为供应商提供一条龙的信息流增值服务。在跨境电商 1.0 阶段中，阿里巴巴国际站平台以及环球资源网为典型代表平台。其中,阿里巴巴以网络信息服务为主,线下会议交易为辅,是中国最大的外贸信息黄页平台之一。环球资源网的前身为 AsianSource,是亚洲较早的提供贸易市场资讯者。在此期间,还出现了中国制造网、韩国 EC21 网等大量以供需信息交易为主的跨境电商平台。跨境电商 1.0 阶段虽然通过互联网解决了中国贸易信息面向世界买家的难题,但是依然无法完成在线交易,对于外贸电商产业链的整合仅完成信息流整合环节。

(二) 跨境电商 2.0 阶段(2004—2012 年)

2004 年,随着敦煌网的上线,跨境电商 2.0 阶段来临。这个阶段,跨境电商平台开始摆脱纯信息黄页的展示行为,将线下交易、支付物流等流程实现电子化,逐步实现在线交易平台。相较于第一阶段,跨境电商 2.0 阶段更能体现电子商务的本质。跨境电商借助于电子商务平台,通过服务、资源整合有效打通上下游供应链,包括 B2B(平台对企业小额交易)平台模式和 B2C(平台对用户)平台模式两种。跨境电商 2.0 阶段,B2B 平台模式为跨境电商主流模式,通过直接对接中小企业商户实现产业链的进一步缩短,提升商品销售利润空间。在跨境电商 2.0 阶段,第三方平台实现了营收的多元化,并实现后向收费模式,将"会员收费"改为收取交易佣金为主,即按成交额等来收取百分点佣金,同时还通过平台的营销推广、支付服务、物流服务等获得增值收益。

(三) 跨境电商 3.0 阶段(2013 年至今)

2013 年是跨境电商重要的转型年,跨境电商全产业链都出现了商业模式的变化。随着跨境电商的转型,跨境电商 3.0"大时代"随之到来。首先,跨境电商 3.0 阶段具有大型工厂上线、B 类买家成规模、中大额订单比例提升、大型服务商加入和移动用户量爆发五方面特征。与此同时,跨境电商 3.0 服务全面升级,平台承载能力更强,全产业链服务在线化也是跨境电商 3.0 阶段的重要特征。在跨境电商 3.0 阶段,用户群体由草根创业向工厂、外贸公司转变,且具有极强的生产设计管理能力;平台销售产品由网商、二手货源向一手货源、好产品转变;主要卖家群体由传统外贸业务向跨境电商业务转型;生产模式由大生产线向柔性制造转变,对代运营和产业链配套服务需求较高。

【知识拓展】

网络空间是指用物理链路将各个孤立的工作站或主机连在一起,组成数据链路,从而达到资源共享和通信的目的。凡将地理位置不同且具有独立功能的多个计算机系统通过通信设备和线路连接起来,以功能完善的网络软件实现网络资源共享的系统,都可称为计算机空间,也就是网络空间。

第二节 跨境电商物流与支付

我国跨境电商近年来处于高速发展阶段。2020 年,我国跨境电商包裹发出量在全球占据主导地位,占比 60%;其次分别为美国、英国、德国及荷兰。

电子商务物流利用电子化的手段,尤其是利用互联网技术来完成物流全过程的协调、控制和管理,从而实现网络前端到最终客户端的所有中间过程服务。2011—2019 年全球电商物流行业市场规模统计及增长情况如图 7-2 所示。

在跨境电商交易中,物流和支付都是非常重要的环节。物流是连接关境两侧买家和卖家的通道。目前,市场上有多种多样的物流模式,想要从这些物流模式中选出最适合

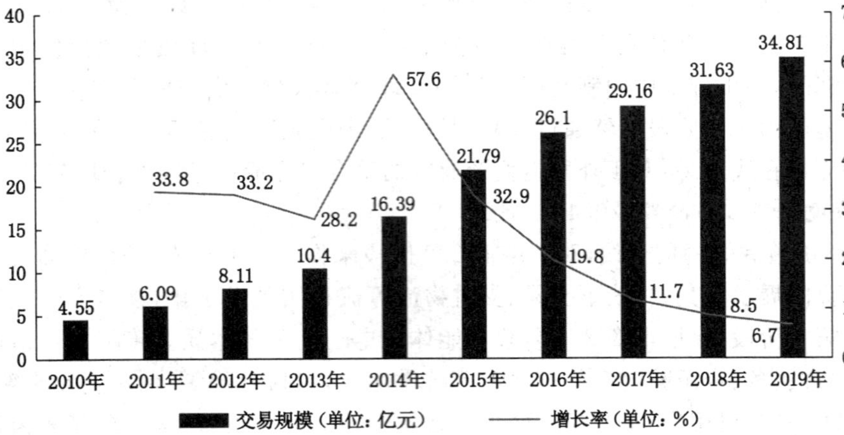

图 7-2　2011—2019 年全球电商物流行业市场规模统计及增长情况

自己的,就需要卖家对主要的跨境物流方式及其特点有所了解。支付方式不仅会影响买家的购物体验,还会影响卖家提现、收款的成本,因此选择正确的支付方式对卖家来说非常重要。

一、跨境电商物流

(一) 跨境电商物流的概念

跨境电商包括线上的信息流、电子商务、资金流和线下的物流,其中前面三个都是基于互联网运行,只有跨境电商物流必须有线下实体环境才能完成。跨境电商物流与普通物流的区别仅在于地域不同。

【批注】

跨境电商物流指的是跨境电商卖家将货物从本国通过陆运、空运或者海运运往另外一个国家或者地区(关境不同)。

(二) 跨境电商物流的模式

跨境电商具有数量少、批次多、订单不稳定等特征,从事跨境电商的商家大多采取以下四种物流模式。

1. 传统快递包裹模式

传统快递包裹即邮政包裹,又称邮政小包,是目前中国跨境电商最主要的物流模式,其特点是覆盖面广。邮政小包覆盖全球超过 230 个国家和地区,几乎是无论世界哪个角落都可以送货,这也是最贴合跨境电商的物流模式。但是,随着跨境电商的发展,邮政小包越来越无法满足跨境电商的实际需要,因为其物流时效太慢,这也严重制约了其发展。

2. 集中发货模式

集中发货模式即专线物流模式,一般是通过航空专线将众多同一地区买家的包裹集中发往目的国或地区,再通过当地的合作公司或物流分公司进行配送。因为其集中包裹具有规模效应,同时又多是用空运的形式,因此其物流时效以及运输成本会高于邮政小包、低于国际快递。

3. 国际快递模式

国际快递模式是时效最快、成本最高的运输方式。其最大的优势在于服务,客户体验极佳。不过,因为其高昂的费用,除非买家特别要求时效或者运输的安全性,通常卖家不会主动选择国际快递模式发送商品。因此,国际快递模式在跨境电商市场份额占比相对较小。

4. 海外仓模式

海外仓模式是跨境电商卖家先将商品提前备货到目的国的物流仓库中,待客户在卖家电子商务网站或第三方店铺下单后,直接从海外仓将商品发货给客户。这样做可以提高物流时效,给客户带来优质的物流体验,不过卖家通常只会选择热销商品进行海外仓备货。

(三) 跨境电商物流的特点

1. 竞争集中于东南沿海地区,中西部地区竞争不激烈

由于环渤海地区、长三角、珠三角等东南沿海地区经济发达,跨境运输需求旺盛,加之该地区海运、空运等基础设施较为完善,因此,对货源和运力资源的争夺最为激烈。中西部地区则因经济相对不活跃,跨境运输需求较少且运输成本较高,因此国际货代服务资源投入较少。

2. 区域内或单一行业竞争激烈,跨地区、跨行业的竞争不激烈

跨境物流行业尽管市场竞争者众多,但受自身资金实力、管理和技术能力所限,以及由于全国物流市场相互割裂,其竞争多表现在某一区域市场的企业之间的竞争,例如长三角区域跨境物流企业之间的竞争;或者对某一行业客户资源的争夺,例如对电子制造行业的客户资源的争夺,而跨地区、跨行业的竞争较少。

3. 服务功能单一,增值服务较少,同质化竞争现象较为严重

大部分跨境物流企业只能提供海运物流或者空运物流服务,而能提供多式联运(如海空联运)和满足客户其他不同需求的跨境物流企业较少。企业在提供跨境物流服务时,局限于报关、订舱等传统服务,提供运输方案优化设计、综合物流服务的企业较少,因此同质化竞争现象较为严重。

【学而思,思而学】

燕文物流打造多元化产品体系,为客户提供精细化跨境出口物流服务

燕文物流是中国领先的跨境出口电商综合物流服务商。公司成立于1998年,专注于为全球跨境出口电商企业和消费者提供综合物流服务。公司积极整合全球物流资源,以自主研发的综合物流信息管理平台为支撑,打造多元化物流产品服务体系,与全球速卖通、亚马逊、Wish、eBay等跨境电商第三方平台和独立站建立了长期稳定的合作关系。

燕文物流产品种类丰富,业绩呈稳步增长态势。燕文物流主营业务包括国际快递全程业务、国际快递揽收及处理业务等。其中,国际快递全程业务是公司主要的营收来源,主要包括标准类、专线类和国际商业快递三大产品线,每大类产品根据送达地区、时效、服务内容和价格等又可细分为若干类子产品,产品种类齐全,具有多样化竞争优势。

燕文物流通过搭建物流信息管理系统、引入自动化分拣设备,建立了高度协同的智慧物流体系,从而实现揽收、分拣、运输、通关、派送等跨境电商物流各环节数据信息的实时交互,致力于以数字技术助力高效物流作业和低成本生产运营。公司持续加强信息系统基础架构建设投入,搭建了以专有云为基础、公有云为扩展的混合云架构,并依托多年跨境电商物流领域业务经验和技术积累,建成模块化、高可用、易扩展的业务中台系统和敏捷灵活的前台业务系统,实现各环节资源高效调配和产品不断迭代创新,更好地满足客户需求。

燕文物流较早引入自动化分拣设备，实现仓内作业全流程高度智能化，在提高工作和管理效率、保障物流服务时效性的同时，有助于控制运营成本，进而助力公司综合竞争力提升。

（资料来源：作者根据相关资料整理。）

思考：

燕文物流跨境出口物流服务的精细化主要体现在哪些方面？

二、跨境电商支付

我国跨境电商支付方式主要有跨境支付购汇方式和跨境收入结汇方式两种。跨境收入结汇方式包含第三方收结汇、通过国内银行汇款，以结汇或个人名义拆分结汇流入、通过地下钱庄实现资金跨境收结汇等。第三方跨境支付企业参与跨境电商流程如图 7-3 所示。

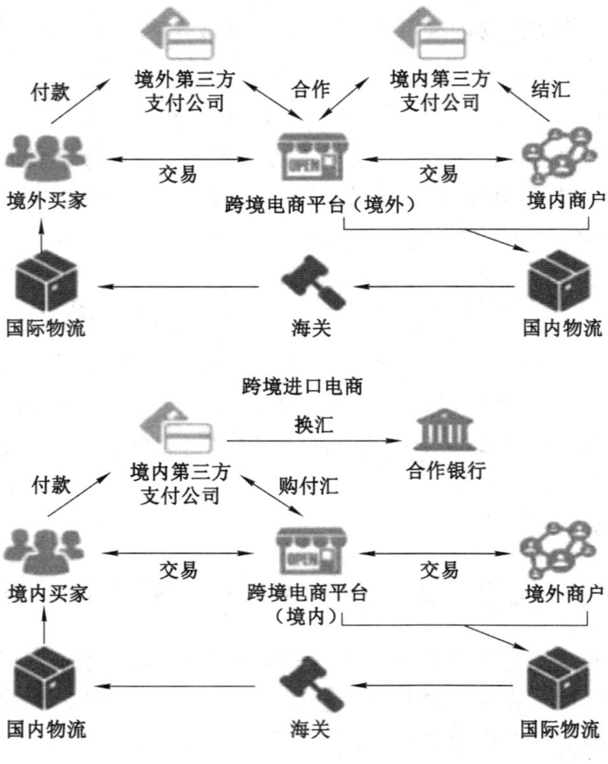

图 7-3　第三方跨境支付企业参与跨境电商流程

以下简要介绍几种跨境电商的具体支付方式。

（一）贝宝（PayPal）

PayPal 是倍受全球亿万用户追捧的国际贸易支付工具，即时支付，即时到账，全中文操作界面，能通过中国的本地银行轻松提现，解决外贸收款难题。PayPal 适用于跨境电商零售行业。

（二）派安盈（Payoneer）

Payoneer 是一家总部位于纽约的在线支付公司，主要业务是帮助其合作伙伴将资金下发到全球，同时也为全球客户提供美国银行或欧洲银行收款账户，用于接收欧美电商平台和企业的贸易款项。

Payoneer 支持全球 210 个国家的当地银行转账，可在全球任何接受万事达卡的刷卡机(POS)刷卡，支持在线购物和使用自动取款机取出当地货币。Payoneer 适用于单笔资金额度小、客户群分布广的跨境电商网站或卖家。

（三）信用卡收款

跨境电商网站可通过与 Visa、MasterCard 等国际信用卡组织合作，或直接与海外银行合作，开通接收海外银行信用卡支付的端口。

信用卡适用于从事跨境电商零售的平台和独立的 B2C 电子商务模式。

（四）电汇

电汇是付款人将一定款项交存汇款银行，汇款银行通过电报或电话传给目的地的分行或代理行(汇入行)，指示汇入行向收款人支付一定金额的一种交款方式。电汇是传统的 B2B 付款模式，适合大额的交易付款。

（五）MoneyGram(速汇金)

速汇金业务是一种个人间的环球快速汇款业务，可在数分钟内完成由汇款人到收款人的汇款过程，具有快捷、便利的特点。收款人凭汇款人提供的编号即可收款。

（六）Moneybookers

Moneybookers 是一家极具有竞争力的网络电子银行，是世界上第一家被政府官方认可的电子银行。Moneybookers 电子银行里的外汇可以转到我国国内银行的账户。

（七）WebMoney

WebMoney 是一种在线电子商务支付系统。WebMoney 支持中国银联卡取款，但手续费很高，流程很复杂，所以充值和提现一般通过第三方网站进行。

【知识拓展】

跨境支付是指中国消费者在网上购买国外商家的产品或国外消费者购买中国商家的产品时，由于币种不一样，需要通过一定的结算工具和支付系统实现两个国家或地区之间的资金转换，最终完成交易。

第三节　跨境电商营销推广

一、跨境电商的营销方法

在互联网经济时代，电子商务盛行，有人说掌握了流量就掌握了制胜的法宝，因此无论是国内电商商家还是跨境电商商家，营销引流是必不可少的一个环节。跨境电商的营销方式主要有以下几种。

（一）搜索引擎营销

搜索引擎营销是指当用户利用搜索引擎查询信息时，通过搜索引擎付费营销或搜索引擎优化的手段，使营销内容展现在目标用户面前，并通过用户点击访问目标网站达到营销目的的一种网络营销手段。

（二）产品测评

将产品免费送给大众，然后要求他们给出好评，并附上产品图片以及视频，这样可以帮助企业提高排名以及产品的曝光率，这是跨境电商营销必不可少的一个环节。

（三）电子邮件营销推广

电子邮件营销（EDM）指的是通过订阅和主动推送的形式将卖家想要传达的信息提供给客户。用电子邮件推广产品，卖家需要先知道目标客户的邮箱地址，然后发促销广告、新品发布等信息给他们，并附上链接，方便客户点击进去进行详细了解。

EDM 需要对用户进行精准的划分，这样可以使企业将精力放在活跃的价值用户身上。用户细分可以从很多层面进行考量，如活跃度、消费习惯、产品类型、年龄阶段等。做好用户的精确划分，才能够有重点地针对一些特定人群进行引导消费，进而提升用户的销售转化。

（四）社交媒体营销推广

跨境电商中所说的社交媒体主要指在国际上使用频率最高的几个软件，如 Facebook、Twitter、YouTube、Pinterest、Instagram 等，但是这种方式对跨境电商来说营销难度较大。

（五）网红营销推广

消费者对于广告的接受程度正在减弱，随着社交网络的崛起，人们更加信任那些“网络红人”所推荐的产品。网红营销是一种将网络红人的影响力施加到产品销售上的一种推广方式，不少跨境出口卖家已经开始利用网红为店铺引流。不少卖家认为，网红带来的不只是订单，还有商家最想建立的品牌和口碑。

二、跨境电商的消费者需求分析

消费者的需求是多种多样的，并不是所有的欲望都能得到满足。作为跨境电商的卖家，研究消费者需求尤为重要，要了解消费者的需求，根据消费者需求的变化确定可行的方向、调整店铺的方向和产品的选择方向，从而争取有消费潜力的市场。

（一）对商品使用价值的需求

使用价值是商品的物质属性，是消费需求的基本内容。人们的消费不是抽象的，而是有具体的物质内容的。这种消费无论侧重于满足人们的物质需求还是心理需求，都离不开特定的物质载体，而这种物质载体必须具有一定的使用价值。

（二）商品的审美需求

对美好事物的向往和追求是人类的天性，它体现于人类生活的各个方面。在消费需求中，人们对消费对象审美的需要和追求同样是一种持久性的、普遍存在的心理需要。对于消费者来说，所购买的商品既要有实用性，也要有审美价值。

【批注】

人们对消费对象的审美要求主要体现在商品的工艺设计、造型、风格、色彩、装饰等方面。

（三）时代对商品的需求

人们的消费需求总是自觉或不自觉地体现着时代特征。人们对消费的追求，是不断感受社会环境变化，并跟随这些变化不断调整自己的消费观念和消费行为，以适应时代变化的过程。从某种意义上来说，商品的时代性意味着商品的生命。为此，一方面，营销人员要使经营的商品适应时代的需要，满足消费者对商品时代性的需求；另一方面，生产者要能站在时代的前列，及时生产出具有时代特点的商品。

（四）商品社会的象征性需求

对营销者来说，了解人们在消费行为上对商品社会的象征需求，有利于采取适当的营销策略。对市场营销人员来说，了解消费行为中人们对商品社会象征性的需求，有助于采取适当的营销策略，突出高档与一般、精装与平装商品的差别，以满足某些消费者对商品社会象征性的心理要求。

（五）良好服务的需求

随着商品市场的发展和人们物质文化消费水平的提高，良好的服务已经成为消费者对商品需求的一部分。对市场营销者来讲，要树立“全心全意为消费者服务”的宗旨和思想，真正实施全方位和终身服务的措施与行动，真正为消费者着想。

【知识拓展】

营销，指企业发现或发掘准消费者需求，让消费者了解该产品进而购买该产品的过程。市场营销是在创造、沟通、传播和交换产品中，为顾客、客户、合作伙伴以及整个社会带来经济价值的活动、过程和体系。

思考：

1. 假设让你运营跨境电商，你将用怎样的方式去宣传推广它？

2. 你对于跨境电商的营销推广有怎样的了解？

3. 国内外跨境电商营销方式的不同之处有哪些？

本章练习题

一、多项选择题

1. 跨境电商按交易模式可分为(　　)电子商务模式。

A. B2B　　B. B2C　　C. C2C　　D. O2O

2. 以下属于跨境电商营销方法的有(　　)。

A. 线下营销　　B. 搜索引擎营销

C. EDM 营销推广　　D. 社交媒体营销推广

3. 以下属于全球主流跨境电商平台的有(　　)。

A. 亚马逊　　B. eBay　　C. 速卖通　　D. Wish

4. 跨境电商的物流模式有(　　)。

A. 传统快递包裹模式　　B. 集中发货模式

C. 国际快递模式　　D. 海外仓模式

二、复习思考题

1. 我国跨境电商的发展受到了哪些因素的制约？跨境电商的发展对我国产生了哪些影响？

2. 跨境电商有什么特征？

3. 如何理解转型是跨境电商的瓶颈之一？

4. 跨境电商的物流和支付有哪些方式？有何优缺点？

三、技能实训题

假如你有一跨境电商网店，你将如何经营推广它？

第八章　网络营销

【内容提要】

本章主要介绍网络营销的概念、基本理论、市场调查方法、策略以及常用的网络营销方法和工具。本章案例呈现了我国企业应用网络营销的效果。

【知识目标】

掌握网络营销的基本概念和特点；了解网络营销的基础理论；掌握网络营销的策略；了解网络营销的方法和工具。

【能力与素质目标】

能够写出简要的网络市场调研报告；能够运用网络营销策略制定简单的网络营销策略；熟悉网络营销工作流程，有简单运用网络营销策略和方法的能力；了解网络营销理论，能基于相关理论简要分析问题；可以自学网络营销的方法和工具。

【思政目标】

阅读小米手机的产品策略案例，了解我国企业网络营销应用的优秀案例，增强专业认同感；阅读河南卫视应用网络营销方法开展传统文化宣传的案例，建立敬业意识；阅读守法直播的案例，了解规范平台发展的措施，树立诚信经营的职业道德意识。

【开篇案例】

蒋庄煤矿以“网”为媒打通线上销售新通道

蒋庄煤矿弘大公司机械制造厂是山东枣矿集团胶带输送机及配件加工基地，其胶带输送机现已拥有六大系列50余个品种，远销冀中能源集团、内蒙古蒙兴投资集团等多个国内知名企业。然而，其配件加工基地盈利能力相对较弱。为进一步培育新的经济增长点，弘大公司大胆尝试“互联网＋营销”模式，通过“海智在线”网络平台为好产品找到“好婆家”。据该公司项目负责人阮可介绍，“线上销售”已占到该公司配件加工基地销售额的30％。

“海智在线”是一家国内领先的非标零部件领域专业服务平台，通过这一平台，弘大公司已与南京现代液压机电科技有限公司建立了长期合作关系，为其加工制作高空液压升降平台用销轴，还承揽了该公司的起重臂焊接制作业务。

目前，弘大公司已与上海中欧汽车电器有限公司、河南三强医疗器械有限责任公司等多家企业达成了合作意向，并积极拓展国外市场，致力于铸钢件、矿山设备等产品的出口业务。

（资料来源：《山能枣矿集团蒋庄煤矿以“网”为媒打通线上销售新通道》，中国煤炭网，2020年1月6日。收入本书时略有改动。）

思考：

网络营销的优势是什么？

第一节 网络营销概述

一、网络营销的概念

（一）网络营销的定义与内涵

与许多新兴学科一样，“网络营销”同样也没有一个公认的、完善的定义。本书认为，网络营销是企业整体营销战略的一个组成部分，是以现代营销理论为基础，借助互联网、通信和数字媒体技术，运用新的营销理念，以实现企业总体经营目标的经营过程。对这一定义的理解如下。

（1）网络营销建立在传统营销理论之上。因为网络营销是企业整体营销战略的组成部分，网络营销不可能脱离一般营销环境而独立存在，网络营销理论是传统营销理论在互联网环境中的应用和发展。

（2）网络营销是一个盈利过程。与传统营销一样，网络营销作为一种管理活动，是综合利用各种网络工具及方法，进而实现企业经营目标的过程。

（3）网络营销是以互联网为载体的现代市场营销。网络营销需要综合各种网络资源才能发挥作用。企业开展网络营销，还要求掌握丰富的互联网知识，诸如搜索引擎、电子邮件、论坛、信息发布等。

（二）网络营销的功能

1．网上调研

企业可通过在网上设立留言板、在线论坛、网上问卷、电子邮件等手段，取得关于产品、服务、客户等信息的第一手资料，也可登录其他网站，收集、整理行业及市场动态、竞争对手状况、宏观环境等第二手资料，为制定新产品开发、市场开拓等企业战略决策提供依据。

2．信息发布

企业可以利用网站向访问者发布及时、详尽的商品与服务信息或进行广告宣传，可以设立留言板与电子邮箱让客户留下建议与问题。

3．市场开拓

通过网上调研，网络营销可以帮助企业积极主动地开发新的目标市场，寻找潜在的客户群体；网上宣传和信息发布可以吸引访问者成为自己的新客户。这将使企业的市场范围逐渐扩大，新的市场不断地被开发出来。

4．网上销售

客户可与商家直接在网上洽谈业务、协商合约、发送订单、在线支付。企业既可以针对消费者直接销售，也可以针对其他企业客户批量销售。海尔集团的网站就具有 B2B 和 B2C 两种销售方式。

5．商务服务

商务服务包括支付结算、配送等一切与销售有关的业务。在涉外贸易中，还涉及检验检疫、融资保险、配额审批、通关申请等一系列复杂的商务业务处理。有的网站只处理单纯的销售业务，如网上下单，网下支付等；有些大型网站已逐渐整合相关的商务流程，以尽量方便客户。

6. 客户关系管理

建立客户档案数据库，并通过计算机的处理，客户总体的状况特征可以自动生成，对客户的定期回访也可以自动实现，从而促进买卖双方的感情与信息的交流，让彼此更加信任，以更好地维护客户关系。

7. 网络营销集成

网络营销集成是指企业依靠网络与供应商、制造商和消费者建立密切的联系，并通过网络收集、传递信息，从而根据消费者的需求，充分利用网络伙伴的能力，完成产品设计、制造及销售服务的过程。

二、网络营销的流程

网络营销是一个复杂而且逻辑性很强的过程，图 8-1 显示了企业开展网络营销策划的一般流程与主要内容。

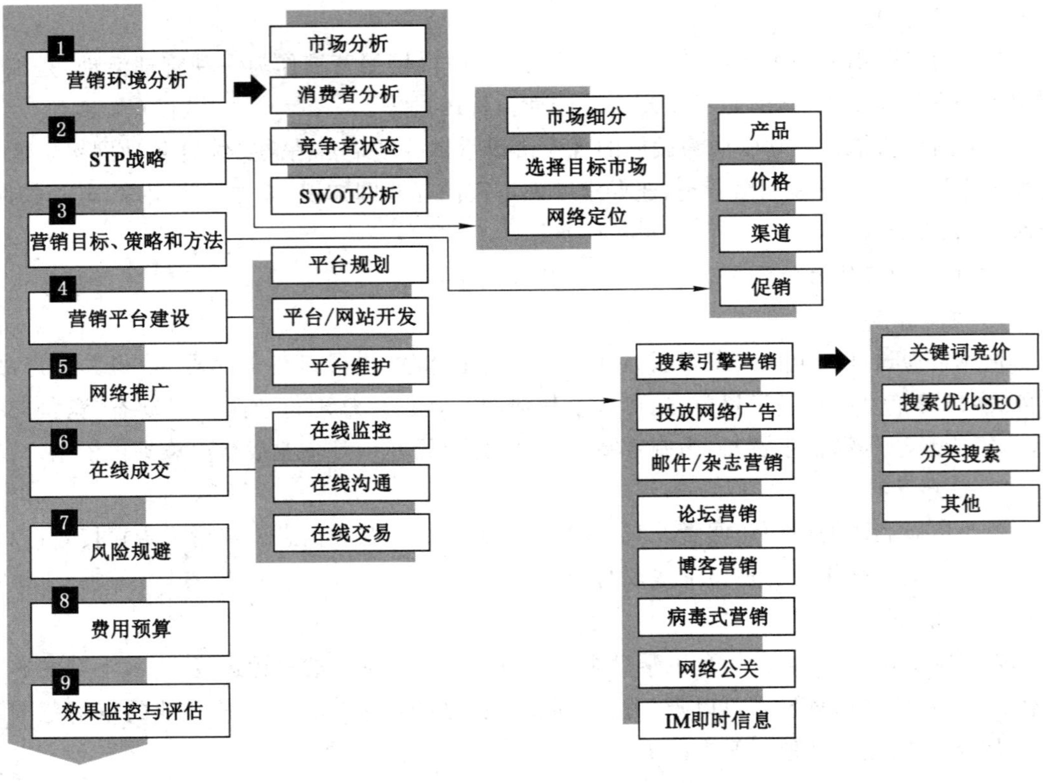

图 8-1　网络营销策划的一般流程与主要内容

（一）营销环境分析

网络营销环境包括与企业有关的各种外部环境和内部环境。

网络营销的内部环境涉及企业、供应商、营销中介、顾客、竞争者和公众等。不同行业、不同企业的内部环境是不同的，因此，内部环境也可以理解为行业环境或企业微观因素，主要进行市场分析、消费者分析和竞争分析。网络营销的外部环境是对企业网络营销活动影响较为间接的各种因素的总称，主要包括政治、法律、人口、经济、社会、文化、科学技术、自然地理、资源、市场趋势等。常用的宏观环境分析方法有 SWOT 和 PEST。

（二）明确 STP 营销战略

STP 营销是现代市场营销战略的核心。STP 由市场细分（Market Segmentation）、目标市场（Market Targeting）、市场定位（Market Positioning）三个部分组成。营销人员通过市场细分选择目标客户，进而以此为依据确定目标市场，最后进行市场定位。STP 营销常用的方法有网络市场调研、网络消费者行为分析等。

【知识拓展】

常见的网络市场细分类型有以下几种。

网民地理细分：按照网民所处的地理位置不同进行的网络市场细分被称为网民地理细分。按照这样一种分类标准，网络市场可分为城市市场、农村市场、国内市场、国际市场、当地市场和外地市场等。

网民人口细分：按照网民人口统计因素来细分的市场。人口统计因素包括网民的年龄、性别、职业、收入、教育、家庭人口、家庭规模、民族、宗教和社会阶层等。

网民心理细分：按照顾客的心理特征不同来细分的市场。心理的影响因素包括个性、兴趣、购买动机和价值取向等。根据人们心理的不同可以划分出不同生活格调的群体，诸如“传统型”“新潮型”“节俭型”“严肃型”“活泼型”等。

网民受益细分：根据顾客期望的利益不同来细分的市场。由于消费者追求的利益不同，他们可能会被某种产品的不同特性所吸引，因而可以细分为不同的消费者群。

（资料来源：作者根据相关资料整理。）

（三）确定组织的网络营销目标、策略与方法

1. 网络营销目标

企业的经营目标会随着规模、经营方向的变化而变化，所以企业在不同发展阶段的网络营销目标也是变化的。常见的网络营销目标有以下几种类型。

（1）销售型网络营销目标：企业为拓宽网络销售，借助网上的交互性、直接性、实时性和全球性为顾客提供方便、快捷的网上信息展示。

（2）服务型网络营销目标：主要为顾客提供网上联机服务，顾客通过网上服务人员可以远距离进行咨询和售后服务。目前大部分信息技术型公司都建立了此类网站。

（3）品牌型网络营销目标：主要是在网上建立自己的品牌形象，加强与顾客的直接联系和沟通，建立顾客的品牌忠诚度。

（4）提升型网络营销目标：主要通过网络营销替代传统营销手段，全面降低营销费用，提高营销效率，改善营销管理和提高企业竞争力。

2. 网络营销的策略与方法

网络营销策略通常指的是 4C 和 4P 策略。其中，4C 策略指的是顾客（Customer）、成本（Cost）、便利（Convenience）和沟通（Communication）。4P 策略指的是产品（Product）、价格（Price）、渠道（Place）和促销（Promotion）。常用的方法和工具有定价方法、网站推广方法、搜索引擎优化等。

（四）网络营销平台建设

网络营销平台是企业在虚拟世界中与客户交流的窗口，一般分为前台和后台。前台面向客户和其他公众，承担企业形象展示、产品介绍和客户服务的职能。后台面向部分管理人员，承担更新企业品牌和产品信息、处理客户业务和咨询的职能。其表现形式是 Web 页面，

主要包括平台设计和建设规划，平台网站的开发和维护。

（五）网络推广

网络推广是基于互联网采取各种手段进行宣传、推广等活动，以实现企业的营销目标。常见的推广方式有搜索引擎营销、网络广告、网络公关等。

（六）在线成交

在线成交是企业在自己的营销平台网站或第三方交易平台上达成买卖的交易过程，主要包括在线交易、在线沟通以及在线监控交易行为和数据。

（七）风险规避

在网络营销活动过程中，由于各种事先无法预料的不确定因素的影响，网络营销的实际收益与预期收益有一定的偏差，从而给企业带来损失和获得额外收益的机会或可能性。因此，企业在网络营销活动中要客观地识别，评估和判断网络营销风险，并采取一定的规避措施把这种损失降到最低。

（八）费用预算

网络营销的开展应该制定相关的预算安排。网络营销预算包括预计计划期内的收入总额（如产品直接销售收入、网站广告销售收入、收取的会员费等），预计计划期内的支出总额（如网络推广费用、网站建设成本、人员工资费用、办公费用等）和预计利润（根据收入总额和费用总额得出预计的净利润）。

（九）效果监控与评估

网络营销的评估是为了考查所执行的网络营销方案是否有效。目前，对网络营销活动尚没有公认的评估体系和评估标准，通常是根据网站设计、网站推广、网站流量等指标进行的。

1. 网站设计的评估

在网站设计方面，除了要对网站的功能、整体设计风格、视觉效果进行评估以外，还要把网站主页的下载时间、有无无效链接、不同浏览器的兼容性、使用是否方便等作为评估的内容。

2. 网站推广的评估

网站推广评估指标可以分为定量评估指标和定性评估指标。主要的定量评估指标有：登录搜索引擎的数量和排名、与其他网站链接的数量、注册的用户数量。登录搜索引擎的数量越多，排名越靠前，表明被用户检索到的机会就越大；与其他网站链接的数量越多，表明被用户选择的机会越大；注册的用户数量越多，表明用户对网站提供的内容越感兴趣，用户越有可能成为购买者。

3. 网站流量的评估

网站流量代表了在一定时期内访问该网站的用户数量。流量大，表明企业在网站设计和网站推广两个方面都比较成功。根据这些统计信息，网络营销部门可以有针对性地开展促销活动。

第二节 网络营销调研

网络营销调研是指利用互联网工具对营销环境进行调查设计、资料收集和分析的活动，它可以为企业的网络营销决策提供数据支持和分析依据。

一、网络营销调研的步骤

（一）明确问题与确定调研目标

明确问题和确定调研目标对网络调研至关重要。常见的调研问题有：谁有可能在网上使用某种产品或服务？谁最有可能购买某个企业的产品或服务？在某个行业中，哪些企业已经开展网络营销？客户对竞争者的印象如何？在企业的日常运作中，可能要受哪些法律法规的约束以及如何规避风险？

（二）制订调查计划

应制订出有效的信息搜索计划，如确定资料来源、调查方法及手段、抽样方案和联系方法。

资料来源：确定收集的是二手资料还是一手资料。一手资料是调研人员通过现场实地调查，直接向有关调研对象收集的资料；二手资料则是经过他人收集、记录、整理所积累的各种数据资料。

调查方法及手段：网上调查可以采用网上搜索法、网站跟踪法、在线调查法、电子邮件调查法等。

抽样方案：要确定抽样单位、样本规模和抽样程序。

联系方法：采取网上交流的形式，如电子邮件传输问卷、网上论坛等。

（三）收集信息

在进行电子商务数据分析与采集时，常用的数据来源渠道有电子商务网站、店铺后台或平台提供的数据工具、政府部门、机构协会、媒体、权威网站数据机构、电子商务平台、指数工具等。常用的采集方法有收集权威部门或第三方资讯公司发布的统计报告，主要采集行业发展数据、市场交易数据、竞争对手数据等。收集数据的方法和工具多种多样，表 8-1 列出了部分常用的网络营销数据采集工具。

表 8-1　常用的网络营销数据采集工具

数据采集工具	提供数据范围
生意参谋（京东商智）	店铺运营、产品的流量、交易、客户、服务，以及市场的趋势、规模、人群等数据
逐鹿工具箱	淘宝平台的市场行情、竞争等数据
店侦探	竞品、竞店推广渠道、排名、销售等数据
火车采集器、八爪鱼、后羿采集器等	网页数据采集，如产品信息、价格、详情、用户评价等

（四）分析信息

收集信息后，企业要做的是分析信息。网上信息的一大特征是即时呈现，因此，分析信息的能力相当重要，有利于企业在动态的变化中捕捉到商机。常用的数据分析技术有交叉列表分析技术、概括技术、综合指标分析和动态分析等。目前较为常用的分析软件有 SPSS、SAS 等。

（五）提交报告

调研报告的撰写是整个调研活动的最后一个阶段。报告不是数据和资料的简单堆砌，正确的做法是把与市场营销关键决策有关的主要调查结果在报告中呈现出来，并以调查报告所应具备的正规结构写作。网络调研应尽可能地把调查报告的全部结果反馈给填表者或广大读者。

二、网络营销调研的内容

营销调研是连接现在市场和潜在市场的重要方式。一般来说，营销调研的具体内容包括以下几个方面。

环境调研：对社会文化环境、人口环境、经济环境、自然环境、政治法律环境以及科学技术环境的变化进行调查，采集信息。

消费者调研：了解消费者的具体特征、变动情况和发展趋势，分析消费者的购买动机、购买行为、购买习惯，以及新产品进入市场时消费者的购买原因和反应等。

需求调研：主要是对现有市场特性、产品的占有率以及不同细分市场的需求状况、企业产品市场的进入策略和时间策略等情况进行调研分析。

产品研究：主要调查研究企业现有产品的生命周期，包括新产品市场开拓调研、产品改良调研、单纯的产品竞争调研以及品牌转移调研等。

销售调研：针对产品在各种渠道的销售数量的基础上进行的调查与分析，主要分析产品各个时期的销售变动规律及销售环境、经销渠道等。

竞争对手调研：掌握本企业产品有哪些竞争对手，竞争对手拥有的市场份额是多少，竞争对手的资源和战略是什么，竞争对手对本企业的对策及威胁程度等信息资料。

价格调研：对产品定价和价格组合策略等进行调研。

广告调研：对广告媒体及媒体选择、广告受众，以及公众对广告的反应、广告制作技术和广告效果等进行调研。

三、网络营销调研方法

（一）网上搜索法

访问目标企业网站查询相关信息，如企业的新闻报道、产品介绍、促销策略等；利用网上搜索引擎搜索、收集市场调研所需要的二手资料，如大型调查咨询公司的公开性调查报告，大型企业、商业组织、学术团体及报刊等发布的调查资料，政府发布的调查统计信息等。

（二）网站跟踪法

调研工作需要对提供信息的网站进行定期跟踪，对有价值的信息及时地进行收集记录。对于一个特定的市场调研项目，至少要在一定时期内对某些领域的信息进行跟踪。一般来说，可以提供大量二手资料的网站有：各类网上博览会、各行业的经贸信息网站、企业间的电子商务网站、大型调研咨询公司网站、政府统计机构网站等。

（三）加入邮件列表

很多网站为了维持与用户的关系，常常将一些有价值的信息以新闻邮件、电子刊物等形式免费向用户发送，用户通常只要进行简单的登记即可加入邮件列表。比较有价值的邮件列表有各大电子商务网站初步整理出来的市场供求信息、各种调查报告等，将收到的邮件列表信息定期处理也是一种有效的资料收集方法。

（四）在线调查表

利用在线调查表获取信息是最常用的在线调研方法，在网站上设置调查表，访问者在线回答问题并提交到网站服务器，从服务器上即可看到调查的结果。在线调查表广泛地应用于各种调查活动，这实际上是传统问卷调查方法在互联网上的表现形式。网上调查也被认为是网站的主要功能之一。

(五) 电子邮件调查

电子邮件调查是将设计好的调查表直接发送到被调查者的邮箱中,或者在电子邮件正文中给出一个网址链接到在线调查表页面,这种方式在一定程度上可以对用户成分加以选择,并节约被访问者的上网时间。如果调查对象选择适当且调查表设计合理,往往可以获得相对较高的问卷回收率。但采用电子邮件调查方式的前提条件是已经获得被调查者的电子邮件地址,并且预见到他们对调查的内容感兴趣,因此,没有用户资源的企业将无法采用这种方式。

第三节 网络营销策略

一、产品策略

产品策略是市场营销策略的基础,通过制定产品策略可以明确企业能提供什么样的产品和服务去满足消费者的要求。产品策略是企业为了在激烈的市场竞争中获得优势,在生产、销售产品时所运用的一系列措施和手段,包括产品的概念、产品定位、产品组合策略、新产品开发策略、品牌策略、产品的生命周期。

(一) 产品的整体概念与类型

1. 产品的整体概念

所谓产品,是指能提供给市场,用于满足人们某种欲望和需要的任何事物。产品的范围非常广泛,可以是电视机、空调等实物;可以是律师、注册会计师等的专业服务;可以是一种观念或主意,如广告公司的广告创意;甚至可以是虚拟的,如网络游戏、电子书等。

【案例】

小米的产品整体概念

小米对自己的定义是“一家以手机、智能硬件和物联网(Internet of Things,IoT)平台为核心的互联网公司”。小米采用独创的“铁人三项”商业模式,即硬件＋新零售＋互联网服务。其中,硬件版块的业务是指小米自身三大硬件体系:手机、电视、路由和外部的生态链智能硬件;互联网版块的业务包括了 MIUI、互娱、云服务、金融、影业;全新出现的新零售版块则包含小米商城、全网电商、小米之家、米家有品四项。雷军认为,做互联网跟传统生意最大的差别是对用户体验的理解,就是你怎么能让用户体验得很好,形成正向的口碑,能够使产品大规模地传播。那么,极致的用户体验是怎么做的呢?在互联网时代,最重要的是互联网给我们带来了一个非常好的工具,让我们能够倾听用户的声音,快速反应,让用户参与进来,让用户的意见能够得到很快的改善,这是客户体验的源泉。

(资料来源:《雷军分享小米成功之道》,搜狐网,2017 年 7 月 11 日。收入本书时略有改动。)

在设计和销售产品时,市场营销者必须从产品的整体概念出发考虑产品,即市场营销中所指的产品是一个整体概念,包含核心产品、形式产品、期望产品、延伸产品和潜在产品 5 个层次。如图 8-2 所示。

核心产品层:核心产品又称为实质产品,是指产品能够提供给消费者,并满足消费者真正需要的基本效用或利益。例如,消费者购买软件是为了学习、收听音乐或玩游戏等。

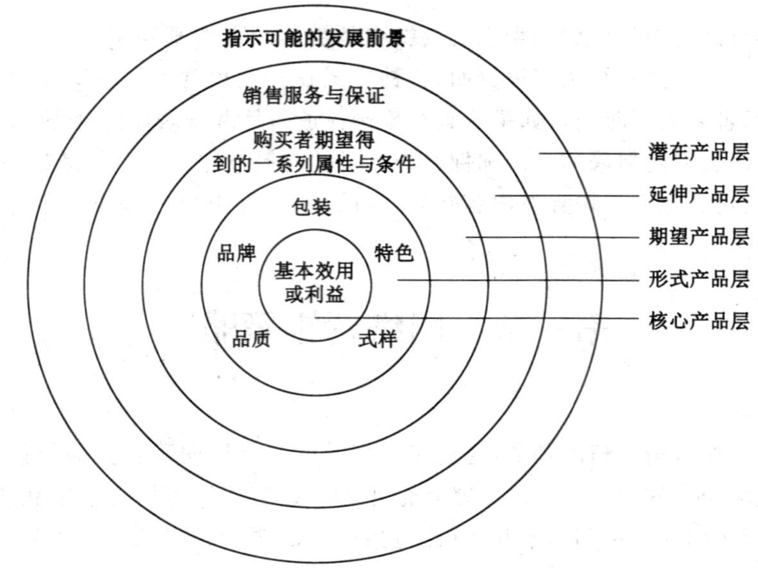

图 8-2　产品的整体概念

形式产品层：形式产品是指核心产品借以实现的形式或目标市场对某一需求的特定满足形式。形式产品包含五个要素：包装、品牌、品质、式样、特色。这五个要素物质产品都具备，而服务可能也具备其中的部分或全部特点。形式产品是呈现在市场中可以为顾客识别的，因此它是顾客选购商品的直观依据。

期望产品层：期望产品是指顾客购买某产品时期望得到的一系列属性和条件。例如，旅客在寻找一旅馆时期望干净的床、洗漱用品、衣橱等。

延伸产品层：延伸产品指顾客购买产品时所获得的全部附加利益与服务，包括安装、送货、保证、提供信贷、售后服务等。当今环境下的竞争主要发生在延伸产品的层次。例如，有些软件能够提供给用户以个性化的界面、售后服务、送货等。

潜在产品层：潜在产品是指最终可能实现的全部附加部分和新转换部分，或者说是指与现有产品相关的未来可发展的潜在性产品。潜在产品指出了产品可能的演变趋势和前景，它主要是产品的一种增值服务。如彩色电视机可发展为录放影机、电脑终端机，如随机软件的升级。

思考：

李太太想把家里的半自动洗衣机换成全自动洗衣机，于是她到商场选择了××牌的、红色的、直桶的、三个月保修的、送货上门安装的全自动洗衣机。想一想：洗衣机的核心产品、有形产品、附加产品分别是什么？

2. 产品的类型

要制定科学的产品策略就必须对产品进行科学的分类。根据产品的不同特征可以将产品划分为不同类别，本节主要讲述根据网络营销产品是否有形，将产品划分为实体产品和虚体产品。

表 8-2　实体产品与虚体产品

产品类型	产品品种	举例
实体商品	普通产品	消费品、工业品等
虚体产品	软件产品	电脑软件、电子游戏等
	在线服务	生活服务：远程医疗，法律救援，航空订票，火车订票，入场券预定，饭店、旅游服务预约，医疗预约挂号，网络交友，电脑游戏等； 信息服务：资料库检索、电子新闻、电子报刊、研究报告、论文等； 咨询服务：法律咨询、医药咨询、股市行情分析、金融咨询等

实体产品是具有物理形状的物质产品，因此物流设施建设和物流行业发展成为实体产品营销策略需要考虑的重要问题。虚体产品一般无具体形态，即使有一定的形态也必须要通过其他载体才能表现出来，而且产品本身的特点和性能也要通过其他方式才能表现出来。

（二）常用的产品策略

1. 新产品开发策略

企业开发的新产品如果能适应市场需要，可以在很短时间内占领市场，打败其他竞争对手。如果企业开发的新产品跟不上市场需要，企业很可能马上陷入困境。网络营销新产品开发策略有以下几种类型。

(1) 新问世的产品

新问世的产品即开创了一个全新市场的产品。创新公司一般采用这种策略。网络时代市场需求发生根本性变化，消费者的需求和消费心理也发生重大变化。因此，如果有很好的产品构思和服务概念，即使没有资本也可以凭借这些产品的构思和服务概念获得成功，因为许多风险投资愿意投入互联网市场。

(2) 新产品线

互联网的技术扩散速度非常快，利用互联网迅速模仿、研制、开发出已有产品是一条捷径。在互联网竞争中，一招领先、招招领先，因为新产品开发速度非常快。这种策略只能是作为一种对抗的防御性策略。

(3) 在现有产品线以外新增加的产品

这种产品指的是补充公司现有产品线的新产品。由于市场不断细分、市场需求差异性增大，这种新产品策略是一种比较有效的策略。首先，它能满足不同层次的差异性需求；其次，它能以较低的风险进行新产品开发，因为它是在已经成功产品的基础上再进行开发的产品。

(4) 现有产品的改良或更新

这是指能提供改善功能或较大感知价值，并且可以替换现有产品的新产品。在网络营销市场中，由于消费者可以在很大范围内挑选商品，因此消费者具有很大的选择权利。企业在消费者需求品质日益提高的驱动下，必须不断改进产品，对产品进行升级换代，否则很容易被市场抛弃。目前，产品的信息化、智能化和网络化是企业必须考虑的发展要素。

(5) 降低成本的产品

这是指可以提供同样功能但成本较低的新产品。网络时代的消费者虽然注重个性化消费，但个性化消费不等于是高档次消费。个性化消费意味着消费者根据自己的个人情况，包括收入、地位、家庭以及爱好等来确定自己的需要。因此,消费者的消费意识更趋于理性化,消费者更强调产品带来的价值,同时包括所付出的代价。在网络营销中,产品的价格总是呈下降的趋势,因此提供相同功能但成本更低的产品更能满足日益成熟的市场需求。

(6) 重新定位的产品

这是指以新的市场或细分市场为目标市场的现有产品。这种策略是网络营销初期可以考虑的,因为网络营销面对的是更加广泛的市场空间,企业可以突破时空限制以有限的营销费用去占领更多的市场。在全球的广大市场上,企业重新定位产品可以获得更多的市场机会。

2. 产品组合策略

在网络营销中,确定经营哪些产品或提供哪些服务,明确产品之间的相互关系,是企业产品组合策略的主要内容。网络营销产品组合策略就是指企业向网上目标市场所提供的全部产品或业务的组合或搭配。企业规划产品组合必须注意产品线的宽度、广度、深度、关联度,这些内容在市场营销战略上具有重要意义。

【知识拓展】

产品项目:凡是列入销售目录的产品均为产品项目,即品牌、规格、款式或价格档次有所不同的单个品种。

产品线:是指具有相同使用功能但其规格、型号、档次、款式不尽相同的一组类似的产品项目。

产品线宽度:一个企业所拥有的产品线的数目。

产品线深度:一条产品线中不同规格、档次、款式的产品数目。

关联程度:企业内各产品线在最终用途、生产条件、分销渠道以及其他方面互相关联的程度,又称产品线的一致性。

产品组合策略包括以下几种。

(1) 产品线延伸策略

产品线延伸是指企业在特定的产品线内部,全部或者部分地改变公司原有产品的市场定位,以及通过较短的时间、较低的风险来快速赢利,迅速占领市场。产品线的延伸有两种,一种为单向延伸,另一种为双向延伸。

单向延伸有两种形态,一是向上延伸,如增加产品线,往高端方向发展,开拓新市场;二是向下延伸,企业从中高端的产品开始往低层效益市场迈进,以争取更大的市场占有率。

双向延伸是指原定位于中档产品市场的企业掌握了市场优势以后,决定向产品大类的上下两个方向延伸,同时增加高档产品和低档产品,以扩大市场阵地。

【案例】

小米的高端化

2022 年 2 月 8 日晚,小米召开了虎年第一次重要会议——高端化战略研讨会,并正式组建高端化战略工作组,全面深化推进“手机×AIoT”的核心战略,营造体验全面领先的智能生态。

小米的“手机×AIoT”战略效应凸显。2021 年第三季度,小米 AIoT 平台连接设备数,在不包含智能手机及笔记本电脑的情况下,首次突破 4 亿,同比增长 33.1%;拥有 5 件及以上连接至小米 AIoT 平台设备(不包括智能手机、平板及笔记本电脑)的用户数超过 800 万,同比增长 42.8%。2021 年 9 月,米家 App 月活跃用户数同比增长 39.0%,达 5 990 万;"小爱同学"月活跃用户数达 1.05 亿,同比增长 34.1%。

为了冲击高端,小米在技术研发上加大投入力度。小米 10 系列历经 18 个月的时间进行研发,投入的研发费用高达 10 亿元。2020 年,小米公司研发总投入更是近百亿元。2021 年,小米研发投入再增长 30%以上,累计超过 130 亿元。未来 5 年,小米将再投入 1 000 亿元的研发经费,用于核心技术的突破创新,这将超过小米过去 11 年的利润总和。

(资料来源:《小米的高端之路》,中国战略新兴产业网,2022 年 3 月 31 日。收入本书时略有改动)。

(2) 产品线扩展策略

产品线扩展是指公司在现有产品线中增加新的产品项目,并以同样的品牌名称推出。产品线延伸的结果通常是产生了这个品牌不同的口味、不同的成分构成、不同的形式、不同的大小,或者不同的用途。比如,红米是小米集团旗下的手机品牌,以游戏功能为主要特点。

思考:

登录小米官网收集信息,回答以下问题。

(1) 小米集团的手机有几个产品线?每个产品线下有几个产品项目?

(2) 计算小米和红米手机的产品线宽度、深度和长度。

(3) 小米手机和红米手机采用了哪些产品组合策略?

(4) 说一说小米和红米手机的不同产品项目的目标市场和定位。

二、品牌策略

品牌策略是指企业依据自身状况和市场情况,最合理、有效地运用品牌商标的策略。网络营销同样不能忽视品牌对营销的作用,同样需要运用品牌策略。

品牌是生产者或销售者给自己的产品规定的商业名称,通常由文字、标记、符号、图案、颜色等要素或这些要素的组合构成。对网络品牌可以从两个方面理解,一是通过互联网手段建立起来的品牌,二是互联网对网下既有品牌的影响。两者对品牌建设和推广的方式及侧重点虽有所不同,但目标是一致的,都是为了企业整体形象的创建和提升。

域名是企业形象在互联网上的化身,是在虚拟网上市场环境中商业活动的标识。因此,企业必须将域名作为一种商业资源来使用。

【案例】

小米的双品牌战略

2019 年,小米手机产品线完成初步梳理,分为小米和红米两个品牌。其中小米品牌主打高端市场,2021 年上半年,小米定价 3 000 元人民币及以上和 300 欧元及以上的高端智能手机出货量超 1 200 万台,已经超过 2020 年全年总销量。而红米品牌负责坚持"极致性价比",截至 4 月 30 日,Redmi Note 系列累计出货量超过 2 亿台。

(资料来源:《小米强劲增长的三板斧:双品牌策略、渠道、技术齐发力》,环球老虎财经网,2021 年 8 月 27 日。收入本书时略有改动)

三、渠道策略

（一）网上间接渠道

在现代化的大生产和市场经济条件下，企业在网络营销活动中除了自己建立网站外，大部分都需要利用网络的间接渠道销售自己的产品，即通过中介商的信息服务、广告服务和撮合服务，扩大企业的影响。

（二）网上直销渠道

网上直销渠道具有传统直销渠道中的订货功能、支付功能和配送功能等。网上直销与传统直销不一样的是，生产企业可以通过建设网络营销站点，使顾客从网站进行订货。在支付方面，网上直销渠道可以通过网站直接提供支付结算功能，解决资金流转问题。在配送方面，网上直销渠道可以利用互联网技术构建有效的物流系统，也可以通过互联网与一些专业物流公司进行合作，建立有效的物流体系。

四、定价策略

（一）折扣价格策略

折扣价格策略是指销售者为回报或鼓励购买者的某些行为，如批量购买、提前付款、淡季购买等，将其产品基本价格调低，给购买者一定比例的价格优惠。

【案例】

各路商家涌入外卖市场打价格战

外卖行业快速发展让越来越多的快餐企业意识到，外卖业务已经成为企业的新动能。从快餐厅设立外卖窗口，到自建物流配送团队，品牌快餐企业在外卖业务上不断加码。另外，随着传统餐饮企业信息化的不断完善，像海底捞、呷哺呷哺等品牌餐饮企业相继开通自己的外卖订餐入口，并很快将其培育成企业的新利润增长点。

更多的餐饮企业则是借助第三方外卖平台拓展外卖业务，进而提升同店业绩。“专职”外卖商家在第三方外卖平台上的营销推广更为频繁，折扣力度也更大。品牌和传统餐饮商家在自己的微信订餐程序里，更是打出外卖 6 折的大力度优惠，为自己的平台引流，让用户对品牌产生黏性。品牌餐饮企业与“专职”外卖商户之间的价格战亦是蓄势待发。

（资料来源：《各路商家涌入外卖市场　价格战一触即发》，中国网-联盟中国，2016 年 7 月 27 日。收入本书时略有改动。）

（二）免费价格策略

免费价格策略是指将企业的产品或服务以零价格或近乎零价格提供给顾客使用，以满足顾客的需求并达到企业的目的，这是一种非常有效的促销策略。免费价格形式有以下几类。

第一类是产品和服务完全免费，如免费的新闻信息报道，免费的软件下载，免费使用的电子邮件信箱、个人主页空间、贺卡等。美国在线公司成立之初在商业展览会场、杂志封面、广告邮件等均提供免费软件，5 年后便拥有了 100 万用户。我国的 360 网站在创始时用免费策略吸引了众多用户，2022 年 360 提出“免费安全新浪潮”，这次的目标则由个人转向企业级安全市场。

第二类是对产品或服务实行限次免费，即产品或服务可以被消费者有限次地免费使用。例如许多免费试用软件，当超过一定期限或者使用次数后就不能继续免费使用。

第三类是对产品或服务的部分功能实行免费，让消费者试用，但如果要使用其全部功能则必须付费购买。例如，人们可以免费注册成为腾讯 QQ 的用户，免费使用聊天功能，但若想使用某些空间装扮等则需付费才能实现。此类的定价方式是通过更具诱惑力的体验性增值服务使核心产品更具个性化，从而满足消费者多样化的需求而使企业盈利。

（三）个性化定价策略

个性化定价策略指的是针对同一件商品，为不同的顾客提供不同零售价的定价策略。这种策略是利用网络互动性的特征，根据消费者的具体要求，来确定商品价格的一种策略。以海尔的定制化服务为例，客户登录海尔的网站后，可以自行设计自己满意的产品，随后就价格和海尔公司进行协商，双方达成一致后即可成交。

（四）联合议价策略

联合议价策略又叫集体议价，这种策略是根据供应者以及需求者的竞争状况及其他因素，设立自动调价系统，自动进行价格调整。同时，建立与消费者直接在网上协商价格的集体系统，使价格具有灵活性和多样性。

（五）捆绑定价策略

捆绑定价策略是指将两种或两种以上的相关产品，捆绑打包出售，并制定一个合理的价格。

（六）使用定价策略

使用定价是顾客通过互联网注册后可以直接使用某公司的产品，顾客只需要根据使用次数进行付费，而不需要将产品完全购买。

五、促销策略

网络促销是指利用现代化的网络技术向虚拟市场传递有关产品或服务的信息，以启发需求、激发消费者购买欲望和购买行为的各种活动。网络促销一般有网络广告、销售促进、站点推广、关系营销等形式。网络广告将在下一节系统介绍，本节主要讨论网络销售促进、网络站点推广和网络公共关系。

（一）网络广告

网络广告主要是借助网上知名站点，或者提供免费电子邮件服务，或者在一些免费公开的交互站点发布企业的产品或服务信息，对企业及企业产品或服务进行宣传推广。网络广告已形成了一个很有影响力的产业市场，因此，企业首选的促销形式应是网络广告。

（二）网络销售促进

销售促进就是企业利用可以直接销售的网络营销站点，采用一些销售促进方法，如价格折扣、有奖销售、拍卖销售等方式，宣传和推广产品。它是利用短期性的刺激工具，刺激客户对某一商品的大量购买，从而巩固或提高市场占有率的方法。常用的方式有以下几种。

(1) 折扣促销：又称打折促销，是企业在特定市场范围和经营时期内，根据商品原价确定让利系数并进行减价销售的一种方式，是目前网上最常用的一种促销方式。

(2) 抽奖促销：网上应用较广泛的促销形式之一，是大部分网站乐意采用的促销方式，即消费者或访问者通过填写问卷、注册会员、购买产品或参加网上活动等方式获得抽奖机会。

(3) 赠品促销：企业在一定时期内为扩大销量，向购买本企业产品的消费者实施馈赠的促销行为。赠品促销是最古老，也是最有效、最广泛的促销手段之一。

(4) 积分促销:许多网站都支持虚拟积分,客户每消费一次,就给会员累计积分,这些积分可以兑换赠品或在以后的消费中当成现金使用。

(5) 联合促销:两个以上的企业或品牌合作开展促销活动。联合促销的产品或服务有一定的优势互补、互相提升自身价值等效应。

思考:

请查阅相关资料,说一说京东"618"大促活动主要采用了哪几种促销方式?

(三) 网络站点推广

网络站点推广就是对企业网络营销站点进行宣传,从而实现推广企业和产品的目的。网络站点推广常用的方法有以下几种。

1. 搜索引擎注册

根据调查显示,网民在找新网站时主要是通过搜索引擎来实现的,因此,网站在著名的搜索引擎进行注册是非常必要的,而且在搜索引擎进行注册一般都是免费的。

2. 建立链接

与不同站点建立链接可以缩短网页间的距离,提高站点的被访问概率。一般来讲,建立链接有下面几种方式。

(1) 在行业站点上申请链接:如果站点属于某些不同的商务组织,而这些组织建有会员站点,那么应及时向这些会员站点申请一个链接。

(2) 申请交互链接:寻找具有互补性的站点,并向它们提出进行交互链接的要求。

(3) 在商务链接站点申请链接:向网络上的许多小型商务链接站点申请链接。

3. 发送电子邮件

电子邮件的发送费用非常低,许多网站都利用电子邮件来宣传站点。当利用电子邮件来宣传站点时,可以利用站点的反馈功能记录愿意接收电子邮件用户的电子邮件地址,也可以租用一些愿意接收电子邮件信息的通信列表。

4. 发布新闻

互联网使得具有相同专业兴趣的人们组成了成千上万的具备很强针对性的公告栏和新闻组。企业可以通过加入这些讨论,将站点在公告栏和新闻组上加以推广。

5. 提供免费服务

提供免费服务有助于增加站点流量。企业应当注意,提供的免费服务应与所销售的产品密切相关,也可以在网上开展有奖竞赛。

(四) 网络公共关系

网络公共关系是企业借助联机网络、计算机通信和数字交互式媒体的威力来实现公关目标的行为。网络公关的目的是维护和改善企业形象,提升品牌知名度,以获得更多商机。进行网络公关的方式主要有利用网络新闻发布、利用邮件清单、利用网络社区等。

第四节　网络营销方法与工具

一、网络广告

(一) 网络广告的概念

网络广告(Network Advertising)又称在线广告、互联网广告,是利用网站上的广告横幅、文本链接、多媒体的方法，在互联网上刊登或发布广告，并通过网络传递给互联网用户的一种高科技广告运作方式。

网络广告的概念包含下面几个基本要素。

第一，网络广告的主体：包括网络广告主、网络广告经营者、网络广告发布者。

第二，网络广告的媒体：网络上的所有平台，包括网络、电子邮件、移动网络等。

第三，网络广告的信息：网络广告中传播的主要内容，可以是有关商品的信息，也可以是有关服务、观念的信息。

第四，网络广告的受众：网络广告信息的接受者，即通过网络来浏览广告的网民。

第五，网络广告的费用：广告主为销售产品或提供服务而花费的宣传推广费用，是进行广告策划和广告活动的基础。

(二) 常见的网络广告形式

(1) 横幅广告(Banner)又称为旗帜广告、条幅广告，主要是指横跨于网页上的矩形公告牌，当用户点击这些横幅的时候，通常可以链接到广告主的网页，这是最常见的网络广告形式。

(2) 按钮广告(Button)是从横幅广告演变过来的一种广告形式，图形尺寸比横幅广告要小，酷似按钮，因此得名。按钮广告通常只显示公司、产品或品牌的标志，也称为图标广告。这种广告将公司或产品图像与图标结合，形象鲜明，效果明显，点击图标广告可以链接到广告主的主页或站点。由于图形尺寸小，因此可以被更灵活地放置在网页的任何位置。

(3) 弹出窗口广告(Pop-up)，可以是图片，也可以是图文介绍，是指在用户打开网页的时候，通过代码将广告信息以弹出的形式呈现在正在浏览的页面前，具有很强的广告效应。弹出式广告有各种尺寸，有全屏的，也有小窗口的，而且互动的程度也不同，从静态的到动态的都有。

(4) 文字链接广告是一种对浏览者干扰最少，但最有效果的网络广告形式之一。在页面显著位置通过文字直接发布广告信息，浏览者只需点击相关文字便可进入目标网站，因此文字链接广告具有网站导航的功能，可以大大增加目标网站的访问量，容易引起访客的兴趣而又不会招致反感情绪。文字链接广告的信息量较小，必须以简洁的文字吸引用户的最大注意，使得有兴趣的客户访问企业的网站。

(5) 对联广告，置于页面两边，左右对称，如同中国传统的春联。该广告页面幅度较大，有一定的吸引力，适合重大活动的推广。

(6) 网络视频广告，将广告主提供的电视广告转换成网络所支持的流媒体格式进行播放，结合声音与网站视觉的表现，更清楚地告知并引导受众浏览广告内容，在表现形式上体现了比电视广告更丰富的内涵。

(7) 全屏广告，广告主将所要发布的信息内容制成主页形式，充分利用整个页面的空间发布广告信息，版幅较大、视觉冲击力强，能给浏览者留下深刻的印象。当用户打开浏览页面时，该广告将以全屏方式出现几秒钟(一般是3～5秒)，可以是静态的页面，也可以是动态效果。

(8) 电子邮件广告，一种以电子邮件为传播载体的网络广告形式，通过向用户发送带有广告的电子邮件来达到广告的传播效果。电子邮件广告针对性强且费用低廉。

(9) 富媒体广告，能达到 2D 及 3D 的具有复杂视觉效果和交互功能效果的网络广告形式。富媒体可以将网络线上广告转换成一个互动的模式，而不仅仅是一个静态的广告信息。一般来说，富媒体要占据更多的空间和网络传输字节，但因其视觉和听觉表现力极强、容量大、交互性强等优势，以及能表现更多、更精彩的广告内容的特点，颇受广告商青睐。

(三) 网络广告的收费方式

(1) 每次行动的成本(Cost Per Action，CPA)，即根据每个访问者对网络广告所采取的行动而收费的定价模式。

(2) 每次点击的成本(Cost Per Click，CPC)，即根据广告被点击的次数收费。

(3) 每千次印象成本(Cost Per Mile，CPM)，即广告每条显示 1 000 次(印象)的费用。

(4) 每个订单(交易)成本(Cost Per Order，CPO)，即根据每个订单(每次交易)来收费的方式。

(5) 按引导付费(Pay Per Lead，PPL)，即根据每次通过网络广告产生的引导付费的定价模式。

(6) 按销售业绩付费(Pay Per Sale，PPS)，即根据网络广告所产生的直接销售数量而付费的方式。

二、搜索引擎营销

搜索引擎(Search Engine)是人们搜索网上信息的工具，它可以通过某个主题、关键词等来搜索相关内容。搜索引擎具有阅读、分析与存储网上信息的功能。从中国互联网络信息中心历次发布的《中国互联网络发展状况统计报告》的相关数据中可以发现，搜索引擎是用户使用得最多的一种网络服务。搜索引擎是用户发现新信息的主要工具，它对于网络营销来说很有价值。

所谓搜索引擎营销，就是企业通过搜索引擎，利用用户检索信息的机会，尽可能多地向其传递营销信息。用户检索与某种产品或服务有关的信息反映了用户对该产品或服务的关注，这种关注是搜索引擎之所以被应用于网络营销的根本原因。搜索引擎营销的方法如表 8-3 所示。

表 8-3 搜索引擎营销的方法

搜索引擎营销的方法	说明
免费登录搜索引擎	将企业网站提交给搜索引擎收录，是最传统的搜索引擎营销模式
搜索引擎优化	对网站栏目和网站内容等要素进行优化设计，适应搜索引擎的计算法则，可使网站中尽可能多的网页被搜索引擎收录，而且在搜索结果中获得好的排名并获得更多的潜在客户
付费登录搜索引擎	企业网站在缴纳费用之后才可以获得收录的资格，在付费登录的基础上可以开展排名服务
付费关键词广告	付费关键词广告是付费搜索引擎营销的主要模式之一，也是目前搜索引擎营销中发展最快的模式。付费关键词的检索结果一般显示在搜索结果列表的最前面，有的搜索引擎将其显示在搜索结果页面的特定位置
关键词竞价排名	竞价排名是搜索引擎关键词广告的一种形式，一般按照付费高者排名靠前的原则对购买同一关键词的企业网站进行排名

三、网络社群营销

社群营销是在网络社区营销及社会化媒体营销的基础上,发展起来的用户连接及交流更为紧密的网络营销方式。网络社群营销常常通过论坛、微博、微信、QQ 群,甚至线下的社区等工具培养粉丝。以微信为例,可以通过个人微信号、公众号和微信群等,先给粉丝传递价值,后赢利,这是普遍的网络社群营销形式。对企业来说,社群营销是一种很好的促销方法。

【案例】

小米的社群营销

小米公司开创了在互联网上打造手机品牌的先河。小米社区 MIUI 是小米将用户沉淀为粉丝的重要平台。在小米社区的论坛上,米粉可以切实地参与产品的研发、测试、营销、公关等多个环节,直接决定产品的增减以及未来的创新方向。小米社区给予了米粉极大的荣誉感和归属感,促使他们更加主动地参与到论坛的讨论中来。不仅如此,社交媒体中的微博、微信、QQ 空间、米聊、社区等平台都被小米充分运用。

此外,小米通过同城会、"爆米花"用户见面会、"米粉节"、剧场式产品发布会等活动与米粉在线下积极互动。在这些活动中,小米充分利用 MIUI 社区、官方微博、官方微信等媒体平台发布活动消息,在线上宣传以及报名过程中宣扬产品文化。而线下的互动活动不仅是用户间的交流,也是小米产品的推介活动。通过线上线下相结合的用户之间、用户与小米之间的良性互动,小米手机的口碑营销收到了极佳的效果,也培养了粉丝共同的产品价值认同感和彼此间强烈的信赖和依赖感。

(资料来源:《从品牌社群营销看小米粉丝经济运作模式》,《商场现代化》,2016 年第 9 期。收入本书时略有改动。)

【知识拓展】

社区营销原意是一种区域性营销方式,是以住宅社区作为主要的销售区域、以家庭用户作为主要销售对象的全方位营销活动。社群营销强调的是将有共同兴趣爱好的人聚集在一起、将一个兴趣圈打造成为消费圈,是一种通过产品或服务满足群体需求而产生的商业形态。

四、直播电商

中国消费者协会认为,"直播电商"是一个广义的概念,直播者通过网络直播平台或直播软件来推销相关产品,使受众了解产品各项性能,从而购买商品的交易行为,可以统称为直播电商。还有学者认为,直播电商是电商企业平台推出的以直播形式销售商品,以高互动性、娱乐性、真实性和可视性为特点,以提高消费者购物体验为目的的营销模式。本书认为,直播电子商务(Live Commerce),简称"直播电商"或"电商直播",是在电子商务环境下使用直播媒介,以促进商品和服务的购买与销售的一种商务模式。需要注意的是,直播电商并不是直播媒介和电子商务的简单叠加。

目前,我国直播电商主要有两种模式:一是电商平台增加直播模块,通过直播增加电商平台流量,如淘宝直播等;二是内容平台增加电商模块,为已有流量变现,如抖音、快手等。

【思政要点】

国家互联网信息办公室、国家税务总局、国家市场监督管理总局联合印发的《关于进一步规范网络直播营利行为促进行业健康发展的意见》指出，加强网络直播营利行为规范性引导，鼓励支持网络直播依法合规经营，促进网络直播行业在发展中规范、在规范中发展。

【思政案例】

网络直播要“带货”更要守法

中国互联网络信息中心数据显示，截至2020年3月，直播用户规模达5.6亿，其中电商直播用户规模为2.62亿。据商务部统计，2020年一季度，全国电商直播超过400万场。这样的广阔前景和市场体量说明，在今天，直播已经不仅是一种娱乐方式、营销手段，更是一种价值传播。

但是，很多网络主播为了吸引粉丝、提升人气，不惜用黄色、暴力、封建迷信以及赌博欺诈等不良内容来取悦受众。比如，有的“网红”主播为了迅速“涨粉”和追求“10万+”的流量，直播跳河、卧轨、拼酒、生吃动物等不良内容以哗众取宠；有的网络主播散布谣言、传播迷信，大肆宣扬历史虚无主义和拜金主义错误思想；有的在直播时兜售三无产品、假冒伪劣商品，严重侵犯消费者合法权益，扰乱正常网购市场秩序……

为此，多部门联合开展网络直播行业专项整治和规范管理行动。网络直播要“带货”更要守法。只有以法律为准绳，带货主播、出货企业、直播平台、监管部门各尽其责，才能让网络直播真正进入文明时代。

（资料来源：《网络直播要“带货”更要守法》，中国经济网，2020年6月9日。收入本书时略有改动。）

五、新媒体营销

常见的社交应用类新媒体主要有QQ、微信、微博等；新闻资讯类新媒体主要有央视新闻、今日头条等；视频娱乐类新媒体主要有抖音、快手等。随着新媒体的出现，客户将原来花在传统媒体上的时间逐渐转移到新媒体上。因此，新媒体逐渐成为一些企业进行市场投放的首选，新媒体营销也成为备受关注的营销方式。

（一）短视频营销

短视频是一种视频长度以秒计，主要依托于移动智能终端实现快速拍摄与美化编辑，可在社交媒体平台上实时分享和无缝对接的一种新型视频形式。短视频营销是企业和品牌借助短视频这种媒介形式进行社会化营销的一种方式。目前我国常见的短视频平台有抖音、快手、微博、微视等。

（二）微信营销

微信营销是网络经济时代企业或个人营销模式的一种，是伴随着微信的普及而兴起的一种网络营销方式。商家通过微信公众平台，结合微信会员管理系统展示商家微官网、微会员、微推送、微支付、微活动，目前已经形成了一种主流的线上线下微信互动营销方式。微信公众号主要有三种类型：订阅号、服务号和企业号。

（三）微博营销

微博营销是指通过微博平台为商家、个人等创造价值而执行的一种营销方式，也是指商家或个人通过微博平台发现并满足用户的各类需求的商业行为方式，主要有个人微博营销和企业微博营销两种方式。个人微博营销是由个人本身的知名度带来关注。企业微博营销是企业通过微博来增加自己的知名度，最后将产品销售出去。企业开展微博营销时，应当建立起自己固定的消费群体，与粉丝多交流、多互动，多做企业宣传工作。

【思政要点】

用新的理念、手段去包装、推广优秀传统文化，让历史文化与现代文化、现代人的生活真正有机结合，让源远流长的优秀传统文化焕发新的生命力。

【思政案例】

2021:河南"文化觉醒"年

在刚刚过去的端午节，河南卫视推出的网络晚会《端午奇妙游》再一次给观众带来惊喜，"河南卫视杀疯了""端午奇妙游""洛神水赋"等十多个词条登上热搜。河南卫视在视频播出之后的48小时内上了19次热搜，微博相关话题阅读量超过30亿，收获亿万点赞的褒扬。没有流量明星，没有烧钱制作，有的只是现代技术赋能传统文化、互联网思维承载国潮元素，这使得河南卫视成功出圈、圈粉无数。短视频在新媒体上的传播为河南旅游业带来了"流量"，在线上，河南博物院热度一举反超"中国三大博物馆"之一的南京博物院，甚至与中国国家博物馆的平均搜索指数基本持平；在线下，河南博物院的参观人数骤增4成，迅速成了朋友圈的新晋网红打卡地。携程发布的《2021端午假期旅行大数据报告》显示，郑州首次入围端午热门前十名目的地，河南博物院位居热点目的地榜首。

（资料来源：《2021：河南"文化觉醒"年》，澎湃新闻，2021年6月23日。收入本书时略有改动。）

本章练习题

一、单项选择题

1. 网络广告产生于（　　）。

A. 美国　　B. 英国　　C. 法国　　D. 中国

2. 下列选项中不属于网络营销的职能的是（　　）。

A. 网站推广　　B. 信息发布　　C. 网络广告　　D. 顾客服务

3. 网络广告中的每千人印象成本是指（　　）。

A. CPA　　B. CPC　　C. CPM　　D. CPP

4. 互联网可以展示商品目录、提供有关商品信息的查询，可以和顾客互动、进行双向沟通，这是网络营销的（　　）特点。

A. 跨时空　　B. 个性化　　C. 交互性　　D. 经济型

5.（　　）是指企业向目标市场提供各种适合消费需求的有形和无形产品的方式来实现其营销目标。

A. 定价策略　　B. 产品策略　　C. 分销策略　　D. 促销策略

6. 网络市场调研的第一步是（　　）。

A. 收集信息　　B. 制订调研计划

C. 明确问题与确定调研目标　　D. 确定调研的具体内容

二、复习思考题

1. 网络营销的八项基本职能有哪些？

2. 网络调研的步骤和方法有哪些？

3. 阐述网络营销策略的内容。

三、讨论:蓝月亮的产品组合策略

蓝月亮集团是以消费者为核心、以创新为驱动力的家庭清洁解决方案提供商。2008年,洗衣液在市场中的占比不到4%,蓝月亮集团以一款深层洁净洗衣液迅速抢占市场先机,开创中国洗衣"液"时代。截至2020年,蓝月亮洗衣液已实现连续11年(2009—2019)中国洗衣液市场综合占有率第一,品牌力指数连续10年(2011—2020)第一 。2019年12月,"蓝月亮"入选2019中国品牌强国盛典榜样100品牌。图8-3为蓝月亮集团各类产品线的宽度和深度。

深度

衣物护理类	家居护理类	个人护理类
机洗至尊	强力型油污克星	氨基酸洗手液
手洗专用洗衣液(含旅行装)	强力厕清	儿童洗手液
亮白增艳洗衣液	洁瓷宝	自动洗手机
衣领净	除菌地板清洁剂	免洗抑菌洗手液
白色及彩色衣物色渍净	餐具果蔬洁净精华	厨房洗手液
宝宝专用洗衣液(含旅行装)	洗碗网花	清爽洗手液
内衣专用洗衣液(含旅行装)	除霉去渍剂	滋润洗手液
绿色柔顺剂	洗衣机清洁剂	
羊绒净	84消毒液	
羽绒服清洗液	多用途除菌剂	
衣物消毒液	洁厕宝	
至尊生物科技洗衣液除菌去味	天然绿茶洗洁精	
至尊生物科技洗衣液	漂白水	
预涂手洗双用型洗衣液	玻璃水	

宽度

图8-3 蓝月亮集团各类产品线的宽度和深度

根据上图,想一想:

(1) 蓝月亮集团的产品线宽度是多少?有多少产品项目?各类产品线的产品深度是多少?

(2) 你认为蓝月亮集团的产品组合相关性是高还是低(根据三类产品的最终用途、生产条件、销售渠道的关联程度思考)?

(3) 你对蓝月亮集团的产品策略有何建议?

第九章　电子支付

【内容提要】

本章介绍了电子支付的概念、常用的电子支付工具、国内外的电子支付系统，以及电子银行的主要类型。本章通过大量的案例展示了我国电子支付行业的发展和取得的成就。

【知识目标】

了解电子商务的支付系统，熟悉常用的电子支付系统；熟悉银行卡、网上银行及手机银行的功能；了解互联网及移动网络第三方支付应用流程。

【能力与素质目标】

能够使用网上银行及手机银行完成在线支付和转账等基本操作；能够使用互联网及移动网络平台进行支付和转账，能在平台上进行产品及账务查询、使用理财融资等增值功能；了解第三方支付行业的市场、服务概况；了解国内外金融体系、系统的构成，理解金融行业的运行方式。

【思政目标】

了解各国电子支付系统及国际汇兑系统，拓宽国际视野；了解我国支付行业技术输出的成果，感受我国电子支付领域取得的领先成就，增强民族自信心。

【开篇案例】

陕煤供应链公司完成首单跨境人民币信用证业务

2021 年 10 月，陕煤供应链公司通过中国平安银行西安分行开具跨境人民币信用证给外方合作伙伴，成功办理了首单使用人民币信用证跨境结算的俄罗斯动力煤与印尼动力煤交易，合计金额约为人民币 6 800 万元，实现该业务零突破。

跨境人民币信用证业务是中国人民银行自 2009 年起出台的鼓励企业使用人民币作为境外结算币种的政策，是在国家允许、企业自愿的基础上以人民币进行的跨境贸易结算，商业银行直接为企业提供跨境贸易人民币相关信用证等结算服务，旨在增强世界金融货币体系中的人民币话语权，力促人民币国际化。

该供应链公司与中国平安银行打通了跨境人民币信用证业务，规避传统跨境结算购汇、锁汇等汇率风险，加快结算速度，提高资金使用效率，消除汇兑成本和外汇产品交易的有关费用，为财务核算清晰化、资金运转加速化装上“新引擎”，同时将加快推动人民币成为国际市场交易的计价结算货币进程，提升人民币在国际市场中的购买力。

（资料来源：《陕煤供应链公司完成首单跨境人民币信用证业务》，陕西煤业化工集团有限责任公司网站，2021 年 10 月 15 日。收入本书时略有改动。）

思考：

国内外电子商务交易的支付环节需要哪些硬件、软件系统支持？

第一节 电子支付概述

在电子商务活动中，只要发生交易，必然引起资金的流动，具体体现为商务伙伴间的支付与结算活动，因此支付是电子商务中最为关键的组成部分。

一、电子支付的概念

（一）电子支付的定义

学界对于电子支付的定义并没有明确固定的意见。本书认为电子支付是指电子交易的当事人，包括消费者、厂商和金融机构，使用安全的电子支付手段，通过网络进行货币支付或资金的流转。电子支付有广义和狭义之分，广义的电子支付包括卡类支付、网上支付和移动支付等，狭义的电子支付仅指网上支付。

虽然我国电子支付业务起步较晚，但发展势头迅猛。我国电子支付产业发展大致经历了以下三个阶段。

第一阶段：网络银行时代。2003 年以前，我国的电子支付发展较为缓慢，主要参与方为各大银行机构，支付方式以网络银行为主。

第二阶段：第三方支付机构崛起时代。2003 年后，以支付宝为代表的第三方支付机构涉足支付业务，电子支付市场开始快速发展。

第三阶段：全面移动支付时代。2010 年，随着移动智能终端的普及，各大银行开始推出手机银行 App；同时，以支付宝、微信为代表的互联网巨头纷纷发力移动支付市场，依靠其强大的线上生态场景优势抢占市场份额。

（二）电子支付的特点

与传统的支付方式相比，电子支付具有以下特征。

（1）电子支付的载体是计算机网络中的数据流，是一种“看不见”的支付活动，因此有别于以现金流转、票据转让及银行汇兑等物理实体方式实现的支付。

（2）电子支付的运作环境一般是一个开放的计算机网络系统，而传统商务一般都是在一个较为封闭的系统中进行。

（3）电子支付快捷、高效、低成本，只要有一台连接 Internet 的计算机，人们就可以在极短的时间内完成整个支付过程，而且支付过程的费用比传统支付低。

（4）电子支付的安全风险突出。Internet 是一个开放的计算机系统，安全问题一直困扰着电子支付系统的发展，人们已经在这方面做了很多工作，为电子支付的安全问题寻求解决方案。

（三）电子支付的类型

由于电子支付的理论研究尚未成熟，所以对于电子支付的分类各有不同。根据载体的不同，电子支付可以分为“卡基”型电子支付和“数基”型电子支付。所谓“卡基”型电子支付，其支付载体是各种物理卡，包括银行卡、IC 卡、电话卡等，消费者在使用这种电子支付方式时，必须携带卡介质。“数基”型电子支付完全基于数字的特殊编排，依赖软件的识别与传递，不需要特殊的物理介质，如数字货币、电子现金等。

二、电子支付的构成要素

本节所述的电子支付构成要素主要指基于 Internet 公共网络平台的电子支付，其构成要素有七个方面，如图 9-1 所示。

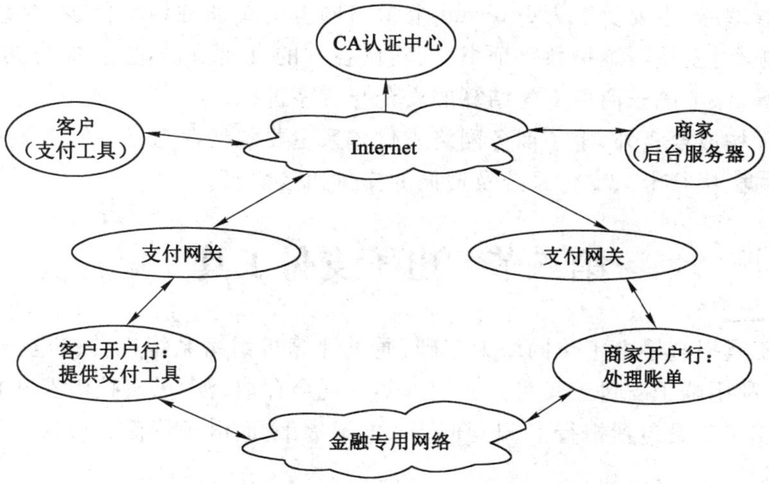

图 9-1　电子支付系统的构成

客户是在 Internet 与某商家有交易关系，并存在有未清偿的债权债务关系的一方（一般是债务方）。客户用自己已有的支付工具（如信用卡、电子钱包等）来发起支付，是支付体系运作的原因和起点。

商家是拥有债权的商品交易的另一方，可以根据客户发起的支付指令向中介的金融体系请求获取货币给付，即请求结算。商家一般设置专门的后台服务器来处理这一过程，包括协助身份认证及不同网络支付工具的处理。

客户开户行指客户在其中拥有资金账户的银行，客户所拥有的网络支付工具主要是由开户银行提供的。客户开户行在提供网络支付工具的时候，同时提供一种银行信用，即保证支付工具是真实并可兑付的。在利用银行卡进行网络支付的体系中，客户开户行又被称为发卡行。

商家开户行是商家在其中开设资金账户的银行，其账户是整个支付结算过程中资金流向的地方或目的地。商家将收到的客户支付指令提交其开户行后，由开户行进行支付授权的请求，以及进行商家开户行与客户开户行之间的清算等工作。商家开户行是依据商家提供的合法账单（客户的支付指令）来工作的，因此又称为收单行或接收行。

支付网关是 Internet 公用网络平台和银行内部的金融专用网络平台之间的安全接口。网络支付的电子信息必须通过支付网关进行处理后才能进入安全的银行内部支付结算系统，进而完成安全支付的授权和获取。支付网关的建设关系着整个网络支付结算的安全及银行自身的安全，关系着电子商务支付结算的安全及金融系统的风险，必须十分谨慎。

金融专用网络是银行内部及银行间进行通信的专用网络，它不对外开放，因此具有很高的安全性。我国的金融专用网是中国国家金融通信网，其上运行着中国国家现代化支付系统、商业银行电子汇兑系统等。同时，信用卡 POS 支付结算、ATM 资金存取、电话银行、专业 EFT 系统等，均运行在金融专用网上。银行的金融专用网发展迅速，虽然不能直接为基于 Internet 平台的电子商务进行直接的支付与结算，但是它为逐步开展电子商务提供了必要的条件。

CA认证中心是网上商务的准入者和市场的规范者，是第三方的公正机构。其作用类似于市场监督管理局，主要负责为Internet上参与网上电子商务活动的各方（包括客户、商家、支付网关、银行）发放与维护数字证书，以确认各方的真实身份，也发放公共密钥及提供数字签名服务等，保证电子商务支付结算的安全与有序进行。

除以上七大构成要素外，电子商务网络支付体系主要包括在支付时使用的支付工具（电子货币、电子票据、银行卡）、支付系统及遵循的支付通信协议。

第二节　电子支付工具

电子支付工具以金融电子化网络为基础，通过计算机网络系统以传输电子信息的方式实现支付功能，利用电子支付工具可以方便地实现现金存取、汇兑、直接消费和贷款等功能。最常用的电子支付工具包括银行卡、电子支票、电子货币，而电子货币又包括电子现金、电子钱包、智能卡等。

电子支付工具在我国的发展始于1998年，招商银行推出网上银行业务后，各大银行的网上缴费、移动银行业务和网上交易等逐渐发展起来。银行在初期完全主导电子支付业务，大型企业用户与银行之间建立了支付接口，但后期银行在处理中小商务方面表现明显不足，于是非银行类企业开始介入支付领域，第三方支付平台作为新兴支付工具应运而生。

【案例】

春节档再添新看点，用数字人民币可看电影

2022年的春节档电影在支付方式上有了新的看点——数字人民币将首次支持观影支付。1月21日，美团宣布开启电影演出场景的数字人民币支付通道。北京、上海、深圳等试点地区居民可用数字人民币在美团平台预订电影演出票，同时享受数字人民币观影礼包优惠。这是数字人民币首次接入电影演出场景，也是数字人民币试点落脚百姓生活，激发产业各方积极性的又一新举措。随着数字人民币试点版App正式上架，应用场景的丰富性也在不断提升。

（资料来源：《春节档再添新看点　用数字人民币能看电影了！》，中国经济网，2022年1月21日。收入本书时略有改动。）

一、银行卡

银行卡是商业银行（含邮政金融机构）向社会公开发行的，具有消费信用、转账结算、存取现金等全部或部分功能，并作为结算支付工具的各类卡的统称，是商业银行签发的允许信用良好者据以赊购商品和劳务的身份证明卡。目前银行卡的种类有很多，本节介绍按信息载体材料分类的银行卡。

塑料卡：20世纪50年代末，发达国家率先用塑料卡制成信用卡。顾客消费时必须出示此卡以示身份，验明无误后，即可享受信用消费。这种塑料卡与计算机无关。

磁卡：磁卡诞生于1970年，它是在塑料卡片上粘贴磁条而成的，磁条里有3条磁道，可记录相关的信息。磁卡可直接输入终端机进行处理，是一种简单有效的计算机输入介质。随着PC机的推出和普及，磁卡的应用迅速得到推广。目前，磁卡仍是使用最广的一种卡。

集成电路卡（Integrated Circuit Card，IC卡）：在塑料卡上封装一个非常小的微型集成电路芯片，使其具有联机处理和脱机处理的双重能力，并可以作为多功能卡使用。

复合介质卡：在磁卡内藏有 IC 芯片，在识别磁卡和 IC 卡的器具上都可以使用。如图 9-2 所示。

(a) 磁卡　　(b) 复合介质卡

图 9-2　磁卡及复合介质卡

激光卡：激光卡也称光卡或光储卡，是在塑料卡片中嵌入激光存储器而成的。激光卡系统由激光卡、激光卡读写器和与之相连的计算机系统构成。激光卡同 IC 卡相比除了可提供多重功能服务外，其安全性更高，储存量比 IC 卡的存储量大百倍以上。

二、电子支票

电子支票(E-Check)也称数字支票，是将传统支票的全部内容电子化和数字化。简单地说，电子支票就是纸质支票的电子版，具有和纸质支票一样的支付结算功能。它包含和纸质支票一样的信息，如支票号、收款人姓名、签发人账号、支票金额、签发日期、开户银行名称等。电子支票包含有数字证书和数字签名，它们连同加密、解密技术一起，被用来防止对银行和银行客户的欺诈，以提高电子支票的安全性。

目前基于 Internet 的电子支票系统在国际上日趋成熟，我国也对这方面进行了更加深入的研究。电子支票支付主要遵循金融服务技术联盟(Financial Services Technology Consortium，FSTC)提交的 BIP(Bank Internet Payment)标准(草案)。中国人民银行于 2007 年 6 月 25 日建成全国支票影像交换系统，实现了支票在全国范围的互通使用。

三、电子货币

电子货币是以金融电子化网络为基础，以电子计算机技术和通信技术为手段，以电子数据(二进制数据)形式存储在银行的计算机系统中，并通过计算机网络系统以电子信息传递形式实现流通和支付功能的信用货币。

(一) 电子现金

1. 电子现金的概念

电子现金(Electronic Cash)又称数字现金，是纸币现金的电子化，是一种以数据形式流通的货币。它通过一个实时支付系统，把现金数值转换成一系列的加密序列数，通过这些序列数来表示现实中各种金额的币值。电子现金具有很多与纸币现金一样的优点，如直观、方便等。

2. 电子现金网络支付系统

目前，国际上已开发出的电子现金应用系统有 Digicash、Mondex、Netcash 等。这里以荷兰的 Digicash 公司的电子现金系统为例来分析电子现金交易的支付过程。

客户和商家在电子现金银行开立账户，客户可以从他的银行账户中提取电子现金并存到自己的电子钱包里。客户有了电子现金就可以随时到商家消费。当客户拿电子现金消费时，商家首先将电子现金送到银行，由银行来验证电子现金的真伪并确认该电子现金是否消费过；然后将电子现金存入商家的账户并通知商家，此时商家就可以寄商品或发货给客户。具体支付流程如图 9-3 所示。

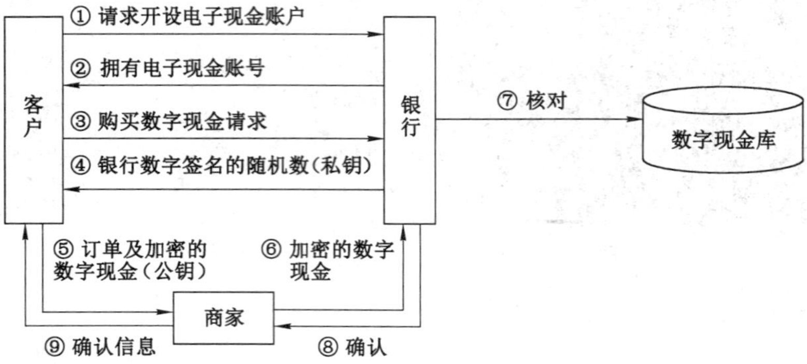

图 9-3　电子现金交易的支付过程

（二）电子钱包

1. 电子钱包的概念

电子钱包(E-wallet)最早于 1997 年由英国西敏史银行开发成功，常用在小额购物或购买小商品时。电子钱包就像生活中随身携带的钱包一样，但其中装入的是电子现金、电子零钱、电子信用卡等电子货币。

2. 电子钱包的类型与服务系统

一是纯粹的软件，通常与银行账户或银行卡账户连接在一起。比如用户拥有了中国银行的长城电子借记卡后，可以免费下载中国银行的电子钱包软件进行安装，之后可以从中国银行的电子商城中选择接收长城借记卡的网上商店，便可在网上商店购买商品并进行支付。

二是小额支付的智能储值卡(硬式电子钱包)。持卡人预先在卡中存入一定的金额，交易时直接从储值账户中扣除交易金额。这种电子钱包在使用时十分简单，从外观上看与智能卡十分相似，一般就是在顾客的银行卡上集成了一个 IC 芯片，在使用时只要把卡插入终端，读取器就会从卡中将要支付的钱款扣除掉。这种预付卡式的电子钱包很快就被应用于超级市场、便利店、餐饮店、停车场、电话亭和公共交通中。

目前世界上有 VISA Cash 和 Mondex 两大电子钱包服务系统，其他电子钱包服务系统还有惠普公司的电子支付应用软件(V WALLET)、微软公司的电子钱包 MS Wallet 等。

第三节　电子支付系统

电子支付系统是实现电子商务信息流、资金流、物流一体化整合和协同工作的关键环节，是能够提供一种或者几种支付功能的若干软件按照一定的排列次序组合在一起的计算机结构。

一、客户和银行之间的电子支付服务系统

银行要完成支付与结算活动，必须以客户为中心，提供完善的电子自助服务，在该层次

的电子支付系统中通常包括自动取款机系统、家庭银行系统和销售终端系统。

自动取款机(Automated Teller Machine,ATM)系统是利用银行卡在自动取款机或自动柜员机上,执行存取款和转账等金融交易的自助银行系统。

家庭银行(Home Banking,HB)系统是消费者在家中通过电话、计算机、电视机等设施和相应的软件系统所进行的现金管理、资金划拨及支付账单等服务的系统,通常使用银行卡账户进行支付。

销售终端(Point of Sales,POS)系统是持卡人在银行签约商户消费后,通过位于商业网点的POS终端和专用网或公共数据通信网,与银行主机相连完成电子转账工作的系统。该系统包含商品交易、资金支付、转账和清算等内容。

【知识拓展】

银联商务有限公司是中国银联控股的、专门从事银行卡受理市场建设和提供综合支付服务的机构,是国内最大的POS购买和投放商。该公司成立于2002年12月,总部设在上海市浦东新区。

银联POS机的主要类型有以下几种:

① 按通信方式划分,有固定POS,通过固定电话号码接入交易系统;移动POS,通过GPRS/CDMA移动网络接入交易系统;网络POS,通过IP通信方式接入交易系统。

② 按打印方式划分,有热敏POS,使用热敏打印纸打印;针打POS,使用可复写打印纸打印。

③ 按硬件组合方式划分,有台式POS,固定放在桌面;手持POS,可携带移动使用;分体POS,主机与座机可分离;MIS-POS,与收银机结合的受理终端。

(资料来源:作者根据中国银联开发平台的相关资料整理。)

自动清算所(Automatic Clearing House,ACH)系统是用于金融机构的支付处理系统,特别适用于高价位、周期性的小额支付,如工资、抵押、汽车贷款、社会保险等的支付,有信用交易和借贷交易两种形式。

企业银行(Corporation Bank,CB)系统,是服务大中型公司或政府机构在内的具有法人身份的电子银行系统,为企业提供诸如资金管理、财务管理、商务管理、投资功能业务等金融交易和信息增值服务。

网上支付系统是由互联网与电子银行专用网等构成的开放式支付系统,具体包括网上支票支付系统、网上信用卡支付系统以及网上现金支付系统。

二、金融机构之间的电子支付清算系统

这是电子支付体系的高层级,它完成往来银行与金融机构之间、中央银行与商业银行之间的支付与结算活动。该层支付体系主要由商业银行、国内以及跨国电子汇兑系统构成。

(一) 电子汇兑系统的概念

电子汇兑系统是银行之间的资金转账系统,它的转账资金额度很大,是电子支付系统中最重要的系统。

电子汇兑系统由以下几个部分组成。

(1) 通信系统:负责为其成员金融机构传送与汇兑有关的各种信息。代表性的系统有环球银行金融电信协会(Society for Worldwide Interbank Financial Telecommunications,SWIFT)管理的银行结算系统。我国电子汇兑系统的通信网络是中国国家金融网(China

National Financial Network,CNFN)。

(2) 资金调拨系统:提供资金调拨和清算服务。美国的 CHPS、FEDWIRE,日本的全银,我国各商业银行的电子汇兑系统以及中国人民银行的全国电子联行系统均属此类。

(3) 清算系统:当汇入行接受汇出行委托,执行资金调拨处理,导致行际间发生借差或贷差,且两家银行又无直接清算能力时,则需委托另一个适当的清算系统进行处理。在我国遇到此种情况时,须经过中国人民银行的全国电子联行系统进行清算。

(二) 我国的电子汇兑系统

1. 中国国家金融网

CNFN 于 1991 年 10 月开始建设,是把我国中央银行、各商业银行和其他金融机构有机连接在一起的全国性与专业性的金融计算机网络系统,为我国现代化支付系统(China National Advanced Payment System,CNAPS)提供网络支撑。

CNFN 分为两极网络和三层节点。一级节点为国家处理中心(National Processing Center,NPC),二级节点为城市处理中心(City Processing Center,CPC),三级节点是中国人民银行县支行处理节点(Country Level Bank,CLB)。CNFN 在北京和无锡分设两个国家处理中心(NPC),这两个 NPC 互为备份,网络拓扑结构如图 9-4 所示。

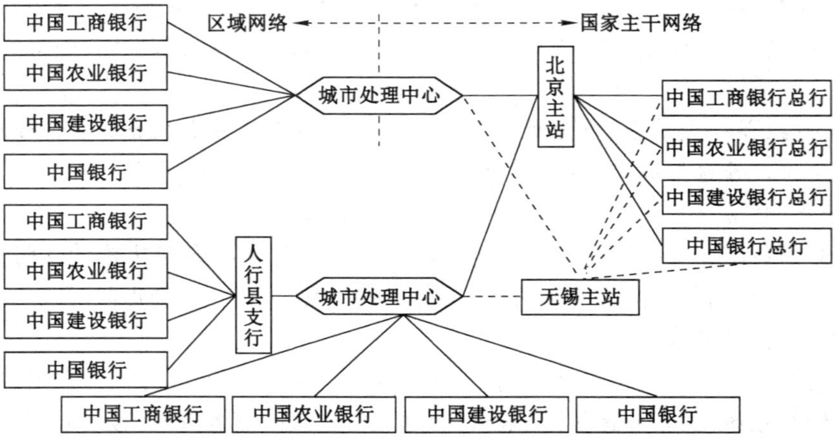

图 9-4　中国国家金融网络拓扑结构

上述三层节点组成了二级网络,NPC 与 600 个 CPC 构成国家级主干网,CPC 与几千个 CLB 构成区域网络。国家级主干网以中国人民银行的卫星通信网为主体,以中国金融数据地面通信骨干网和邮电部门的公用数字数据网(Digital Data Network,DDN)为辅助信道,卫星网与地面网互为备份、互相补充。而区域网络的物理线路,则根据当地通信状况可选用中国金融数据地面通信骨干网、DDN、X. 25 或公共交换电话网络(Public Switched Telephone Network,PSTN)等,少数边远地区及交通不便或有特殊需要的地区,也可采用卫星通信网构成区域网络。

2. 中国现代化支付系统

中国现代化支付系统(China National Advanced Payment System,CNAPS)是中国人民银行按照我国支付清算需要,充分利用现代计算机技术和通信网络开发建设的,能够高效、安全地处理各银行办理的异地、同城各种支付业务及其资金清算和货币市场交易的资金清算的应用系统。中国现代化支付系统由多种不同功能的系统组成，以适应各类支付业务处理的需要。本节主要介绍以下常用系统。

（1）大额支付系统

大额实时支付系统主要处理同城和异地跨行之间和行内的大额贷记及紧急小额贷记支付业务。其特点是：处理的金额大（2 万元以上），处理的速度快（正常情况下在 3 分钟以内），只处理贷记业务。大额实时支付系统目前已接入港澳地区人民币清算业务。

（2）小额支付系统

小额支付系统主要处理同城、异地跨行之间的借记支付业务以及规定金额以下的贷记支付业务。

（3）全国支票影像交换系统

全国影像交换系统是指综合运用影像技术和支付密码等技术，将纸质支票转化为影像和电子清算信息，实现纸质支票截留，并利用网络技术将支票影像和电子清算信息传递至出票人开户行进行提示付款，实现支票全国通用的业务处理系统。

（4）电子商业汇票系统

电子商业汇票系统是由中国人民银行批准建立的，依托网络和计算机技术，接收、登记、转发电子商业汇票数据电文，提供与电子商业汇票货币给付、资金清算行为相关服务并提供纸质商业汇票登记查询和商业汇票公开报价服务的综合性业务处理平台。

（5）网上支付跨行清算系统

网上支付跨行清算系统是以电子方式逐笔实时处理跨行（同行）网上支付、电话支付、移动支付等新兴电子支付业务的应用系统。

（6）人民币跨境支付系统

随着跨境人民币业务各项政策相继出台，跨境人民币业务规模不断扩大，人民币已成为我国第二大跨境支付货币和全球第四大支付货币。该系统于 2012 年 4 月 12 日开始建设，2015 年 10 月 8 日正式启动，专司人民币跨境支付清算业务。

【知识拓展】

中国银行业协会发布了《人民币国际化报告（2021—2022）》。该报告显示，从金融市场基础设施建设情况来看，人民币跨境支付系统（CIPS）已成为人民币跨境结算的主渠道。截至 2021 年末，CIPS 系统实际业务覆盖全球 178 个国家和地区的 3 600 多家法人银行机构。2021 年，共运行 250 个工作日，累计处理支付业务 334.2 万笔，同比增长 51.6%；涉及金额 79.6 万亿元，同比增长 75.8%。

（资料来源：《中国银行业协会发布〈人民币国际化报告（2021—2022）〉》，人民网，2022 年 10 月 27 日。收入本书时略有改动。）

（三）国际间电子汇兑系统

1. 国际间电子汇兑系统

（1）国际资金清算系统

国际资金清算系统 SWIFT，也称为环球银行金融电信协会。该组织成立于 1973 年 5 月，是国际银行同业间的合作组织，由会员银行和其他金融机构协同管理。全球大多数国家大多数银行已使用 SWIFT 系统。

【知识拓展】

1983 年，中国银行加入 SWIFT。之后，我国的各国有商业银行及上海和深圳的证券交易所，也先后加入 SWIFT。进入 20 世纪 90 年代后，除国有商业银行外，中国所有可以办理国际银行业务的外资和侨资银行以及地方性银行纷纷加入 SWIFT。SWIFT 的使用也从总行逐步扩展到分行。1995 年，SWIFT 在北京电报大楼和上海长话大楼设立了 SWIFT 访问点 SAP(SWIFT Access Point)，它们分别与新加坡和香港的 SWIFT 区域处理中心主节点连接，为用户提供自动路由选择。为了更好地为亚太地区用户服务，SWIFT 于 1994 年在香港设立了除美国和荷兰之外的第三个支持中心，并于 1999 年成立北京办事处。

SWIFT 的网络系统由操作转换中心、地区处理站、银行处理站和终端四层结构组成，如图 9-5 所示。SWIFT 系统有三个操作转换中心，分别分布在荷兰、美国和瑞士。这些操作转换中心由系统控制中心连成环形结构，并分别连接各地区处理站。地区处理站连接各自管理的银行处理站和终端，组成全球金融通信网络，少数较小国家可共用一个地区处理站。

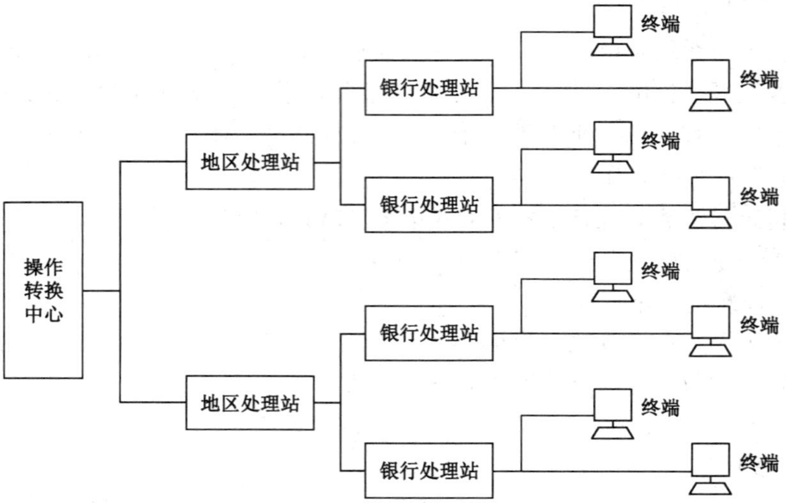

图 9-5　SWIFT 网络系统图

2. 纽约清算所银行同业支付系统

纽约清算所银行同业支付系统(Clearing House Interbank Payment System，CHIPS)是全球最大的私营支付清算系统之一。CHIPS 处理的美元交易额约占全球美元总交易额的 95%，因此该系统对维护美元的国际地位和国际资本流动的效率及安全十分重要。

第四节　电 子 银 行

各界对电子银行的界定并不统一。根据我国银行业的实际，本书认为电子银行是广义的概念，既包括金融电子化的成果，又涵盖了基于互联网技术的新型网络银行的服务领域。电子银行就是指银行借助各种电子业务系统，利用网络平台，向客户提供全方位的、全天候的、高品质的、安全的银行服务方式。

根据中国银行业监督管理委员会2006年3月1日施行的《电子银行业务管理办法》中的有关定义，电子银行业务是指商业银行等银行业金融机构利用面向社会公众开放的通讯通道或开放型公众网络，以及银行为特定自助服务设施或客户建立的专用网络，向客户提供的银行服务。目前常用的电子银行业务有：网上银行业务、电话银行业务、手机银行业务、短信银行业务、其他离柜业务和电子货币业务。本节主要介绍网上银行和手机银行业务。

【案例】

中国电子银行发展的成绩

中国金融认证中心于2020年12月10日发布了《2020中国电子银行发展报告》。数据显示，经过近30年的发展，电子银行业务取得了举世瞩目的成绩。2020年第三季度，我国手机银行活跃用户规模为3.5亿户，环比增长6.1%，覆盖面不断拓展；服务深度方面，电子银行不仅在发达地区得到普及，也在农村等偏远地区扎根发展。截至2019年年末，我国农村地区手机银行、网上银行开通数累计为8.2亿户和7.1亿户，同比分别增长21.9%和16.4%。

（资料来源：《〈2020中国电子银行发展报告〉显示——个人手机银行用户比例达71%》，中国政府网，2020年12月11日。收入本书时略有改动。）

一、网上银行

（一）网上银行的定义

本书认为网上银行(Internet Bank)是指金融机构利用网络技术，在互联网上开设的银行。目前，网上银行的模式基本上有两种。一种是纯网上银行，即仅仅通过网络为客户提供储蓄、查询、转账等银行服务的金融机构，此类网上银行在美国和欧洲大量存在。根据中国人民银行在《网上银行业务管理暂行办法》的规定，我国目前不允许建立纯网上银行。另外，从我国各大商业银行在网上银行业务方面的积极态度和我国民众的消费习惯来看，纯粹的网上银行在我国也缺乏生存的商业空间。另一种是电子分行，是指在传统银行的基础上同时设立网上支持服务，提供银行柜台同等的服务内容。目前我国大部分商业银行正在推行和发展此类网上银行。

（二）网上银行的特点

一般认为网上银行具有突破时空限制的特点，即网上银行是全天候运作的银行、开放的银行、服务方式多样化的银行，银行的服务突破了时间和空间的限制，突破了服务手段的限制。

除此之外，网上银行体现了虚拟性和创新性的特点。与其他行业相比，金融产品的交易以虚拟资本为交易对象，这就使得金融与构筑虚拟活动空间的信息网络具有天然的结合基础，使得银行服务的无纸化程度大大增强，服务效率大大提高。另外，客户面对的可能不是银行柜台，而是计算机屏幕上显示的虚拟银行柜台。随着网络技术的不断更新，市场对银行提供的服务手段和产品的功能要求也会随之不断提高，这就要求银行要不断地进行创新，通过创新建立竞争优势，维持银行的持续发展。

【案例】

不去银行营业厅能不能办理贷款？

新冠肺炎疫情暴发，湖北的金融行业受到了很大的冲击，腾讯云、飞虎互联、法大大联合推出了虚拟营业厅，基于微信小程序快速部署的特性，最快 2 天就可以将一家虚拟银行部署上线。虚拟营业厅基于腾讯实时音视频、AI 等技术，飞虎互联的金融远程视频服务产品，以及法大大的电子签名平台，把实时互动视频场景与银行业务系统进行有效整合，将个人信息修改、贷款面签、对公开户法人面签等过去需要到营业厅办理的业务转移到线上办理，同时通过视频双录、双向传输加密等技术手段做到全程留证。

2020 年 7 月 28 日，中银协客户服务与远程银行委员会发布的《中国银行业客服中心与远程银行发展报告(2019)》显示，截至 2019 年年末，已有 13 家银行客服中心更名为远程银行中心，21 家银行计划建立远程银行。

(来源：《金融虚拟营业厅：疫情期间的“云”贷款|云上案例》，亿邦动力网，2020 年 10 月 2 日。收入本书时略有改动。)

二、手机银行

(一) 手机银行的定义

手机银行(Mobile Banking Service)由手机、GSM(全球移动通信系统)短信中心和银行系统构成，是利用移动通信网络及终端办理相关银行业务的简称。手机银行业务是指银行利用移动电话技术为客户提供的金融服务，主要包括账户查询、转账、缴费、支付、外汇买卖等。手机银行并非电话银行。电话银行是基于语音的银行服务，而手机银行是以各种移动智能终端为运行平台，为客户提供随时、随地、随身的金融服务的自助渠道。

借助手机和无线网络，手机银行可以为客户提供方便、快捷、大范围、全天候的金融服务，可以满足人们在任何时间、任何地点处理多种金融业务的需求，满足顾客在零碎时间、移动过程中的金融需求。手机银行是网银服务的简版，同时提供个性化服务。

(二) 我国手机银行的发展阶段

1. 短信银行阶段

2000 年后，中国工商银行、中国银行、中国建设银行和招商银行先后推出了基于 GSM 短信中心和银行系统构成的短信手机银行服务，可以帮助用户完成账务查询、自助缴费、银行转账等基础业务，以及查询股市行情、航班信息、外汇牌价等信息。其优点是使用门槛低、用户易于接受，缺点是普及率低、手机短信输入复杂等。

2. WAP 银行阶段

2004—2006 年，手机银行进入无线应用协议(Wireless Application Protocol, WAP)时代。银行推出了基于 WAP 技术标准的手机银行产品，用户可以通过手机完成大部分网上银行可以办理的业务。其特点是增强了用户的可操作性，丰富了手机银行的业务内容，但是 WAP 手机银行也受到无线网络的资费和速度等因素的影响。

3. App 银行阶段

2007 年至今，随着智能手机的出现以及移动互联网技术的迅猛发展，手机银行跨入了 App 时代。其特点是进一步提升了用户体验，而且随着手机功能的增加，手机银行能够完成的业务更加多元化。目前，App 手机银行面临的最重要的问题就是如何突出手机银行的金融属性，只有将更多的金融创新融入手机银行，才可以凸显手机银行的竞争优势。

【思政要点】

我国领先的 5G 技术为金融服务创新插上了翅膀，随着我国对外经济的发展，我国的金融行业必将服务于更广阔的范围。

【思政拓展】

民生银行推出的5G手机银行，充分发挥了5G技术的优势特点，并结合人工智能、大数据、AR、物联网等先进技术，着力打造多项亮点功能。

在视觉方面，民生5G手机银行突破了原有手机银行应用的静态展现局限，将文字、图片、音频、视频等多种信息有机融合，从用户打开手机银行App的那一刻起，到浏览首页背景、操作模块、信息展示、营销活动等所有信息，全部都“动”起来。此外，民生5G手机银行还为华为多款折叠屏手机用户提供跨屏展示和同步操作功能。

在语音交互方面，民生5G手机银行优化升级语音导航，用户只需说出自己所需要的服务，手机银行就能直达用户所需所想的服务，改变了过去需用手工查找或输入搜索服务的模式。

在视频服务方面，民生5G手机银行充分利用5G时代的视频服务能力，新增视频专区、互动点播等服务栏目，还提供财富讲堂、财经知识、子女教育、健康讲座、税务讲解等生活百科式的内容服务。

在远程银行方面，民生5G手机银行拓展远程银行服务范围，为所有5G设备用户适配专属服务通道。

在人工智能方面，民生5G手机银行充分应用人工智能、机器学习技术，基于海量的金融数据，训练形成产品推荐模型、用户运营模型、数据产品模型，打造具备智能决策能力的智慧大脑。

在安全保障方面，民生5G手机银行应用新技术持续提升安全性，推出手机U宝，采用数字证书＋安全芯片双重手段，为用户资金交易安全保驾护航。

此外，5G手机银行后续还将陆续推出更多基于AR(增强现实技术)、AI(人工智能技术)的智能应用服务；运用智能语音、NLP(自然语言处理)、仿真合成技术，打造具备虚拟形象和人工智能交互能力的仿真数字客服，为用户提供更加人性化、智能化的业务咨询和服务办理。

(资料来源：《民生银行推出5G手机银行》，中国银行保险报网，2020年5月8日。收入本书时略有改动。)

本章练习题

一、单项选择题

1. 下列选项中不属于银行卡支付中涉及的角色的是(　　)。

A. 消费者　　B. 商户　　C. 第三方平台　　D. 银行

2. 在银行卡型电子货币中，具备“先存款，后支用”特征的是(　　)。

A. 贷记卡　　B. 准贷记卡　　C. 借记卡　　D. 准借记卡

3. 在银行卡型电子货币中，具备“先消费，后还款”特征的是(　　)。

A. 贷记卡　　B. 准贷记卡　　C. 借记卡　　D. 准借记卡

4. (　　)是一种表示现金的加密序列数，可以用来表示现实中各种金额的币值。

A. 电子支票　　B. 现金　　C. 电子现金　　D. 电子货币

5. (　　)是指清偿商品交换和劳务活动以及金融资产交易所引起的债权债务关系，由银行提供的金融服务业务。

A. 清算　　B. 支付　　C. 结算　　D. 网上支付

6. 下列电子货币中不属于目前网上常用的是(　　)。

A. 储值卡型电子货币　　B. 银行卡型电子货币

C. 电子支票　　D. 电子现金

7. 为了确保安全、防止伪造，电子现金在实际应用中主要用到了(　　)技术。

A. 数字签名　　B. 数字证书　　C. 盲签名　　D. 数字摘要

8. 首信易支付平台创建于(　　)。

A. 1997 年 3 月　　B. 1998 年 3 月　　C. 1999 年 3 月　　D. 2000 年 3 月

9. 由成都富杰信息技术有限公司创建的西部支付，是(　　)第一家网上在线支付平台。

A. 西部地区　　B. 西南地区　　C. 中西部地区　　D. 中部地区

10. 下列网上支付工具不适合进行小额支付的是(　　)。

A. 电子现金　　B. 电子支票　　C. 银行卡支付系统　　D. 信用卡支付系统

二、复习思考题

1. 简述电子汇兑系统的结构组成。

2. 银行电子化经历了哪些发展阶段?

3. 人民币跨境支付系统的概念是什么？请简述其发展历程。

三、讨论

第三方支付模式目前存在哪些问题?

第十章　电子商务物流与供应链管理

【内容提要】

本章将在介绍传统物流运作的基础上，重点介绍电子商务环境下物流运作的流程和模式，展示电子商务下的物流信息技术，介绍搭建电子商务物流信息平台的方法，介绍供应链、供应链管理的相关概念及方法，分析电子商务环境下供应链的发展前景。

【知识目标】

掌握电子商务物流的概念和物流的七个基本功能；理解在电子商务环境下物流运作的流程和模式；了解电子商务下的物流信息技术；掌握供应链、供应链管理的概念及管理方法。

【能力与素质目标】

能区别传统物流与电子商务物流在运作过程中所使用工具的区别；学习电子商务物流信息技术，搭建可行的电子商务物流信息平台；学习电子商务物流与供应链管理的内容，了解电子商务物流及供应链行业的岗位设置及相关要求，能够举例分析电商环境下供应链的发展方向；掌握物流与供应链管理的方法，提高实际解决问题的能力；学习 ERP 系统的操作技能，提升逻辑思维能力。

【思政目标】

学习我国电子商务物流发展历史与取得的成就，树立正确的情感价值取向，并探讨物流专业人才需要具备的能力；学习我国电子商务物流新型技术，增强民族自豪感；学习我国电子商务物流与供应链相关业务内容，探索绿色物流的重要性及其发展前景。

【开篇案例】

煤炭物流有了“智慧大脑”

“以前去煤场拉煤，经常要排队等待，使用手机预约排号后，就不用去现场排队等待了，确实方便。”司机赵师傅指着手机上的小程序连声称赞道。让赵师傅连声称赞方便的小程序就是智慧物联科技服务平台中的车辆智能网络排队系统。该平台由鄂尔多斯市交通运输局主导发起，中网慧通网络科技有限公司开发运营，通过连接煤炭销售方、贸易商、物流企业、信息服务商、司机等产业链上下游主体，打破信息壁垒，减少中间环节，在能源保供保通、司机精准防疫、货车节能减排等方面取得了显著成效。

过去，在煤场门口，拉煤的车经常能排到五六公里外，排队时间有时长达四五天，不仅人困车乏，而且极易带来安全隐患。有了智慧物联科技服务平台，就像将医院的线下排队改为线上预约，平台会根据当前煤炭产量计算出可预约车辆数量，司机在手机上预约接单后，到时间手机便会提醒司机去煤场拉煤，避免了排队等待。此外，智慧物联科技服务平台还通过电子提煤单、称重无人值守等操作，避免了传统的纸质提货单、送货单带来的复杂操作流程，极大地提升了运输效率，从而实现能源保供保通，使用户和广大人民的幸福指数和满意度得到提升。智慧物联不仅让我国物流行业上了一个新台阶，也为煤炭运输指明了新道路。

（资料来源：《煤炭物流有了“智慧大脑”》，国际煤炭网，2022 年 7 月 4 日。收入本书时略有改动。）

思考：

通过上述案例，你认为智慧物联还能在哪些领域使用？谈谈你对物流领域所取得的新成就及未来发展的看法。

第一节　电子商务物流及其过程

一、电子商务与物流的关系

（一）电子商务对物流发展的影响

1. 电子商务要求物流实现信息化、自动化和智能化

电子商务的发展要求物流实现信息化，因为电子商务必须要保证企业与各级客户之间的即时互动，企业能够与客户一起就产品设计、质量、包装、交付条件、售后服务等进行交流，这就要求物流系统的每一个功能环节提供即时信息支持。在信息化的基础上，物流才能实现自动化，从而提高物流的效率。电子商务要求物流实现智能化，以提高物流的现代化水平，物流的智能化已成为电子商务下物流发展的一个新趋势。

2. 电子商务可提高物流的运作效率

电子商务可使商品实体在实际的运送过程中达到效率最高、费用最省、距离最短、时间最少。电子商务对物流的最大影响是，可以提高运输速度以缩短客户在网络中产生的产品虚拟可得性与实际产品可得性之间的差距。

3. 改变物流企业的竞争状态

在传统经济活动中，物流企业之间的竞争往往是依靠本企业提供优质服务和降低物流费用等方面来进行的。在电子商务时代，这些竞争内容虽然依然存在，但有效性却大大降低，原因在于电子商务需要一个全球性的物流系统来保证商品实体的合理流动，而单个企业难以达到这一要求，这就要求物流企业在竞争中形成一种协同竞争的状态，在物流高效化、合理化和统一化的前提下相互竞争。

4. 电子商务将促进物流基础设施的改善以及物流技术与物流管理水平的提高

电子商务高效率和全球性的特点要求物流相应地改善基础设施，同时也要求物流提升技术水平，以提高物流的效率。此外，物流管理水平的高低直接决定和影响着物流效率的高低，也影响着电子商务高效率优势的实现。只有提高物流的管理水平，建立科学合理的管理制度，将科学的管理手段和方法应用于物流管理当中，才能确保物流的畅通、实现物流的合理化和高效化，从而促进电子商务物流的发展。

5. 电子商务对物流人才提出了更高的要求

电子商务要求物流管理人员不仅要具有较全面的物流管理水平，而且要具备较全面的电子商务知识，并且在实际的运作过程中，能将二者进行有机结合。

（二）现代物流助推电子商务的发展

电子商务的发展需要现代物流的支撑。与传统交易模式相同，电子商务是商流、信息流、物流和资金流的统一。在电子商务模式下，商流、资金流、信息流都可以通过网络虚拟化

实现，而最终的资源配置还是需要通过商品的实体转移来实现，这就离不开物流服务的支撑。现代物流业是融合运输业、仓储业、货代业和信息业等的复合型服务行业，与电子商务类似，都是通过对原有资源的重组、整合而形成的新兴业态模式。

1. 专业化服务要求提升

电子商务对现代物流提出了更高的要求。电子商务中商流、信息流、资金流的实现方式便捷，较易形成同质化竞争，物流服务成为电子商务打造差异化优势的突破点。服务内容从简单的仓储和运输服务，逐步向上下游延伸，提供与电子商务产业链相关的采购、集货、配载、配送、代收货款等各种增值服务，形成多功能、专业化的电子商务物流服务模式，有效提升了电子商务整体服务的满意度。

2. 物流服务体系加快建设

为更好地控制物流质量、提升客户体验水平，企业开始重视自身物流体系建设。其中，大型平台企业自建物流配送中心的趋势越来越明显，而大部分中小企业将更多地依赖专业化的第三方物流服务。物流体系的构建取决于企业自身战略的制定，自营和外包物流的区别在于是拥有还是控制物流资源，这两种方式都可以实现供应链的协调发展，关键是要与自身核心竞争力相匹配。

3. 联盟合作走向深入

电子商务与现代物流产业融合联动趋势日趋明显。与价格博弈相比，两者在业务创新和模式对接方面的机会更加突出，是一种“你中有我，我中有你”的关系。以物流为切入点，电子商务企业加快对自身业务流程的梳理和整合，通过挖掘降低成本和提高效率的措施，从根本上改变电子商务供应链的服务模式。

4. 网络布局向均衡发展

物流网络的均衡布局提高了物流服务效率。为配合电子商务市场的发展，快递和物流企业加快网络调整，通过多种手段编织了覆盖面广、快捷高效的物流网络。

5. 系统对接助力联动融合

电子商务信息系统与物流系统的集成与对接尤为必要。在电子商务模式下，要提高服务质量，电子商务和现代物流企业必须要有良好的信息处理和传输系统。企业与企业间要打破传统思想，推进系统整合和对接，充分发挥整合资源、优化配置的优势，大幅提升电子商务服务质量。

二、电子商务物流的含义与特点

电子商务物流实际就是在电子商务环境下的现代物流。具体来说，电子商务物流是指基于电子化和网络化的信息流、商流、资金流下的物资或服务的配送活动，包括软性商品（如服务）的网络传送和实体商品的物流传送，如图 10-1 所示。

电子商务物流包括一系列机械化、自动化工具的应用，准确利用即时的物流信息对物流过程进行监控，使得电子商务中物流的速度加快、准确率提高，从而有效减少库存，缩短生产周期，最终达到物流的流动速度加快、与电子商务中的其他“三流”相匹配的目的。电子商务物流的特点如下。

（一）信息化

物流信息化是电子商务的必然要求。物流信息化表现为物流信息的商品化、物流信息收集的数据库化、物流信息处理的电子化和计算机化、物流信息传递的标准化和实时化、物

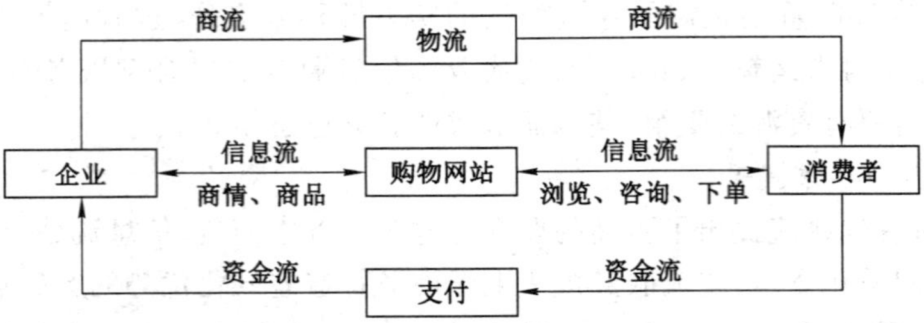

图 10-1　电子商务物流的内容

流信息存储的数字化等。

（二）自动化

自动化的基础是信息化，核心是机电一体化，外在表现是无人化，效果是省力化。自动化还可以扩大物流作业能力、提高劳动生产率及减少物流作业的差错等。物流自动化的设施非常多，如条形码、语音、射频自动识别系统、自动分拣系统、自动存取系统、自动导向车及货物自动跟踪系统等。

（三）智能化

智能化是物流自动化、信息化的一种高层次应用，物流作业大量的运筹和决策，如库存水平的确定、运输路径的选择、自动导向车的运行轨迹和作业控制、自动分拣机的运行及物流配送中心经营管理的决策支持等，都需要借助大量的知识才能解决。

（四）网络化

物流有基础设施平台和基础信息平台两大平台，现代物流的网络化同样是围绕它们形成的。一方面，信息平台建构了物流的信息网络；另一方面，庞大的物流基础设施平台中的物流中心、配送中心、物流节点及物流的交通运输网络又构成了一个连通各个地区、各个企业、各个部门的实体网络。

（五）柔性化

柔性化本来是为实现“以顾客为中心”的理念而在生产领域提出的，但要真正实现柔性化，即能真正根据消费者需求的变化来灵活调节生产工艺，如果没有配套的柔性化物流系统是不能达到目的的。柔性化的物流正是适应生产、流通与消费需求而发展起来的一种新型物流模式，它要求物流配送中心根据消费者需求，灵活组织和实施物流运作。

三、电子商务物流活动的构成要素

电子商务物流活动的构成要素除了实现物质、商品空间移动的输送以及时间移动的保管这两个主要要素外，还有为使物流顺利进行而开展的包装管理、装卸搬运、运输、储存、流通加工、配送、物流信息管理等要素。

（一）包装管理

包装活动包括产品的出厂包装、生产过程中制成品和半成品的包装及在物流过程中的包装、分装和再包装等活动。物流的包装作业的目的不是要改变商品的销售包装，而在于通过对销售包装进行组合、搭配和加固，形成适于物流和配送的组合包装单元。对包装工作的管理应根据物流方式和销售要求来确定，要全面考虑包装对产品的保护作用、促销作用、提高装运率的作用，以及拆装的便利性、废包装的回收与处理等因素。包装管理还要根据物流全过程的经济效果来具体决定包装材料及其强度、尺寸及包装方式等。图 10-2 为一种常见的包装容器——集装箱。

图 10-2　集装箱

（二）装卸搬运

装卸搬运是为了加快商品在物流过程中的流通速度而必须具备的功能，包括对运输、储存、包装、流通加工等物流活动进行衔接的活动，以及在储存等活动中为进行检验、维护和保养所进行的装卸和搬运活动。专业物流中心往往配有专业化的装载、卸载、提升运送和码垛等装卸搬运机械，以提高装卸搬运作业的效率，减少作业对商品造成的损毁。对装卸活动的管理，主要是确定最恰当的装卸方式，力求减少装卸次数，合理配置及使用装卸机具，即做到节能、省力、减少损失和加快速度，以获得较好的经济效果。图 10-3 为现代化的自动搬运机械——自动搬运车。

图 10-3　自动搬运车

（三）运输

物流的运输活动负责为客户选择满足需求的运输方式，具体组织网络内部的运输作业，并在规定的时间内将客户的商品运抵目的地。它包括供应和销售物流中的车、船、飞机等方式的运输，以及生产物流中的管道、传送带等方式的运输。运输时应选择经济、便捷的运输方式和运输路线，从而实现安全、迅速、准时和经济的要求。

（四）储存

储存活动包括堆存、保管、保养和维护等活动。物流系统需要有仓储设施，但客户需要的不是在物流中心储存商品，而是要通过仓储环节保证市场分销活动的开展，同时尽可能减少库存占压的资金和降低储存成本。因此，专业物流中心需要配备高效率的分拣、传送、储存和拣选设备。对储存活动的管理，要求正确确定库存数量，严格制定保管制度和流程，对库存物品分别采取有效的管理方式，力求提高保管效率、降低损耗、加速物品和资金的周转。

图 10-4 为自动化仓库储存单元货物的立体货架。

图 10-4　自动化仓库储存单元货物的立体货架

（五）流通加工

流通加工活动又称流通过程中的辅助加工活动，这种加工活动不仅存在于社会流通过程中，也存在于企业内部流通过程中，所以，它实际上是在物流过程中进行的辅助加工活动。企业、物资部门及商业部门为了弥补生产过程中加工程度的不足、更有效地满足用户或本企业的需求、更好地衔接供需，往往需要进行这种加工活动。图 10-5 为生鲜食品的流通加工现场。

图 10-5　生鲜食品的流通加工现场

（六）配送

配送活动是物流进入最终阶段，以配货、送发形式完成社会物流，并最终实现资源配置的活动。配送活动一直被看作运输活动中的一个组成部分或运输形式，所以，过去未将其独立作为物流系统实现的功能，而是将其作为运输中的末端运输。但是，配送作为一种现代流通方式，特别是在电子商务物流中的作用非常突出，它集经营、服务、社会集中库存、分拣和装卸搬运于一身，已不是简单的送货运输。图 10-6 为配送中心分流货物的分拣线。

（七）物流信息管理

物流信息管理包括进行与上述各项活动有关的计划和预测，对物流动态信息及其有关的费用、生产，以及市场信息的收集、加工、整理和提炼等活动。对物流信息活动的管理，要求建立信息系统和信息渠道，正确地选定信息点和内容，以及信息的收集、汇总、统计和使用方式，以确保信息的可靠性和及时性。上述构成要素中，运输及储存分别解决了供给者及需要者之间场所和时间的分离，分别是物流创造“场所效用”及“时间效用”的主要功能要素，因

图 10-6　配送中心分流货物的分拣线

而在物流系统中处于主要地位。

【学而思，思而学】

在生产及流通活动中有一些物资是要回收并加以利用的。例如，作为包装容器的纸箱、塑料框、酒瓶等；建筑行业的脚手架；旧报纸、书籍通过回收、分类可以再制成纸浆加以利用；由于金属具有良好的再生性，可以回收并重新熔炼成有用的材料。

除此之外，你了解的回收物流还有哪些呢？

第二节　电子商务物流运作模式

一、企业自营物流

（一）企业自营物流的概念

企业自营物流是指企业所需要的物流活动均由本企业自己承担和完成。从企业竞争战术的角度来考虑，物流系统最重要的决策变量有两个：一是看是否能够提高企业的运营效率；二是看是否能够降低企业的运营成本。企业自营物流在传统企业中非常普遍，这又包含两种情况：一是企业内部各职能部门彼此独立地完成各自的物流使命，如企业自备仓库、自备车队等；二是企业内部设有物流运作的综合管理部门，通过资源和功能的整合，专设企业物流部或物流公司来统一管理企业的物流运作。

（二）企业自营物流的主要优缺点

1. 企业自营物流的主要优点

企业自营物流可以增强对企业各个经营环节的控制能力；合理地规划管理流程，提高物流作业效率，减少流通费用；使原材料和零配件采购、配送以及生产支持从战略上一体化，实现准时采购，调控库存，减少资金占用，降低整个供应链的运行成本。另外，很多企业有不少商业秘密，自营物流可以使企业保证自己的信息安全，避免内部物流与外部物流交叉过多造成企业机密的流失。

2. 企业自营物流的主要缺点

企业自营物流增加了企业的投资负担，削弱了企业抵御市场风险的能力；配送效率低下，管理难于控制，无法进行准确的效益评估；由于规模有限，专业化程度非常低，成本较高。

（三）企业自营物流适合的条件

适合企业自营物流的条件有：业务集中在企业所在城市，送货方式比较单一；拥有覆盖面很广的代理、分销、连锁店，而企业业务又集中在其覆盖范围内。此外，对于一些规模比较大、资金比较雄厚、货物配送量巨大的企业来说，投入资金建立自己的配送系统以掌握物流配送的主动权也是一种战略选择。

【案例】

顺丰优选：物流不是我们的优势

在炎热的夏季，不愿出门购物的人们都会选择在网上购物。近年来，生鲜电商网站层出不穷，顺丰集团旗下电商网站"顺丰优选"自从上线后一直低调运营着。外界普遍认为，顺丰做生鲜电商最大的优势在于自身拥有一套强大的物流体系。谈及这样一种观念，顺丰优选总裁助理杨军认为顺丰优选的优势并不在此，"这只是一个基础，任何一家企业只要有钱都能做到，我们的优势在于提供优质的产品"。从 2017 年开始，众多电商前赴后继于生鲜领域，他们之间的竞争也从物流转变为对产品原产地的占有。5 月份生鲜荔枝大战，顺丰优选早在 1 月份就开始蹲点荔枝原产地，调查供应商情况、气候条件以及周边环境。

除了北京、深圳，顺丰优选在华东、华南同样预备置办工作点，并且组织一个采购团队去全国各地进行原产地直采。在买手们亲自挑选完食品并封箱后，就不得不谈到顺丰做电商的一张王牌——与深圳市泰海投资有限公司组建的"顺丰航空"，这使跨地域物流的实效得到保证。杨军说："我们能在 24 小时内让食物从'枝头到舌头'，只要不遇到极恶劣的自然因素，保证每天都能一样快速和稳定。"

对于生鲜电商一直存在的"最后一公里"的难题，杨军介绍，顺丰现在拥有 140 多辆可控温度的运输车，并且一直严格按照冷链要求执行。在供应链缩短之后，就能有价格优势，并可以通过运营效率的提升和商业模式的创新把成本压低，最终让利给消费者。

（资料来源：《顺丰优选：物流不是我们的优势》，中国物流与采购网，2018 年 6 月 14 日。收入本书时略有改动。）

思考：

杨军为什么说物流不是顺丰优选的优势？

二、第三方物流

（一）第三方物流的概念

第三方物流是指由物流的实际需求方（第一方）和物流的实际供给方（第二方）之外的第三方，部分地或全部地利用第二方的资源通过合约向第一方提供的物流服务，也称合同物流或契约物流。在外包等新型管理理念的影响下，各企业为增强市场竞争力，将企业的资金、人力、物力投入其核心业务上去，而把原来属于自己处理的物流活动，以合同方式委托给专业物流服务企业，利用外部的资源为企业内部的生产经营服务，寻求社会化分工协作带来的效率和效益的最大化。

（二）第三方物流的特征

从发达国家物流业的状况看，第三方物流在发展中已逐渐形成鲜明特征，突出表现在五个方面。

1. 关系契约化

首先，第三方物流是通过契约形式来规范物流经营者与物流消费者之间的关系的。物流经营者根据契约规定的要求，提供多功能直至全方位一体化的物流服务，并以契约来管理所有提供的物流服务活动及其过程。其次，第三方物流发展物流联盟也是通过契约的形式来明确各物流联盟参加者之间权责利相互关系的。

2. 服务个性化

首先，不同的物流消费者存在不同的物流服务要求，第三方物流需要根据不同物流消费者在企业形象、业务流程、产品特征、顾客需求特征、竞争需要等方面的不同要求，提供针对性强的个性化物流服务和增值服务。其次，从事第三方物流的物流经营者也因为市场竞争、物流资源、物流能力的影响需要形成核心业务，不断强化所提供物流服务的个性化和特色化，以增强在物流市场中的竞争能力。

3. 功能专业化

第三方物流所提供的是专业的物流服务。从物流设计、物流操作过程、物流技术工具、物流设施到物流管理，必须体现专门化和专业水平，这既是物流消费者的需要，也是第三方物流自身发展的基本要求。

4. 管理系统化

第三方物流应具有系统的物流功能，这是第三方物流产生和发展的基本要求。第三方物流需要建立现代管理系统才能满足运行和发展的基本要求。

5. 信息网络化

信息技术是第三方物流发展的基础。物流服务过程中，信息技术发展实现了信息实时共享，促进了物流管理的科学化，极大地提高了物流效率和物流效益。

（三）我国第三方物流的现状及发展趋势

1. 我国第三方物流业的现状

我国物流业经过多年的发展，已经取得了一定的成绩。目前我国在东部地区已经形成了以沿海大城市群为中心的四大区域性物流圈格局：以北京、天津、沈阳、大连和青岛为中心的环渤海物流圈；以上海、南京、杭州和宁波为中心的长江三角洲物流圈；以厦门和福州为中心的环台湾海峡物流圈；以广州和深圳为中心的珠江三角洲物流圈。

尽管这四大区域性物流圈的不断成熟推动了我国第三方物流的发展，但是由于我国地域辽阔、地区经济发展不平衡，导致东中西部第三方物流发展的不平衡，南北第三方物流的发展有很大差距，乡镇第三方物流发展严重滞后。从整体的第三方物流市场来看，第三方物流企业市场需求严重不足；物流企业规模小，设备陈旧落后，装备标准化程度低；无序竞争扰乱整体市场秩序，市场缺乏系统性管理；基础设施大都简易、落后、机械化程度不高；智能化、自动化仓库比较少，信息化建设滞后，仓储运输系统的整合效能比较低，信息流通不畅，不能保证时时对物流服务过程的了解，很难对物流市场需求做到全面掌握。同时，现代物流管理人才匮乏及物流理论研究落后于物流业的实践发展。这些都是我国第三方物流亟待解决的问题。

2. 我国第三方物流的发展趋势

随着全球第三方物流服务的增长和我国对第三方物流管理的日渐重视，我国的第三方物流正朝着积极的方向发展，整体发展趋势如下：物流提供商和分销商之间的协作增加，服务内容日趋复杂，服务需求存在地区差异，有更多的物流提供商介入。

三、物流联盟

（一）物流联盟的概念

物流联盟是指企业在物流方面通过签署合同，形成优势互补、要素双向或多向流动、相互信任、共担风险、共享收益的物流伙伴关系。一般来说,组成物流联盟的企业之间具有很强的依赖性,物流联盟的各个组成企业明确自身在整个物流联盟中的优势及担当的角色,内部的对抗和冲突减少,分工明晰。供应商把注意力集中在提供客户指定的服务上,最终能够提高企业的竞争能力和竞争效率,满足企业跨地区、全方位物流服务的要求。

(二) 物流联盟的方式及其不足

1. 纵向联盟

纵向联盟即垂直一体化联盟。这种联盟方式是基于供应链一体管理的基础形成的,即从原材料到产品生产、销售、服务形成一条龙的合作关系。垂直一体化联盟能够按照最终客户的要求为其提供最大价值的同时,也使联盟总利润最大化,但这种联盟一般不太稳固,主要是在整个供应链上,不可能每个环节都能同时达到利益最大化,因此打击了一些企业的积极性,使它们有随时退出联盟的可能。

2. 横向联盟

横向联盟即水平一体化联盟,是由处于平行位置的几个物流企业结成联盟,包括第三方物流。这种联盟能使分散物流获得规模经济和集约化运作,降低了成本,并且能够减少社会重复劳动。但也有不足的地方,如它必须有大量的商业企业加盟,并有大量的商品存在,才可能发挥它的整合作用和集约化的处理优势。此外,这些商品的配送方式的集成化和标准化也不是一个可以简单解决的问题。

3. 混合模式联盟

这种方式的联盟,既有处于上、下游位置的物流企业,也有处于平行位置的物流企业的加盟。

4. 以项目为管理的联盟模式

这种联盟是以项目为中心,由各个物流企业进行合作所形成的一个联盟。这种联盟方式只限于一个具体的项目,联盟成员之间合作的范围不广泛,优势不太明显。

5. 基于 Web 的动态联盟

由于市场经济条件下的竞争日趋激烈,为了占据市场的领导地位,供应链成为一个动态的网络结构,以适应市场变化的需要,不能适应供应链需求的企业将被淘汰,并从外部选择优秀的企业进入供应链,这种方式的联盟即基于 Web 的动态联盟。这种联盟方式缺乏稳定性。

四、第四方物流

(一) 第四方物流的概念

第四方物流专门为第一方、第二方和第三方提供物流规划、咨询、物流信息系统、供应链管理等。第四方并不实际承担具体的物流运作活动,可以说是一个供应链的集成商,是供需双方及第三方物流的领导力量。它不是物流的利益方,而是通过拥有的信息技术、整合能力以及其他资源提供一套完整的供应链解决方案,以此获取一定的利润。它帮助企业降低成本和有效整合资源,并且依靠优秀的第三方物流供应商、技术供应商、管理咨询以及其他增值服务商,为客户提供独特的和广泛的供应链解决方案。

第四方物流经营者是基于整个供应链过程考虑,扮演着协调人的角色:一方面与客户协调,共同管理资源、计划和控制生产,设计全程物流方案;另一方面与各分包商协调,组织完成实际物流活动。因此,第四方物流提供的是一种全面的物流解决方案,与客户建立的是长期、稳固的伙伴关系。

（二）第四方物流的功能和优势

1. 第四方物流的功能

（1）供应链管理功能，即管理从货主、托运人到用户、顾客的供应全过程。

（2）运输一体化功能，即负责管理运输公司、物流公司之间在业务操作上的衔接与协调问题。

（3）供应链再造功能，即根据货主、托运人在供应链战略上的要求，及时改变或调整战略战术，使其经常高效率地运作。第四方物流的关键是以“行业最佳的物流方案”为客户提供服务与技术。

2. 第四方物流的优势

第四方物流与第三方物流相比，其服务的内容更多，覆盖的地区更广，对从事货运物流服务的公司要求更高，它们必须开拓新的服务领域，提供更多的增值服务。第四方物流的优越性在于它能保证产品更快、更好、更廉价地送到需求者手中。当今经济形势下，货主、托运人越来越追求供应链的全球一体化以适应跨国经营的需要，跨国公司由于要集中精力于其核心业务，因而必须更多地依赖于物流外包。跨国公司不只是在操作层面上进行外协，而且在战略层面上也需要借助外界的力量，昼夜期间都能得到更快、更好、更廉价的物流服务。

第三节 电子商务物流信息技术

物流信息技术是指运用于物流活动各环节中的信息技术。根据物流的功能和特点，物流信息技术包括物流信息识别技术、物流信息交换技术、物流信息跟踪技术、物流智能技术，以及整合各种物流信息技术为物流管理决策提供信息支持的物流信息系统等。信息技术及计算机技术在物流中的应用将会彻底改变世界物流的面貌。

一、条形码识别技术

（一）条形码技术的概念

条形码，又称条码，是由宽度不等的多个黑条和空白按照一定的编码规则排列，用以表达一组数字或字母符号信息的图形标识符。条形码中的条、空通常由深浅不同且满足一定光学对比度要求的两种颜色（通常为黑色、白色）表示。当使用专门的条形码识读设备时，条形码中所含的信息就可以转换成计算机可以识别的数据。

（二）条形码的优点

条形码反映生产厂商、批发商、零售商、运输业者等经济实体，进行订货和接受订货、销售、运输、保管、出入库检验等活动的信息，在应用过程中具有读取快、精度高、成本低廉、操作方便、简单实用的优点。

（三）条形码的分类

根据编码方式不同，条形码可以分成以下三类。

1. 一维条形码

一维条形码也叫线性条形码，一般是在水平方向表达信息，而在垂直方向则不表达任何信息的条形码符号，如图 10-7 所示。条形码信息靠条和空的不同宽度和位置来传递，所含信息容量小。常见的一维条形码有 EAN/UPC 条形码、JTF-14 条形码、UCC/EAN-128 条形码和 GS1 DataBar 条形码。

图 10-7　一维条形码

2. 二维条形码

二维条形码是能够在横向和纵向两个方位同时表达信息的条形码符号，如图 10-8 所示。根据二维条形码的编码原理，可以将二维条形码分为行排式二维条形码、矩阵式二维条形码和邮政码。

图 10-8　二维条形码

3. 复合码

复合码是由一维条形码和二维条形码叠加在一起而构成的一种新的码制，能够在读取商品的单品识别信息时，获取更多描述商品物流特征的信息。

根据条形码的识别目的分类可以分为如下两类。

（1）商品条形码

商品条形码是由国际物品编码协会（EAN）和统一代码委员会（UCC）规定的，用于在世界范围内唯一表示商品标识代码的条形码。它以直接向消费者销售的商品为对象，以单个商品为单位使用。

商品条形码包括 EAN 商品条形码（EAN-13 条形码和 EAN-8 条形码）及 UPC 商品条形码（UPC-A 商品条形码和 UPC-E 商品条形码）。

（2）物流条形码

物流条形码是由国际物品编码协会和统一代码委员会制订的用于货运单元唯一识别的条形码，是物流过程中的以商品为对象、以包装商品为单位使用的条形码。

国际上常见的物流条形码有 EAN-13 条形码、JTF-14 条形码、UCC/EAN-128 条形码、交叉二五码和库德巴码等。

（四）条形码技术在物流中的应用

条形码的应用可以有效地提高物品的识别效率，提高物流的速度和准确性，从而减少库存，缩短物品流动时间，提高物流效益，满足现代物流高速、高效的要求，更好地服务于客户。

1. 条形码在仓储、运输、配送中的作用

条形码已成为产品流通的通行证。若将条形码定位、印刷或标贴在不同的商品或者包装上，通过条形码扫描器能在数秒内得知不同商品的产地、制造商家、产品属性、生产日期、价格等一系列的信息。

2. 条形码在生产过程中的应用

条形码应用于生产质量管理系统，可以实现动态跟踪生产状况，可随时从计算机中查询实际生产的情况及生产的质量情况。

3. 在超级市场或购物中心的应用

超级市场或购物中心中打上条形码的商品经扫描，可以实现自动、快速和准确地计价，并同时做销售记录。销售人员根据销售记录做系统统计分析，可预测未来需求和制订进货计划。

4. 在国际贸易和国际物流中的应用

通过对条形码识别，人们可以进行国际间的沟通，省去了不同国家的语言文字的转换问题。条形码技术有力地支持了物流的国际化，可以更好地实现国际物流。

二、射频识别技术

（一）射频识别技术的概念

射频识别技术（Radio Frequency Identification，RFID），常称为感应式电子晶片或近接卡、感应卡、非接触卡、电子标签、电子条码等。射频是一种高频交流变化的电磁波，射频识别技术是一种非接触式的自动识别技术，利用无线射频方式在阅读器和射频卡之间进行非接触双向数据传输，以达到目标识别和数据交换的目的。

RFID 具有数据的读写功能。通过 RFID 读写器，甚至无须接触（读写距离可以从数厘米至几十米）即可直接读取射频卡内的数据信息，也可以将处理的数据状态写入电子标签。电子标签不受大小与形状限制，并向小型化发展，便于嵌入不同物品内，可重复使用。由于 RFID 为电子数据，可以反复读写，且数据的记忆容量大，因此可以回收标签重复使用，以提高利用率，降低成本。

（二）射频识别技术在物流领域的应用

1. 在生产环节的应用

在生产制造环节应用 RFID 技术，可以完成自动化生产线运作，实现在整个生产线上对原材料、零部件、半成品和产成品的识别与跟踪，减少人工识别成本和出错率，提高效率和效益。

2. 在仓储环节的应用

在仓储环节，射频识别技术主要应用在仓库货物的出入库和库存盘点，能够节省人力，提高准确率和效率。

3. 在运输环节的应用

在运输管理中，在货物和车辆上贴上电子标签，利用运输线路上安装的定点读写器读取信息，接收装置收到电子标签信息后，连同接收地的位置信息上传至通信卫星，再由卫星将信息传送给运输调度中心，实现对货物和车辆的动态跟踪和监控。

4. 在配送和分销环节的应用

在配送和分销环节，采用 RFID 技术可以自动获取进出配送中心和分销环节的货物信息，并将这些信息与计算机系统中的收发货任务单进行核对，从而提高配送的速度和分拣的效率与准确率，并能减少人工、降低配送成本。

5. 在零售环节的应用

RFID技术可以改进零售商的库存管理，实现适时补货，有效跟踪运输与库存，提高效率，减少出错。同时，电子标签能对某些时效性强的商品的有效期限进行监控，商店利用RFID系统可以在付款台实现自动扫描和收费。

三、全球定位系统技术

（一）全球定位系统的概念

全球定位系统（Global Positioning System，GPS）是20世纪70年代由美国陆、海、空三军联合研制的新一代空间卫星导航定位系统，其主要目的是为陆、海、空三大领域提供实时、全天候和全球性的导航服务，并用于情报收集、核爆监测和应急通信等一些军事目的。GPS计划始于1973年，1994年全面建成，耗资300亿美元。2000年5月1日，美国政府向全世界用户免费开放。

（二）全球定位系统的构成及工作原理

GPS是一种以人造地球卫星为基础的高精度无线电导航的定位系统，能够提供实时、全天候和全球性的导航服务。用户通过GPS接收卫星信号，经信号处理而获得用户位置、速度等信息，最终实现利用GPS进行导航和定位的目的。GPS全球卫星定位系统由空间部分、地面控制部分和用户设备部分组成。

（三）定位技术在物流中的应用

定位技术和电子地图、移动通信网络、计算机技术相结合，可以实现车辆和货物的定位跟踪、动态调度、导航和紧急援助等，如图10-9所示。

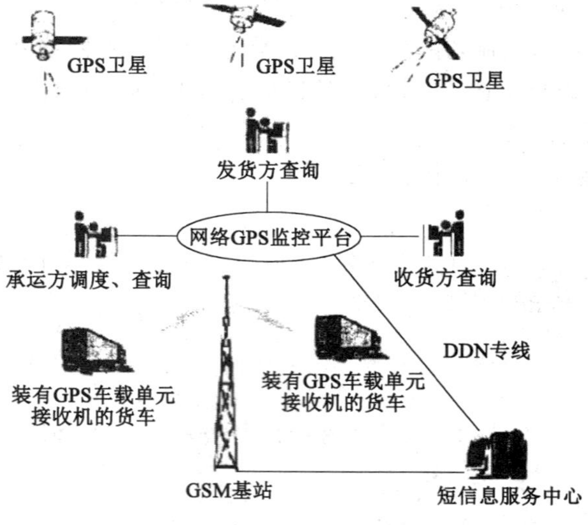

图10-9　GPS在物流中的应用

1. 车辆和货物跟踪

通过定位技术和电子地图，人们可以实时地了解车辆和货物的位置以及状况，真正实现在线跟踪和监控，提高车辆和货物的安全性。

2. 动态调度

定位系统可随时查出车辆的信息，对车辆进行动态实时调度，加快车辆的周转，提高车辆的重载率，并可在锁定的范围内查出可供调用的车辆，对车辆进行优选。

3. 车辆导航

定位技术可以为车辆提供导航功能，由驾驶员根据自己的目的地设计起点、终点和途经点等人工线路设计，定位系统可以自动建立线路库。线路规划完毕后，显示器能够在电子地图上显示设计线路，并同时显示汽车运行路径和运行方法。

4. 紧急援助

当物流运输过程中发生一些意外情况时，定位系统可以及时确定险情或事故发生地点，对有险情或发生事故的车辆进行紧急援助，尽可能地采取相应措施挽回和降低损失，增加运输的安全和应变能力，为物流公司降低运输成本、加强车辆安全管理、推动货物运输有效运转发挥重要作用。

四、地理信息系统技术

（一）地理信息系统的概念

地理信息系统(Geographic Information System，GIS)是一个基于数据库管理系统的分析和管理空间对象的信息系统。GIS 技术把地图这种独特的视觉化效果和地理分析功能与一般的数据库操作（如查询和统计分析等）集成在一起。这种能力使 GIS 与其他信息系统相区别，从而使其在广泛的公众和企事业单位中发挥解释事件、预测结果、规划战略等作用。

GIS 的理论基础包括地球科学和信息科学。前者涉及地理空间信息及其关系信息的获取、分类模型及语义表示中的理论问题和实践问题，后者涉及信息的组织、存储、处理、可视化表示及传统传输中的理论问题和实践问题。GIS 的技术基础包括遥感技术、定位技术和信息技术的各个方面。

（二）地理信息系统在物流领域的应用

GIS 应用于物流分析，主要是指利用 GIS 强大的地理数据功能来完善物流分析技术。GIS 物流分析软件集成了车辆路线模型、最短路径模型、网络物流模型、分配集合模型和设施定位模型等，可以实现企业物流的可视化、实时动态管理，大大地提高管理决策的效率和科学程度、提高资源利用率。

1. 基于 GIS 的物流中心的选址

在 GIS 中供应地和需求地都是空间实体，根据其实体特征可用点来表示，同时整个计划区域的基本信息可通过空间数据表达，分别对应着空间特征数据、属性特征数据和拓扑特征数据。

2. 基于 GIS 和 GPS 的物流车辆定位导航

利用 GIS 和 GPS 建立数字化物流管理平台，可以实时显示车辆位置，对车辆进行动态监控、跟踪、报警、通信等管理，监控司机的行为，并可选择、优化运输路线，分析货物流量变化情况，制定最佳路径等，有效避免车辆的空载现象，有效地利用现有资源，提高物流效率。同时，客户也能通过互联网了解货物的运输状态。

3. 形成协同商务运作模式

GIS、GPS、互联网和无线通信等技术的结合能够很好地提供相关信息，使企业的操作、业务变得透明，方便企业客户访问，为协同商务打下基础。

五、电子数据交换技术

（一）电子数据交换技术的概念

电子数据交换技术（Electronic Data Interchange，EDI）是 20 世纪 80 年代发展起来的一种在公司之间传输订单、发票等作业文件的电子化手段。我国的《物流术语》国家标准（GB/T 18354—2021）中对 EDI 的定义为：采用标准化的格式，利用计算机网络进行业务数据的传输和处理。

EDI 是计算机与计算机之间结构化的事务数据交换，是将规范化、标准化的数据和信息在计算机应用系统间，直接以电子方式进行数据交换的技术，它是通信技术、网络技术与计算机技术的结晶。

（二）电子数据交换技术在电子商务物流中的应用

物流业应用 EDI 的目的在于协助相关业务顺利运作。依据物流本身的需求与急迫性，应用 EDI 可以帮助各项业务的进行，以逐渐提升管理技术并降低管理成本。物流 EDI 用户遍及零售商、供应商、货运公司、银行、流通中心等，其应用过程如图 10-10 所示。不同行业的物流体系针对本身的营业特性应用 EDI 以处理订购、进货、接单、出货、配送、对账及转账等业务，如零售商利用 EDI 处理进货、对账、转账等业务，而批发商则在上述业务外，应用 EDI 处理接单及出货。

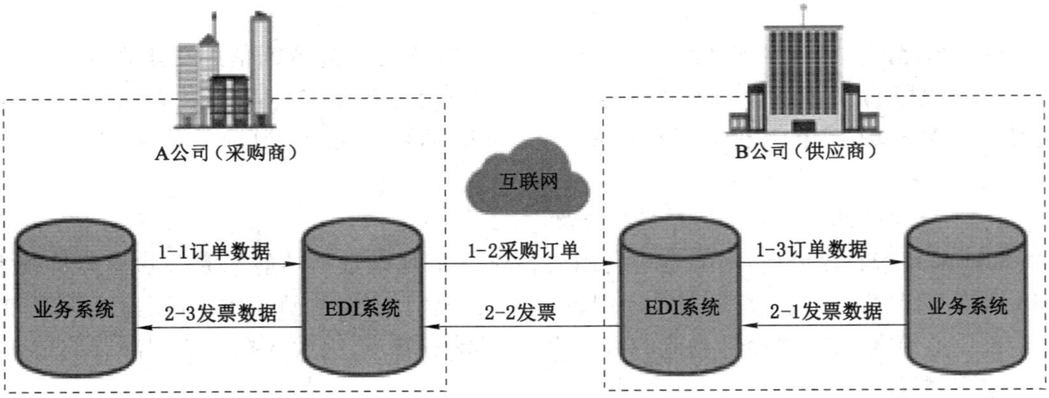

图 10-10　EDI 在物流领域中的应用过程

EDI 的应用对以零售业为主的流通业可以产生以下影响：提高货物管理准确度、降低订货作业成本、节省库存空间、降低产业经营成本、提升企业管理效率、提升企业经营绩效、增加资讯流通、提高商品销售能力。

第四节　电子商务与供应链管理

近年来，随着经济全球化和知识经济时代的到来以及全球制造的出现，供应链管理在各个行业普遍得到应用。对于供应链的研究已成为管理科学研究的热点领域，相关成果不断涌现。作为参与经济的重要个体，企业与企业之间的竞争日趋激烈、手段日趋复杂，产生了许多新的观点和理论，如企业再造工程、企业资源计划、虚拟企业等，而这些新的供应链管理理论、方法都与电子商务环境密切相关。

一、供应链与供应链管理的概述

(一) 供应链的概念

有学者认为,供应链是制造企业中的一个内部过程,是把从企业外部采购的原材料和零部件通过生产转换和销售等活动,再传递到零售商和客户的一个过程。

我国的《物流术语》国家标准(GB/T 18354—2021)中对供应链的定义是:生产及流通过程中,围绕核心企业的核心产品或服务,由所涉及的原材料供应商、制造商、分销商、零售商直到最终用户等形成的网链结构。

通过研究比较,本书采用我国知名的供应链管理研究专家马士华教授在其《供应链管理》一书中对供应链给出的定义:供应链是围绕核心企业,通过对信息流、物流和资金流的控制,从采购原材料开始,制作成中间产品及最终产品,最后由销售网络把产品送到客户手中的,将供应商、制造商、分销商、零售商直到最终客户连成一个整体的功能网络结构模式。根据以上定义,这种网链结构可以用图 10-11 表示。

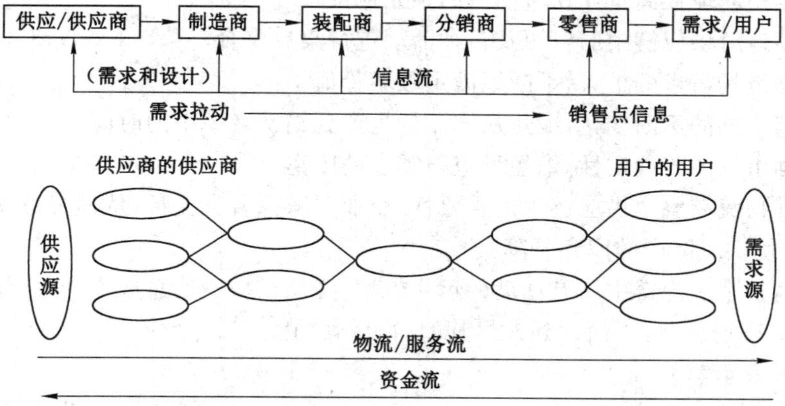

图 10-11 供应链网链结构

供应链意味着在上下游企业之间形成一条从供应商到制造商、再到分销商的贯穿所有企业的"链",把所有相邻企业依次连接起来,实现了管理的"垂直一体化"。这条链上的节点企业必须达到同步、协调运行,才有可能使链上的所有企业都能受益。

(二) 供应链管理

1. 供应链管理的概念

供应链管理是从供应链整体目标出发,对供应链中采购、生产、销售各环节的商流、物流、信息流及资金流进行统一计划、组织、协调、控制的活动和过程。

首先,供应链管理是一种运作管理技术,它能够使企业的活动范围从物流活动扩大到所有企业的职能。这些职能包括市场营销、加工制造和财务,所有这些职能都以最佳的方式紧密地结合在一起,成为一个整体。在这个层面上的企业集成使企业管理者能够将他们日常的、在竞争中起决定作用的主要价值活动的运作联结在一起,并保持高度的协同。

其次,供应链管理是物流一体化管理的扩展,其目的是将组织的物流职能和供应链中合作伙伴使用的对等职能的物流部分进行合并或紧密联结,以便将企业内部物流职能与外部供应商和顾客,或者第三方物流联盟联结在一起,形成一个完整的集成化系统。

最后,供应链管理的最重要方面是它的战略。供应链管理的战略作用使得供应链中的合作伙伴达成共识,构筑发展和互利的供应链联盟,管理复杂的客户和供应商之间的关系,以便在市场中处于领导地位,并开拓业务、探索新的机遇。

2. 供应链管理的原则

(1) 供应链管理必须从战略高度来对供应链中的核心能力和资源进行集成。

(2) 供应链管理必须以客户为中心,使整个供应链成为一个具有高度竞争力的、能为消费者提供最大价值的源泉。

(3) 强调供应链中贸易伙伴之间的密切合作,共享利益,共担风险。

(4) 应用现代信息技术和通信技术,如条码技术、电子数据交换等。

(5) 遵从共同的标准和规范。

3. 供应链管理的目标

(1) 持续不断地提高企业在市场上的领先地位。

(2) 不断地对供应链中的资源及各种活动进行集成整合。

(3) 根据市场需求的扩大,不断地满足顾客价值。

(4) 根据市场的不断变化,缩短从产品的生产到消费者手中的时间。

(5) 根据市场的不确定性,缩短供应与需求的距离。

(6) 根据物流在整个供应链中的重要性,企业要减少各种损耗,从而降低整个物流成本和物流费用,使供应链中的库存下降。

(7) 提高整个供应链中所有活动的运作效率,降低供应链的总成本,并赋予经营者更大的能力来适应市场变化,从而达到人尽其才、物尽其用。

【学而思,思而学】

结合你所熟悉的行业或一个企业,进行一些力所能及的市场调研。请你根据调查结果,谈谈目前该行业或企业的供应链管理现状,并提出相应的改进措施。

二、我国电子商务供应链管理应注意的问题

供应链管理作为新兴管理理念引入我国的时间很短,在我国企业中的应用还处于初级阶段,特别是电子商务与供应链管理相结合的系统在我国企业中的应用相当少。从国外供应链的发展来看,供应链管理与电子商务结合形成电子商务环境下的集成化供应链管理已成必然趋势。在现有管理、技术、人员等条件下,我国企业实施电子商务环境下集成化供应链管理主要应注意以下几个方面的问题。

(一) 树立集成化电子供应链管理的思想观念

集成化电子供应链管理作为一种新兴的管理理念,应用中最主要的障碍来自各企业传统观念的阻力,观念的转变和更新是实施集成化电子供应链管理的前提。为此,我国企业必须树立电子商务意识,明确电子商务环境下的集成化供应链与传统供应链管理的区别,深入了解电子商务对供应链管理及企业经营发展所起到的重要影响。

(二) 引进和培养集成化供应链管理人才

面对快速变化的市场,人力资本建设是进行管理创新的根本。电子商务环境下的供应链集成是一个很复杂的过程,当前各行业竞争前景改变,高效的供应链将成为生存的关键。这就需要一个经理拥有更多的权利来承担更多的责任,以便在关键时刻能准确判断,并快速

做出决定。

（三）加强政府支持

集成化电子供应链的实施不是个别企业的问题，而是关系到整个供应链各个节点企业的问题，因此具有很强的外部性，在这一过程中政府应充分发挥指导作用，为供应链的集成提供更多的外部资源。政府应在电子商务的发展中发挥宏观指导作用，加强各部门的相互协调，保持政策、法规和标准的一致性，制定电子商务的有关政策，加强法律法规的建立和因特网的安全性研究。

（四）通过业务流程重组整合企业内外部资源

现行企业的组织大多是基于职能部门专业化的，基本上能适应可制造性、质量、生产率、可服务性等方面的要求，但不一定能适应供应链管理，特别是电子商务环境下的供应链管理对企业内部资源的整合要求更高。为了使供应链上的不同企业在不同地域的多个部门协同工作以取得整个系统最优的效果，必须根据供应链的特点优化运作流程，进行企业重构，确定出相应的供应链管理组织系统的构成要素及结构形式。

（五）建立新的绩效评估体系，促进合作伙伴间的协作

供应链管理不同于单个企业的管理，因此建立优化的供应链其关键在于建立一个新的绩效评估和激励体系。新的集成化供应链绩效评估体系应清楚地认识供应链中利益与风险分配的作用，正确分辨各企业对整个供应链获利过程中所做出的贡献，设计和采用能反映供应商、制造商与用户之间关系的绩效评价指标，把评价的对象扩大到供应链上的相关企业。

（六）加快企业信息化进程

企业信息化是信息技术发展的必然结果，是电子商务和供应链管理两者发展和集成的基础。企业信息化的目的就是通过信息化手段，为企业的各级决策者提供充分、及时、准确的决策依据，实现企业各类信息的有效集成。

（七）加强企业核心能力建设

集成供应链管理的目的在于通过合作伙伴之间的有效合作与支持，提高整个供应链中物流、商流、信息流和资金流的通畅性和快速响应性，提高价值流的增值性，使所有与企业经营活动相关的人、技术、组织及其他资源有效地集成，形成整体竞争优势。

【学而思，思而学】

如果你到一家便利店购买一瓶矿泉水，请绘图描述供应链的不同阶段，并且说明所涉及的流程。结合以上流程，你认为如何控制矿泉水的卫生与安全？

（八）加快建立、健全我国的信用体系

实施供应链管理，特别需要强调企业之间的合作和信用。我国应建立和健全信用体系，制定各种诚信经营的政策、法律和法规，保证企业诚信经营的监管力度，建立企业信用档案，定期公布不良信用企业名单，让不守信的企业难于立足，为确保企业顺利实施供应链管理创造条件。

三、电子商务供应链管理的方法

（一）快速反应

快速反应（Quick Response，QR）是美国零售商、服装制造商及纺织品供应商开发的整体业务概念，它是由技术支持的一种业务方式和管理思想。目的是缩短原材料到销售点的

时间和减少整个供应链上的库存，最大限度地提高供应链管理的运作效率。快速反应的成功应具备以下五项条件。

1. 改变传统的经营方式、经营意识和组织结构

企业不能局限于依靠企业本身独自的力量来提高经营效率的传统经营意识，要树立通过与供应链各方建立合作伙伴关系，努力利用各方面资源来提高经营效率的现代经营意识。企业必须改变传统的事务作业的方式，利用信息技术实现事务作业的无纸化和自动化，明确快速反应系统内各个企业之间的分工协作范围和形式，消除重复作业，建立有效的分工协作框架。

2. 开发和应用现代信息处理技术

这些信息技术主要有条码技术、电子数据交换技术、电子资金转账、卖方管理库存、实时跟踪技术等。

3. 与供应链各方建立战略伙伴关系

一是积极寻找和发现战略合作伙伴；二是在合作伙伴之间建立分工和协作关系。合作的目标应定为削减库存，避免缺货现象的发生，降低商品风险，避免大幅度降价现象的发生，减少作业人员和简化事务性作业等。

4. 改变传统对企业商业信息保密的做法

企业将销售信息、库存信息、生产信息、成本信息等与合作伙伴交流共享，并在此基础上，要求各方在一起发现问题、分析问题和解决问题。

5. 供应方必须缩短生产周期、降低商品库存

具体来说就是供应商努力做到缩短商品的生产周期；进行多品种、少批量生产和多频度、少数量配送，降低零售商的库存水平，提高顾客服务水平；降低供应商自身的库存水平。

(二) 有效客户反应

1. 有效客户反应的概念

有效客户反应(Efficient Customer Response, ECR)是以满足顾客要求和最大限度降低流通成本为原则，能及时作出准确反应，使提供的物品供应或服务流程最佳化的一种供应链管理战略。ECR活动是一个过程，这个过程主要由贯穿供应链各方的四个核心过程组成，如图10-12所示。ECR的四大要素内容如表10-1所示。

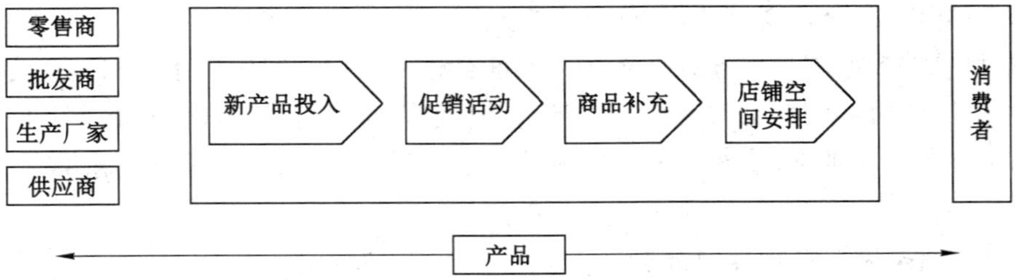

图10-12　ECR和供应链过程

表 10-1　ECR 的四大要素的内容

ECR 要素	内容
有效的新商品导入	最有效地开发新产品，制订产品的生产计划，以降低成本
有效的促销活动	提高仓储、运输、管理和生产效率，减少预先购买、供应商库存及仓储费用，使贸易和促销的整个系统效率最高
有效的店铺空间安排	通过第二次包装（如为满足不同的订单需求，将一个运输包装中的产品进行不同的包装，并赋予不同的包装标识）等手段，提高货物的分销效率，优化库存和商店空间的使用率
有效的商品补充	包括电子数据交换，以需求为导向的自动连续补充和计算机辅助订货，使补充系统的时间和成本最优化

2. 实施有效客户反应的办法

(1) 自动订货

自动订货（Computer Assisted Ordering，CAO）是通过计算机对有关产品转移（如 POS 的设备记录）、影响需求的外在因素（如季节变化）、实际库存、产品接收和可接受的安全库存等信息进行集成而实现的订单准备工作。CAO 是一个由零售商建立的"高效客户反应"工具，应用 CAO 使公司能够配合客户的要求控制物流，达到最佳存货管理。

【批注】

销售终端（Point of Sale，POS）是一种多功能终端，把它安装在信用卡的特约商户和受理网点中与计算机联成网络，就能实现电子资金自动转账。它具有支持消费、预授权、余额查询和转账等功能，使用起来安全、快捷、可靠。

(2) 连续补货计划

连续补货计划（Continuous Replenishment Program，CRP）改变了零售商向贸易伙伴生成订单的传统补给方式，它由制造商根据从客户那里得到的库存和销售方面的信息，决定补充货物的数量。为了快速反应客户"降低库存"的要求，供应商通过与零售商缔结伙伴关系，主动向零售商频繁交货，并缩短从订货到交货之间的时间间隔。

(3) 交叉配送

交叉配送（Cross Docking）是将仓库或配送中心接到的货物不作为存货，而是为紧接着的下一次货物发送做准备的一种分销系统。因此，交叉配送要求所有的归港和出港运输尽量同时进行。交叉配送实施的成功取决于三个因素：交付至仓库或配送中心的货物预先通知；无论交付包装的尺寸或原产地如何，仓库或配送中心都要具备利用自动数据采集（Automatic Date Capture，ADC）设备对所有交付包装的识别能力；具备交货接收的自动确认能力。

(4) 产品、价格和促销数据库

虽然 ECR 概念大多数强调有关供应链的物流问题，但要想成功地改善供应链的效率，还必须抓住制造商和零售商最初关心的问题，即产品、价格和促销数据库（Item，Price and Promotion Database）。将信息存取到产品、价格和促销数据库中，对 ECR 概念的有效运作是非常重要的。离开这些数据库，无纸系统的诸多好处就不能实现，这些数据库必须对供应链上所有的信息结点都是开放的。

【知识拓展】

QR与ECR的比较如下。

QR与ECR的区别:QR的主要目标是对客户的需求做出快速反应。QR更多地应用于产品寿命周期较短的行业。ECR的主要目标是降低供应链各个环节的成本。ECR更适用于产品寿命周期较长的行业。

QR与ECR的共同点是:它们都以贸易伙伴间的密切合作为前提,以及它们都需要共同的支持技术。

(三)企业资源计划

1. 企业资源计划的概念

企业资源计划(Enterprise Resource Planning,ERP)是指建立在信息技术基础上,以系统化的管理思想,为企业决策层及员工提供决策运行手段的管理平台。它集信息技术与先进的管理思想于一身,成为现代企业普遍采用的运行模式,反映时代对企业合理调配资源、最大化地创造社会财富的要求,成为企业在信息时代生存和发展的基石。

2. ERP系统的管理思想

ERP系统的核心管理思想是实现对整个供应链的有效管理,主要体现在三个方面。

(1)对整个供应链资源进行管理的思想

在电子商务时代仅仅靠企业自身的资源不可能有效地参与市场的竞争,还必须把经营过程中的有关各方如供应商、制造工厂、分销网络、客户等纳入一个紧密的供应链中,才能有效地安排企业的产、供、销活动,满足企业利用全社会一切资源快速高效进行生产经营的需求,进一步提高效率和增强市场竞争力。ERP系统实现了对整个企业供应链的管理,适应了企业在电子商务时代市场竞争的需要。

(2)生产、同步工程思想和敏捷制造思想

生产、同步工程思想,即企业按照大批量生产方式组织生产时,把客户、销售代理商、供应商、协作单位纳入生产体系,企业同其销售代理、客户和供应商的关系已不再是简单的业务往来关系,而是利益共享的合作伙伴关系,这种合作伙伴关系组成了企业的一个供应链。敏捷制造思想是指,当市场发生变化、企业遇有特定的市场和产品需求时,企业的基本合作伙伴不一定能满足新产品开发生产的要求,这时,企业就会组织一个由特定的供应商和销售渠道组成的短期或一次性供应链,形成"虚拟工厂",把供应和协作单位看作企业的一个组成部分,运用同步工程组织生产,用最短的时间将新产品打入市场,时刻保持产品的高质量、多样化和灵活性。

(3)事先计划与事中控制的思想

ERP系统中的计划体系主要包括:生产计划、物料需求计划、采购计划、销售执行计划、利润计划、财务预算和人力资源计划,且这些计划功能与价值控制功能已完全集成到整个供应链系统当中。

ERP系统通过定义事务处理相关的会计核算科目与核算方式,在事务处理发生时同步自动生成会计核算分录,保证了资金流与物流的同步处理和数据的一致性,从而实现了根据财务资金现状追溯资金的来龙去脉,并可以进一步追溯所发生的相关业务活动,改变了资金信息滞后于物料信息的状况,便于实现控制和做出决策。

（四）协同式供应链库存管理

1. 协同式供应链库存管理的概念

协同式供应链库存管理（Collaborative Planning Forecasting and Replenishment，CPFR）也叫协同计划、预测与补货，是一种源于沃尔玛的协同式的供应链库存管理技术。在目前供应链管理领域中，该技术受到广泛重视并被不断推广。

协同计划、预测及补给是一种协同式的供应链库存管理技术，它能同时降低销售商的库存量，增加供应商的销售量。CPFR 的最大优势是能及时准确地预测由各项促销措施或异常变化带来的销售高峰和波动，从而使销售商和供应商都能做好充分的准备，赢得主动。CPFR 采取了双赢的原则，始终从全局的观点出发，制定统一的管理目标以及实施方案，以库存管理为核心，兼顾供应链上其他方面的管理。因此，CPFR 能在合作伙伴之间实现更加深入广泛的合作。

2. 协同式供应链库存管理的体系结构

CPFR 供应链管理策略，强化了信息资源的一致性和实时反馈机制，可以面向不同的供应链管理功能层次。以 CPFR 概念为基础建立的供应链体系结构分为四个功能层，如图 10-13 所示。

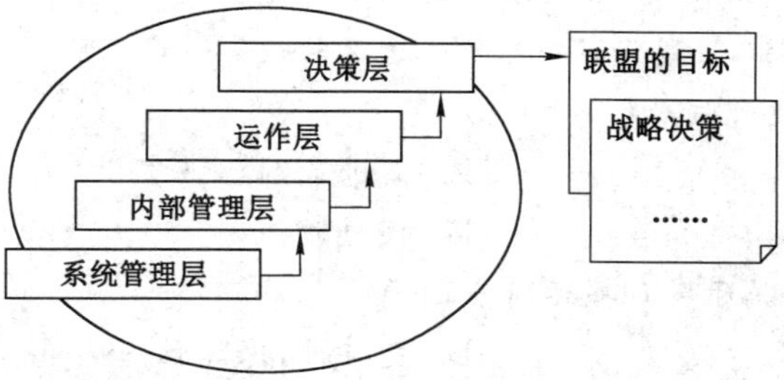

图 10-13　CPFR 供应链体系结构

(1) 决策层：主要负责管理合作企业领导层，包括企业联盟的目标和战略的制定、跨企业的业务流程的建立、企业联盟的信息交换和共同决策。

(2) 运作层：主要负责合作业务的运作，包括制订联合业务计划、建立单一共享的需求预测、共担风险和平衡合作企业之间的关系。

(3) 内部管理层：主要负责企业内部的运营和管理，包括商品或分类管理、库存管理、商店运营、物流、客户服务、市场营销、制造、销售和分销等。

(4) 系统管理层：主要负责供应链运作的支持系统的管理及维护。

【学而思，思而学】

简述 RFID 系统的基本原理。RFID 供应链管理信息化的优点是什么？有哪些不足？

本章练习题

一、单项选择题

1. 对象所有权转移的活动称为（　　）。

A. 商流　　B. 物流　　C. 信息流　　D. 流通辅助性活动

2. (　　)是全社会物流的整体，也称为大物流或宏观物流。

A. 国内物流　B. 社会物流　C. 行业物流　D. 地区物流

3. 下列选项中不属于装卸搬运合理化原则的是(　　)。

A. 消除无效搬运　B. 提高搬运活性

C. 尽量采用人工作业　D. 采用集装单元化作业

4. 下列不属于配送的特点的是(　　)。

A. 配送是从物流据点至用户的一种送货形式

B. 配送是在全面配货的基础上，完全按用户要求进行的运送，是配与送的有机结合

C. 配送是一种门到门的服务

D. 配送一般是干线运输或直达运输，批量大、品种单一

5. (　　)是仓储保管的重要原则。

A. 先进后出　B. 先进先出

C. 不分次序　D. 出入库频率高的先出

6. 选择合理化运输方式，需要考虑的五大要素之一是(　　)。

A. 运距　B. 物品种类　C. 内包装　D. 流通加工

7. 同其他运输方式比较，铁路运输的优势之一是(　　)。

A. 灵活性　B. 门到门服务　C. 速度较快　D. 连续无间歇

8. 商业包装的主要作用是(　　)。

A. 促进销售　B. 促进采购

C. 促进生产　D. 促进物流

9. 下列选项中，不属于装卸搬运特点的是(　　)。

A. 附属性，伴生性　B. 支持性，保障性

C. 衔接性　D. 被动性

10. 进货—储存—加工—分拣—配货—配装—送货，这一配送作业流程适应于(　　)。

A. 家用电器　B. 图书　C. 存货　D. 生鲜食品

二、多项选择题

1. 按照物流活动的空间范围分类，物流可以分为(　　)。

A. 地区物流　B. 供应物流　C. 销售物流　D. 国内物流　E. 国际物流

2. 物流系统中存在的制约关系有(　　)。

A. 构成物流服务子系统功能之间存在的约束关系

B. 物流服务和物流成本间的制约关系

C. 构成物流成本的各个环节费用之间的关系

D. 各子系统的功能和所耗费用之间的关系

3. 物流价值包括(　　)。

A. 时间价值　B. 场所价值

C. 加工附加价值　D. 运输价值

4. 采购是指通过商品交换和物流手段从资源市场取得资源的过程，它一般包含以下基本含义：(　　)。

A. 都是从资源市场取得资源的过程

B. 既是一个商流过程,也是一个物流过程

C. 不是一个商流过程,只是一个物流过程

D. 是一种经济活动,是企业经济活动的重要组成部分

5. 国际物流存在着一定的风险性,主要体现在(　　)方面。

A. 运输风险　B. 仓储风险　C. 自然风险　D. 经济风险　E. 政治风险

三、简答题

1. 企业物流合理化的措施有哪些?

2. 物流系统的特点有哪些?

3. 提高顾客服务绩效的途径有哪些?

4. 物流成本管理的模式有哪些?

第十一章　电子商务与客户关系管理

【内容提要】

随着网络时代的快速发展，利用电子的方式将客户紧密联系起来已经成为全球企业发展的重要方向。通过电子商务客户关系管理的应用，企业与客户之间的关系更为紧密，沟通更为顺畅。企业不断了解顾客需求，不断对产品及服务进行改进和提高，从而最大限度地实现了营销自动化和销售自动化的客户服务。本章在开篇进行客户关系管理的概述，并基于电子商务与客户关系管理的发展现状，结合多个典型案例，明确了二者结合的重要意义。此外，电子商务客户关系管理的设计、实施及实施效果的评价也是本章的重点。

【知识目标】

掌握客户关系管理的概念和内涵；了解电子商务与客户关系管理的关系；熟悉实施客户关系管理的基本步骤，以及在电子商务环境下如何实施；熟悉客户关系管理评价指标体系；熟悉客户满意度、忠诚度的评价方法。

【能力与素质目标】

能够运用客户关系的管理理念和技术解决企业管理问题；能够分析企业客户关系管理的应用情况，为企业的客户关系管理提出合理化的建议；了解电子商务行业客户关系管理的模式，思考并提出优化策略；学习客户关系管理与电子商务的战略集成，思考客户关系管理未来的发展前景。

【思政目标】

打造追求真知、精益求精的专业素养与勇于创新的职业素养；培养诚信经营、服务制胜、公平公正的职业品德以及正确的价值观。

【开篇案例】

客户关系管理系统的模块

小张是华泰证券的一名客户经理（经纪人）。早晨八点半一上班，小张第一件事就是打开计算机进入客户关系管理系统。首先映入眼帘的是营销部经理下达的任务——九点半去拜访某潜在客户。此外，系统还提示小张下周有几位客户要过生日。客户王明要小张帮助留意“招商银行”股票的行情，小张赶紧在证券系统中设定了价位预警，达到设定价位就会收到手机短信，小张在自己的自选股中加入了“招商银行”，快速浏览了招商银行股票的行情信息。

思考：

客户关系管理系统有哪些类型？有哪些主要模块？能解决哪些主要问题？

第一节　客户关系管理概述

一、客户关系管理的定义和内涵

（一）客户关系管理的定义

关于客户关系管理的定义，不同的研究机构和学者有着不同的表述，被引用最多的是高德纳咨询公司和IBM公司给出的定义。高德纳咨询公司给出的定义是：客户关系管理是企业的一项商业策略，它按照客户的分割情况有效地组织企业资源，培养以客户为中心的经营行为以及实施以客户为中心的业务流程，并以此为手段来提高企业的获利能力、收入以及客户满意度。

IBM公司理解的客户关系管理包括企业识别、挑选、获取、发展和保持客户的整个商业过程。它把客户关系管理分为三类：关系管理、流程管理和接入管理。

本书认为，客户关系管理是企业为了提高核心竞争力，以客户为中心，利用相应的信息技术及互联网技术改进客户服务水平，提高客户的满意度与忠诚度，进而提高企业赢利能力的一种管理理念。

客户关系管理的核心思想是：客户是企业的一项重要资产，客户关怀是客户关系管理的核心，客户关怀的目的是与所选客户建立长期和有效的业务关系，在与客户的每一个"接触点"上都更加接近客户、了解客户，能最大限度地增加利润和利润占有率。

【学而思，思而学】

在电子商务时代，客户关系管理为什么能得到迅速发展？

（二）客户关系管理的内涵

根据客户关系管理的概念，我们可以从以下三个层面理解客户关系管理。

1. 客户关系管理是一种管理理念

客户关系管理是一种管理理念，是指以客户为中心，将客户视为最重要的企业资产（客户资产），构建一个信息畅通、行动协调、反应灵活的客户沟通系统。企业通过与客户交流来掌握其个性化需求，并在此基础上为其提供个性化的产品和服务，不断提高企业带给客户的价值，实现企业和客户的双赢，而不是千方百计地从客户身上为自己谋取利益。

客户关系管理是管理有价值客户及其关系的一种商业策略。客户关系管理吸收了"数据库营销""关系营销""一对一营销"等最新管理思想的精华，通过满足客户的特殊需求，特别是满足最有价值客户的特殊需求，来与其建立和保持长期、稳定的关系，从而使企业在同客户的长期交往中获得更多的利润。

【知识拓展】

数据库营销是指企业以与客户建立一对一的互动沟通关系为目标，依赖庞大的客户信息库开展长期促销活动的一种全新的销售手段。

关系营销是把营销活动看成一个企业与消费者、供应商、分销商、竞争者、政府机构及其他客户产生互动行为的过程，其核心是建立和发展与这些客户的良好关系。

一对一营销是指企业先进行客户分类，然后针对每个客户采取个性化的营销沟通方式，从而建立互动式、个性化沟通的业务流程。

2. 客户关系管理是一种管理系统和技术

客户关系管理是一种先进的管理模式，要取得客户关系管理的成功，必须有强大的技术和工具支持。客户关系管理系统是实施客户关系管理必不可少的支持平台。客户关系管理系统基于网络、通信、计算机等信息技术，能实现企业前台、后台的不同职能部门的无缝链接，能够协助管理者更好地完成企业的客户管理。

3. 客户关系管理是一种企业商务战略

客户关系管理并非是单纯的信息技术或管理技术，而是一种企业商务战略。客户关系管理的目的是使企业根据客户特征进行分类管理，强化使客户满意的行为，加强企业与客户、供应商之间的连接，从而优化企业的可营利性，提高利润并改善客户的满意度。

企业在引入客户关系管理的理念和技术时，不可避免地要对企业原来的管理方式进行变革，业务流程重组为企业的管理创新提供了具体的思路和工具。通过对营销、销售、服务与技术支持等与客户相关领域业务流程的全面优化，企业可以从企业管理模式和经营机制的角度优化管理资源配置、降低成本、增加市场份额。

【学而思，思而学】

精心打造企业与客户的互动形式

随着企业的发展，万科对客户的理解也在不断提升。在万科人的眼里，客户已经不只是房子的买主，客户与企业的关系也不再是“一锤子买卖”。于是在1998年，万科创立了“万客会”，通过积分奖励、购房优惠等措施，为购房者提供系统性的细致服务。万客会的理念不断提升和丰富，从单向施予的服务，到双向沟通与互动，再到更高层次的共同分享，万客会与会员间的关系越来越亲密，从最初的开发商与客户、产品提供方与购买方、服务者与使用者，转变为亲人般的相互信任、朋友般的相互关照。

万科没有刻意强调客户关系管理，而是将客户的利益，包括诉求真正放在心上、捧在手里、落实到了行动中。万科深知，对客户利益的关照需要每个子公司、每名员工的贯彻落实，而公司对子公司及员工的考核，是检验公司对客户真实看法的试金石，是引导下属企业及员工言行的指挥棒。

思考：

1. 万科采取了哪些具体措施来实施客户关系营销的？

2. 房地产的客户价值是什么？

3. 借鉴万科的经验，简述房地产企业应如何实施客户关系管理？

（三）客户关系管理的分类

1. 操作型客户关系管理

操作型客户关系管理，也称为“前台”客户关系管理。这种管理方式是基于企业内部的人力、物力资源的分配需要。例如，一个典型的企业直接面对客户的部门大致有销售部、客户服务部、市场营销部、呼叫中心以及企业的客户信用部等。这样设计的目的是让这些部门的业务人员在日常工作中能够共享客户资源、减少信息流动的滞留点，力争把一个企业变成单一的“虚拟个人”呈现在客户印象中。这样，客户虽然没到过这个企业，也不知道企业中有多少人或者一年有多少销售额，但与企业做生意就像同一个（而不是多个）好朋友做生意一样，从而大大地减少他们在与企业接触过程中产生的种种麻烦。

2. 分析型客户关系管理

分析型客户关系管理,也称为"后台"客户关系管理。该系统的用户不需要直接同客户打交道,而是从操作型系统所产生的大量交易数据中提取有价值的各种信息,如分析销售情况,以及对将来的趋势做出必要的预测。该系统是一种企业决策支持工具,具有大量客户的银行业、保险业以及零售业都可以利用这种系统挖掘出重要的决策信息。管理系统的设计主要利用数据仓库、数据挖掘等计算机技术,其主要原理是对交易操作所累积的大量数据进行过滤,抽取到数据仓库,再利用数据挖掘技术建立各种行为预测模型,最后利用图表、曲线等将企业的各种关键运行指标以及客户市场分割情况向操作型应用发布,达到成功决策的目的。

【学而思,思而学】

客户面对的客户关系管理系统一般是哪种类型?对收集的客户资料进行分析并作出决策,可利用哪种客户关系管理系统来实现?

3. 协作型客户关系管理

它主要是用来管理客户和企业进行交互的方式,目的在于支持各种客户交互方式。不论是采用全功能服务、辅助自助服务还是完全的自主服务交互方式,协作型客户关系管理一般由企业中的渠道管理部门(如联系中心)使用。因此,该系统既有专项渠道管理能力,又具备跨渠道管理功能。通过协作型客户关系管理,企业可建立客户服务中心(Call Center),将电话、传真、电子邮件等与客户接触的所有渠道整合在一起,并与企业的网络系统连接起来,使企业内部的各个部门都能迅速获得有关客户的咨询、投诉及订货等方面的信息,为客户提供"一站式的服务"。

【学而思,思而学】

中国移动协作型客户关系管理系统

话费随时查询、业务电话受理、个性化套餐选择、客服主动营销……中国移动协作型客户关系管理系统的建成引起了客户关系管理质的变化。由于实现了各系统客户数据库的共享,无论客户选择何种渠道与中国移动进行互动,中国移动的客服代表或客户经理都能掌握完整的客户信息。中国移动通过对数据进行集中分析,并据此改善促销活动流程和系统功能,以获取更高的收入。口径一致和快速的服务响应不仅能提升客户满意度,还能缩短回应客户询问的时间。改善重要呼入客户服务请求的处理速度和时间,可提高客户满意度和忠诚度,可为大客户提供更加具有针对性的销售计划及服务。异地营业厅、网站、短信、大客户经理、10086 客服中心都成了用户随时随地办理业务的"柜台"。

思考:中国移动协作型客户关系管理系统是如何实现客户管理的?

二、客户关系管理解决的主要问题

(一) 完善客户服务

客户关系管理的核心理念是以客户为中心,通过改进对客户的服务水平,提高企业核心竞争力。市场是由需求构成的,满足客户需求是企业生存的本质,客户需求的满足状态制约着企业的获利水平。

在售后服务方面做得好的公司,其市场销售水平会处于上升趋势;反之,那些不注重售后服务的公司,其市场销售水平则会处于下降趋势。客户服务正由售后客户关怀变为使客户从购买前、购买中到购买后的全过程都获得良好的体验。

(二) 提高客户满意度

在客户关系管理中,对客户全面关怀的最终目的是提高客户满意度。客户关怀能够很好地促进企业和客户之间的交流,协调客户服务资源,对客户做出最及时的反应。对客户资源进行管理和挖掘,不仅有助于现有产品的销售,还能够满足客户的特定需求,真正做到"以客户为中心",从而赢得客户的忠诚。

高德纳咨询公司认为,企业对客户详细资料的分析应主要包含客户概况分析(Profiling)、客户忠诚度分析(Persistency)、客户利润分析(Profitability)、客户性能分析(Performance)、客户未来分析(Prospecting)、客户产品分析(Product)和客户促销分析(Promotion)。

(三) 挖掘关键客户

挖掘企业最有价值的客户、利用企业有限的资源和能力服务最有价值的客户是客户关系管理的主要目标之一。高德纳咨询公司认为,客户关系管理就是通过对客户详细资料进行深入分析,来提高客户的满意度,从而提高企业竞争力的一种手段。

【学而思,思而学】

麦德龙的客户关系管理

麦德龙是一家实行会员制的企业,会员入会不需要缴纳会员费,只需填写"客户登记卡",客户登记卡填写的主要项目包括客户名称、所属行业、地址、电话、传真、邮编、税号、账号和授权购买者的姓名。此卡记载的客户信息会被输入计算机系统并存储起来,当客户有购买行为发生时,系统就会自动记录客户的购买情况。

2001 年年初,蒙牛牛奶刚进入上海市场时,想进入连锁超市进行销售,但是进入超市体系的"门槛"太高,于是蒙牛公司就找到了麦德龙公司寻求合作。麦德龙公司利用其强大的客户数据优势,将蒙牛牛奶的样品免费赠送给经过分析后精心挑选出的 5 000 户家庭进行品尝,随后跟踪这些家庭的反馈信息,同时在网上和直邮单上发布蒙牛牛奶的促销消息,从而促进了蒙牛牛奶在上海的销售,使之从一开始每月只有几万元的销售额一下子增加到几十万元。就这样,蒙牛牛奶没有投入大量资金进行广告宣传,也没有花费巨额的超市"入场费",而是仅仅投入了数千盒样品就顺利地打开了上海市场。这一切,如果没有麦德龙公司庞大的客户数据系统的支持是做不到的。

思考:麦德龙是如何帮助蒙牛牛奶打开上海市场的?

第二节　客户关系管理的发展

一、电子商务环境下的客户关系管理

(一) 电子商务与客户关系管理的关系

电子商务与 CRM 被公认为是 20 世纪最能够为企业带来回报的两项独特创意。电子商务的信息化、虚拟化、全球性等特点,决定了它与 CRM 之间存在密不可分的关系。

1. CRM 是电子商务的子集

电子商务是一个范围非常大的概念,它不仅指网页的设计或网上商城的模式,所有可以

促进从“批量生产”转变为“批量定制”的手段(如数字化信息存储和交换、无线通信、信息家电、互联网等)都可以被容纳到电子商务的范围中。CRM在其中只是一个子集,或者说CRM是一种特定类型的电子商务。CRM的成功实施往往伴随着从根本上改革企业的管理方式和业务流程。电子商务时代外部市场的竞争和内部管理的需求也是CRM要做一定变化和调整的依据。

2. 电子商务与CRM相辅相成

电子商务和CRM相辅相成的关系可以从两个方面体现。一方面,电子商务是CRM发展中基本、原始的战略。电子商务的发展要求企业以客户为中心,并在与客户的交互中真正实现个性化,而个性化的服务正是CRM非常需要的。另一方面,与传统的CRM不同,先进的CRM需要在网上与客户发生交流与交易。这跟电子商务的理念和运作是一致的,先进的CRM应用系统必须借助互联网工具和平台,实现与各种客户关系、渠道关系同步化、精确化,符合并支持电子商务的发展战略,最终成为电子商务实现的基本推动力量。

3. CRM推动电子商务发展

CRM的电子化和全面扩展化是CRM的发展趋势。CRM扩展到企业前后台全部业务层面,CRM系统不仅要能够提供电子商务的对接口,还全面支持和开发电子商务。CRM系统中包含整套电子化解决方案,能够支持电子商务的销售方式,可以满足企业开展个性化一对一营销及电子店面创建的需求;在支付方面,支持并提高互联网和客户机或服务器应用的能力;在客户服务方面,CRM的自助式客户支持应用软件可使客户在线提交服务请求,并与交流中心链接,营造一种闭环客户支持环境。因此从这些方面看,CRM推动了电子商务的发展。

(二) 客户关系管理与电子商务的融合

1. CRM成长于传统商业中并广泛应用于电子商务

在电子商务环境下,先进的CRM系统逐渐开始借助互联网工具和平台,同步、精确管理各种网上客户关系、渠道关系,符合并支持电子商务的发展战略。CRM被赋予了新的内涵,主要表现在:第一,通过CRM全面整合企业的市场营销业务流程,降低经营成本,提高效率,在拓展市场和营销渠道的同时能够更加有效地处理客户关系,吸引和保持更多的客户。第二,CRM不仅是一个面对客户的市场营销和服务的部门,还是一个使企业各部门可以共享信息和资源的自动化工作平台,以期最大限度地挖掘和协调企业的资源,拓展生存空间和潜力。第三,CRM是一个将客户信息转化成积极的客户关系的反复循环的工作过程。CRM可以更真实全面地收集、分析、研究客户的信息资料,为客户提供多角度、全方位的服务。

2. 电子商务的发展使个性化服务成为可能

传统商务模式下要实现产品“为客户定制”、企业与客户之间进行“一对一”的信息交流是非常困难的。但在电子商务环境下,互联网平台提供了低成本、高速度的信息交流渠道,产品从设计到组装到运输到付款到维修,每个环节都可以做到“量身定做”。

【知识拓展】

在飞机上,乘务员在送水时对一位乘客说:“先生,您好!您需要点儿什么?”这位乘客说:“来杯加冰的橙汁。”“好,您稍等。”这种服务就是标准化服务。标准化服务不足以使所有的客户都感到满意,有些客户还需要个性化服务。例如,头等舱乘客的水不应等到飞机起飞后再送。另外,头等舱乘客还会有一条擦脸毛巾和一双拖鞋可用,他们所接受的就是个性化服务。

3. 电子商务环境下的CRM可以筛选出正确的客户群

尽管企业所获得的市场和利润与网络交互能力的强弱密切相关,但并不是企业要与任意的客户都进行电子商务活动。CRM对企业的客户进行了划分和管理,对开展电子商务起着举足轻重的作用,可以使电子商务活动更有针对性、更有效率。

4. 电子商务和CRM逐渐一体化

目前,市场竞争激烈,客户关系显得尤为重要,只有将电子商务和CRM一体化才能使企业资源运用和价值实现发挥出最大效能。企业必须把实现电子商务看作CRM整体战略的首要部分,在电子商务基础上的良好的CRM是企业把握顾客的真实需求、改善企业与顾客的相互关系、培植忠诚客户的核心内容,也是整个企业系统高效运行的必要前提。

【学而思,思而学】

如何重组客户关系管理流程

CRM和电子商务的结合在我国的发展还处于起步阶段,与国外大型企业相比,我国的企业在技术、管理和人才方面还处于劣势。今后,通用模块的完善、支持灵活组配、基于Web应用、充分支持电子商务的CRM才是互联网时代的发展方向。这就要求国内企业大力发展电子商务,通过电子商务的应用来重组客户关系管理流程,使CRM真正成为提升企业核心竞争力的利器。

思考:

如何重组客户关系管理流程才是科学合理的?

(三) 电子商务环境下的客户关系管理的特点和功能要求

1. 电子商务环境下客户关系管理的特点

电子商务环境下的CRM以互联网为技术平台,是一个完整的收集、分析、开发和利用各种客户资源的系统,它具有以下特点。

(1) CRM集中了企业内部原来分散的各种客户数据,形成了正确、完整、统一的客户信息并为各部门所共享。

(2) 客户与企业任一部门打交道都能得到一致的信息。

(3) 客户可以选择电子邮件等多种方式与企业联系,因为在企业内部的信息处理是高度集成的。

(4) 客户与企业交往的各种信息都能在对方的客户数据库中得到体现,能最大限度地满足客户个性化的需求。

(5) 企业可以充分利用CRM系统,准确判断客户的需求特性,以便有的放矢地开展客户服务,提高客户忠诚度。

2. 对CRM功能的新要求

在电子商务背景下,CRM将真正成为企业全员的根本任务,这与传统企业有着本质的不同。企业的整个供应链和价值链都将围绕客户这一中心展开活动。因此,与传统的CRM相比,对结合电子商务的CRM的功能具有更多的要求。

(1) CRM应有更强大的整合支持。在电子商务的环境下,企业数据和业务的整合需要更加紧密，这样才能保证对市场反映的敏感和对客户个性化的满足。因此，CRM 软件系统所要做到的不仅仅是将信息、商品、服务提供给消费者，还要能够得到整个企业的其他系统（如 SCM、ERP、KMS、BI 等）的支持，以满足上述需求。

(2) CRM 应有实时的数据处理。电子商务的最大特点就是信息的实时、快速传递。但是，电子商务环境下的 CRM 不仅需要做到信息实时的传递，还需要做到对数据的实时处理和实时运用。对数据的实时处理，就是要求 CRM 具有在线分析工具(OLAP)和数据挖掘工具(DM)，能够做到产品关联性分析(PTP)和产品客户关联性分析(PTC)等。

(3) CRM 应有一对一的经营策略。一对一策略是指 CRM 提供的营销、销售、服务方案与个性化的客户需求之间的一对一。电子商务环境下的客户，其信息更加丰富、选择更加自由，企业只有提供有个性化的产品和服务才能吸引顾客。这就要求 CRM 系统能够及时记录顾客的基本信息及信息变动，记录顾客浏览的内容和完成的交易，通过系统内部的规则库，分析顾客需求并给出解决方案。

(4) CRM 的软硬件功能的升级。电子商务环境下的 CRM 变化，不仅仅是 CRM 本身的变化，还包括软件的功能和蕴含其中的管理理念的变化，以及企业流程的改造和响应设备的升级。在电子商务环境下，企业的中心将向“前”倾，即由研发、生产向销售、服务倾斜，CRM 系统将承担大量的工作，无论是其重要性还是其客观需要，都需要对 CRM 相关的软硬件系统进行升级改造。

二、客户关系管理的发展趋势

（一）客户关系管理与电子商务的战略集成

在电子商务环境下，电子商务和 CRM 的集成是企业发展战略，CRM 系统因此有了更深刻的意义。电子商务是建立在现代信息技术之上的“非接触经济”，交易双方越是非接触，CRM 就越显得重要。所以，电子商务的发展将 CRM 推到了一个新的高度，产生了基于因特网平台和电子商务战略下的电子 CRM 系统(eCRM)。从某种意义上说，在那些成功的电子商务背后，CRM 的作用要大于电子商务模式自身的作用。

【视野拓展】

Q 先生：“在互联网经济高速发展的今天，电商企业似乎都明白一个道理，那就是用户第一，体验至上。可相比线下实体店而言，网店的体验往往较难突破。”

A 经理：“是的，电商红利时代已经结束，现在是电商精益化运营时代。如何从消费者的角度出发，提升客户对网络购物的体验感，以为客户提供体验感强的电商平台为目标，维持老客户，吸引新客户，实现电商企业的良性可持续发展，这才是电商体验营销的宗旨。”

Q 先生：“看来，电商企业应致力于提高客户体验。”

（二）客户关系管理和供应链管理、企业资源计划的紧密结合

CRM 和 SCM、ERP 是企业信息系统中密不可分的三个 IT 系统。CRM 与 SCM 相互依赖程度很高，CRM 中的市场策略、销售管理直接影响到企业与供应商之间的业务活动，从而决定 SCM 的实施与管理重点。同时，企业供应链管理的水平又直接影响到企业的生产和销售以及客户服务水平的高低，这些进一步对客户满意程度产生影响，而且在很大程度上决定了企业 CRM 的质量。CRM 与 ERP 之间也存在相互支持和相互依赖的关系。首先，ERP 从企业的宏观层面上影响着企业数据。其次，CRM 从改善客户关系的角度、ERP 从优化企业生产流程的角度，相辅相成地提高了企业的综合竞争力和利润水平。而 CRM

与OA之间的联系更是显而易见:CRM的开展必然要求企业具有较高的信息化程度,那么,企业办公自动化的实施就无疑是不可或缺的。

(三)客户关系管理与知识管理的整合

知识管理(Knowledge Management,KM)通过对信息和专业技能的系统开发与利用,改进和提高部门组织的创新能力、响应能力、生产力和技能素质。知识管理需要完成的主要任务包括数据和信息管理、智力资源管理和关系管理。

KM及以网络平台为基础的CRM,作为新经济时代的管理新趋势及管理新工具,可以帮助企业完善商务平台,收集及处理更多来自企业外部及内部的信息,并及时地反馈,完善企业内部数据库及客户管理系统,帮助企业始终与目标客户保持紧密的联系,提供企业更具竞争力的资源。

(四)客户关系管理的客户化、集成化和智能化

首先,未来的趋势是利用无线技术和网络技术确保客户、客户服务人员、销售人员和现场服务人员等多种用户能够拥有统一的用户界面及不同的使用权限,这就要求CRM应用软件可以实现客户化(个性化定制)。其次,CRM应当提供一种集成的客户视图,收集不同种类来源的客户信息,并能够提供对所有应用系统的统一访问。这将涉及CRM与数据仓库、数据挖掘的融合。最后,CRM能够提供详细的客户跟进方案和资源自动匹配。尤其是销售人员,他们要求CRM更加智能化和人性化,并且可以提供自动匹配的技术,能第一时间和客户匹配。CRM未来的发展趋势将是与知识管理的相互集成,将知识管理的思想和流程融合到CRM中去。

【批注】

数据仓库(Data Warehouse,DW):实现对决策主题数据的存储和综合,为决策支持系统提供数据存储和组织的集成。它对底层数据库中的数据进行集成、转换、综合,组织成面向全局的数据视图。数据仓库在CRM中的作用是:客户行为分析、重点客户发现和市场性能评估。

数据挖掘(Data Mining,DM):以数据仓库和多维数据库中的大量数据为基础,自动地发现数据中的潜在模式,并以这些模式为基础自动地做出预测。

(五)客户关系管理的社会化

不少专家学者认为,CRM纵向必定会打通上下游企业边界,横向必然会融合其他企业应用进来,逐步过渡到第四阶段——社会化CRM。社会化CRM将带来CRM领域的变革,赋予企业公关部门更重要的角色,公关部门通过与消费者更多的互动,从中获取消费者的反馈信息、褒贬意见、新想法、新创意,之后再通过销售、市场推广以及产品服务等措施来吸引更多目标消费群,并用公关活动来进一步推广。同时,较传统CRM而言,客户有更多的主动权,而不是“被销售”。

(六)云计算客户关系管理或将取代传统客户关系管理

云计算(Cloud Computing)出现之后,为CRM的作用提供了更大的发挥空间,并且已成为重要的发展趋势。云计算可以使企业业务成本和业务敏捷性都得到更高的满足,并且云计算带来了更多更新的商业模式。云计算灵活的部署理念对于中小企业来讲,可以更好地满足企业自身差异化的需求。

【知识拓展】

云计算是一种基于互联网的超级计算模式，在远程的数据中心里，成千上万台电脑和服务器连接成一片电脑云。因此，云计算甚至可以让人体验每秒10万亿次的运算能力，可以模拟核爆炸、预测气候变化和市场发展趋势。用户可以通过电脑、笔记本、手机等方式接入数据中心，按自己的需求进行运算。

狭义的云计算是指IT基础设施的交付和使用模式，指通过网络以按需、易扩展的方式获得所需的资源（硬件、平台、软件）。提供资源的网络被称为"云"，"云"中的资源在使用者看来是可以无限扩展的，并且可以随时获取，按需使用，按使用量付费。广义的云计算是指服务的交付和使用模式，指通过网络以按需、易扩展的方式获得所需的服务，这种服务可以是与IT、软件、互联网相关的，也可以是任意其他的服务。

（七）大数据、移动应用与客户关系管理走向融合

大数据已成为现今业界最热门的话题，CRM与大数据的融合可以帮助企业获得更多、更有价值的客户资源。据高德纳公司调查，与客户关系管理等大数据有关的应用市场，如企业内容管理、数据融合工具和数据质量分析工具的投资量关系着投资水平。在实际应用中，期待更多的企业将大数据引入商业世界中。

另外，移动化观念在推动着CRM的转变。在互联网数据中心（Internet Data Center，IDC）的观察中，移动应用和社交网站也将更深入地融合到企业级解决方案之中，甚至可能成为企业级应用的新入口。逐年增加的移动上网用户将成为网络应用最主要的数据来源。因此，越来越多的企业正考虑向移动业务平台转型，IDC指出，大数据应用将走入传统企业，而CRM将带动商业分析应用市场的快速成长。

第三节　电子商务客户关系管理的设计和实施

一、电子商务客户关系管理系统的体系结构

一般来讲，一个完整的、有效的客户关系管理应用系统，由以下四个生态分系统组成：客户协作管理分系统、业务管理分系统、分析管理分系统和应用集成管理分系统。由这四个分系统组成的客户关系管理应用生态系统，基本的结构和体系如图11-1所示。

（一）客户协作管理分系统

客户协作管理分系统主要实现了客户信息的获取、传递、共享和应用：支持电话服务、Web服务、电子邮件、传真等多种联系渠道的紧密集成；支持客户与企业的充分互动。实现客户协作管理分系统的核心技术是集成多种客户联系渠道的客户服务中心的创建。

（二）业务管理分系统

业务管理分系统主要实现了市场营销、销售、客户服务与支持等三种基本商务活动的优化和自动化，包括市场营销自动化（MA）、销售自动化（SFA）和客户服务自动化（CSS）三个功能模块。随着移动技术的快速发展，销售自动化可进一步实现移动销售（MS），客户服务自动化则将实现对现场服务（FS/D）的支持。业务管理分系统的核心技术是能支持业务流程自动化的工作流技术。

（三）分析管理分系统

分析管理分系统主要涉及客户数据库建设、数据挖掘，知识库建设等，在此基础上实现

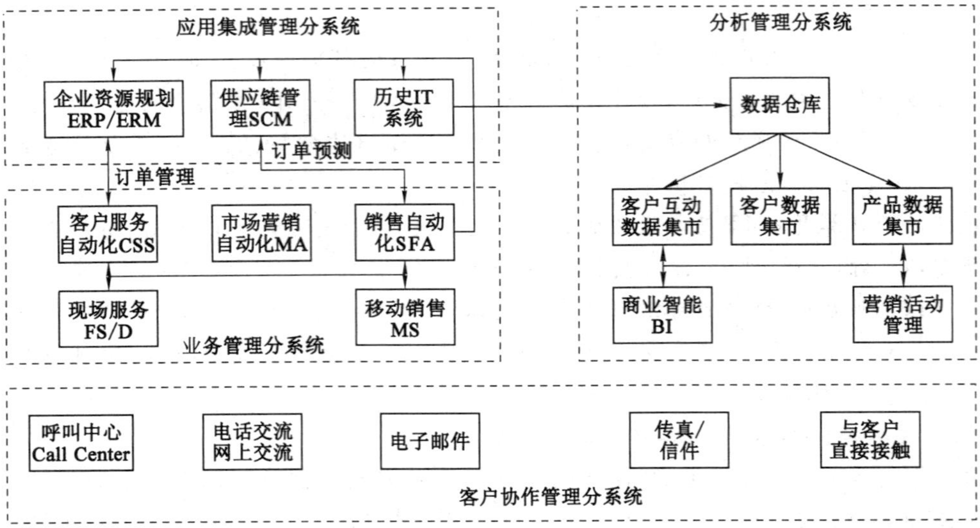

图 11-1 客户关系管理系统功能模型

商业智能和决策分析。其内容包括数据仓库建设、知识仓库建设,以及依托管理信息系统的商业决策和商业智能等。

(四) 应用集成管理分系统

应用集成管理分系统将实现与企业资源规划、供应链管理等系统的集成,乃至实现整个的企业应用集成。要达到此目的,主要技术是企业应用集成技术。

【批注】

企业应用集成(Enterprise Application Integration, EAI)是将基于各种不同平台、用不同方案建立的异构应用集成的一种方法和技术。企业应用集成所连接的应用包括各种电子商务系统、企业资源规划系统、客户关系管理系统、供应链管理系统、办公自动化系统、数据库系统、数据仓库等。

二、电子商务客户关系管理系统功能模块

客户关系管理系统主要由销售管理模块、营销管理模块、客户服务管理模块等组成,这些模块可以集成在一起,也可以单独地存在。

(一) 销售管理模块

在客户关系管理系统中,销售管理子系统主要管理商业机遇、客户账号以及销售渠道等方面。该模块把企业的所有销售环节有机地组合起来,在企业销售部门之间、异地销售部门之间以及销售与市场之间建立一条以客户为引导的流畅工作流程。它缩短了企业的销售周期,同时提高了销售的成功率。随着销售周期的缩短,销售人员将有更多的时间与客户开展面对面的销售活动。

销售管理模块能确保企业的每一个销售代表(包括移动和固定销售代表)及时地获得企业当前的最新信息,包括企业的最新动态、客户信息、账号信息、产品和价格信息以及同行业竞争对手的信息等,这样销售代表在同客户面对面的交流中将更有成效。

(二) 营销管理模块

营销管理模块帮助市场专家对客户和市场信息进行全面分析,从而对市场进行细分,产

生高质量的市场策划活动，促进销售队伍更有效的工作。

营销管理模块为销售、服务和呼叫中心提供关键性的信息，如产品信息、报价信息、企业宣传资料等。呼叫中心的智能化呼叫脚本也在营销自动化功能模块中编制。另外，营销管理模块可通过数据分析工具，帮助市场人员识别、选择和产生目标客户列表，通过与其他的应用模块集成，可确保新的市场活动自动地发布到合适的销售、服务人员手里，使任务得到快速执行。

（三）客户服务管理模块

客户服务管理模块可以帮助企业以更快的速度和更高的效率来满足客户的售后服务要求，以进一步保持和发展客户关系。它可以使客户服务代表有效地提高服务效率，增强服务能力，从而更加容易捕捉和跟踪服务中出现的问题，迅速准确地根据客户需求分解调研、销售扩展、销售提升等各个步骤中的问题，延长每一个客户在企业中的生命周期。

客户服务管理模块可以采用不同的方式来与客户进行交流（如因特网、电子邮件、传真、交互式语音应答、电话等），或与包括第三方服务提供商、商业伙伴和客户在内的因特网客户间断性地连接，客户服务管理模块全面支持客户服务专家在机构扩展方面所进行的全方位的运作。

【批注】

客户服务代表（Customer Service Representative，CSR），即代表企业或公司，透彻掌握和深入了解公司产品或公司所提供的服务，通过多种渠道（电话、传真、电子邮件、互联网、视频图像、短信、数据库等现代综合信息处理手段）为客户提供售前、售中或售后服务，是以提升公司形象及客户满意度为主旨的职业。

（四）商业智能模块

商业智能模块可以指利用数据挖掘、知识发现等技术分析和挖掘结构化的、面向特定领域的、存储与数据仓库内的信息，它可以帮助企业认清发展趋势、识别数据模式、获取智能决策支持、得出结论。在客户关系管理系统中，商业智能主要是指客户智能。利用客户智能模块，可以收集和分析市场、销售、服务和整个企业的各类信息，对客户进行全方位的了解，从而建立企业资源和客户需求之间的关系，增强客户的满意度和忠诚度，实现获取新客户、保持和挽留老客户、发现重点客户、支持面向特定客户的个性化服务等目标，提高盈利能力。

（五）呼叫中心模块

呼叫中心模块又叫客户服务中心模块，是一种基于计算机电话集成技术，充分利用通信网和计算机网的多项功能集成，与企业连为一体的综合信息服务系统。呼叫中心模块利用现有的各种先进通信手段，有效地为客户提供高质量、高效率、全方位的服务。

呼叫中心模块由计算机电话集成（CTI）、被呼叫号码识别服务（DNIS）、自动号码识别（ANI）和交互式语音应答（IVR）组成，来为客户提供智能化服务。它将销售部门与服务部门的功能集成为一个独立部门，使一般的业务代表能够向客户提供实时的销售和服务支持，通过此系统，业务代表能够处理客户、账户、产品、历史订单、当前机会、突出的应用、服务记录、服务级许可等业务。同时，业务代表还能动态地推荐产品和服务，或者遵循给予智能脚本的工作流程来解决服务咨询，进而向客户提供其他产品和服务。

【学而思，思而学】

白女士是中国南方航空公司的老客户，最近她要去成都出差，仍计划乘坐中国南方航空公司的航班。她拨通了中国南方航空公司的服务热线95539。“白女士，您好！欢迎您再次惠顾中国南方航空公司！请问这次需要什么服务呢？”话务员热情而熟悉的话语让她倍感温馨。向话务员交代了需要的航班后，白女士又听到了回话：“这是您本月第三次乘坐南航班机，祝您旅途愉快！”

与普通的售票热线相比，人性化、方便、快捷是白女士对中国南方航空公司客户服务中心最深的感受。

思考：

中国南方航空公司的客户服务中心与普通的售票热线相比，有哪些不同之处？

三、电子商务实施客户关系管理的基本步骤

(一) 企业的定位与价值主张

任何企业对客户都有存在的价值，这个价值决定了客户的期望。例如，成立于20世纪70年代初期的美国西南航空公司，一开始便以短程航线及廉价的机票为经营定位，旅客在自动售票机购票，飞机上也不提供餐点。美国西南航空的经营定位控制了客户的期望，因此，搭乘西南航空的旅客，不会要求豪华的商务舱服务。没有过分的期待，自然不会有不满意的情况产生。专家认为，要让客户满意，一定要将自己的定位搞清楚。

【知识拓展】

根据“二八”理论，20%的客户创造了80%的利润。忠诚客户是企业利润的主要来源，是企业的重要“客户资产”。维护忠诚客户是实施客户关系管理的核心内容。一般认为，客户忠诚是由客户满意驱动的，客户满意是客户价值理论的重要组成部分。企业首先要做好内部质量控制管理，生产出质量一致、使客户满意的产品，随后在市场上不断提高客户满意度，以达到让客户忠诚的目的，形成客户价值。客户价值驱动模型如图11-2所示。

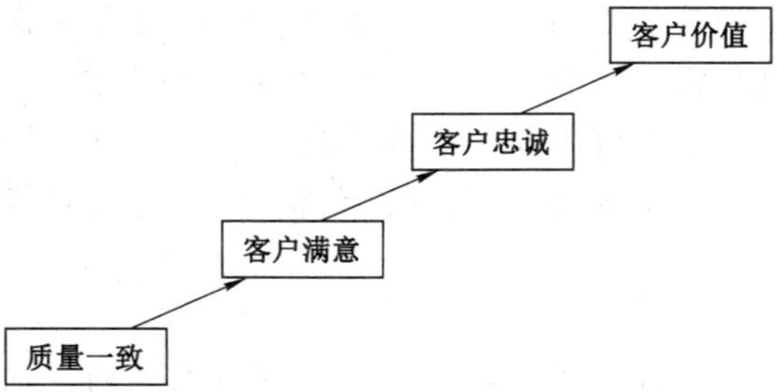

图11-2 客户价值驱动模型

(二) 建立客户关系管理团队

交付一个成功的客户关系管理项目需要一个成功团队的支撑，尤其是核心团队。核心团队应当由8～12名成员组成，而且必须是全职。核心团队的最佳配置包括管理高层、市场销售部门、系统集成/技术支持部门、财务部门以及终端用户。核心团队需要具备两个关键能力——组织专长和技能专长。

(三) 制订实施客户关系管理的计划

客户关系管理团队成立后应着手编制实施客户关系管理的计划书。这一客户关系管理计划必须有非常清楚的商业目标,该目标只有经过严密的思考和对客户关系管理的深刻理解才能得出。企业在准确把握和描述企业需求的基础之上,制订实施计划书。在制订计划书时,应当明确企业实施客户关系管理的目标,规划未来的实施步骤,估计预期收益。计划书在实施过程中或实施之后,都具有特别重要的价值。

（四）分析客户需求

企业信息系统必须反映并满足客户的需要。对企业来说,客户的使用经验透露出许多宝贵的信息。要做好客户信息的收集工作和信息系统的初步建设,应建立客户信息文件,一般应包括客户原始记录、统计分析资料和企业投入记录。企业应根据自身管理决策的需要、客户特征和收集信息的能力,选择确定不同的客户档案内容,以保证档案的经济性和实用性。

（五）选择合适的客户关系管理解决方案

1. 制定客户关系管理解决方案

实施客户关系管理的企业很多,各行各业的不同企业都在积极实施这一管理系统。虽然各企业采用的客户关系管理的产品不尽相同,但在管理层面上却有相同的一面。因此,借助媒体多方面地去了解、收集,并进行综合分析,可总结出多套不同的客户管理方案。另外,现在市场上有很多策划咨询公司,借助它们也可获得客户管理方面的资料。这些都是获取客户管理方案行之有效的途径。

2. 选择客户关系管理解决方案

一个复杂的客户管理解决方案包含三个重要因素:软件、经销商和经费。这三个因素紧密结合在一起,才能成功实施客户关系管理。在对这三个因素进行考察后再结合一些本公司的实际情况,就可从备用方案中选择最合适的方案作为最后的实施方案了。

（六）再造工作流程

客户关系管理方案的实施会改变企业各部门之间的沟通和协作方式,改变信息分割占有的状态,使得整个企业都围绕使客户满意来运作,因而方案的实施会打破企业原有利益的平衡,导致利益的重新分配。企业的传统力量如销售队伍、服务组织等一些既得利益者可能会抵制客户关系管理方案。为消除这些抵制,企业除了进行正式的教育培训外,还应在组织结构上做一些新的安排。

（七）组织培训,实行系统的正常运转

企业针对客户关系管理方案应确立相应的培训计划,培训计划的对象应包括销售人员、服务人员以及管理人员。另外,还应根据业务发展的需求不断对员工进行新的培训,使员工了解方案实现后的管理与维护方面的要求,促使企业客户关系管理系统成功运行。

（八）运行、评估、维护和改进系统

企业应根据客户关系管理系统,为企业建立衡量管理绩效的数据监控体系、内部管理报表体系、决策数据体系和决策数据分析方法,并且建立和管理客户信息系统。另外,还应对客户关系管理系统提供的性能指标的功能进行监测,与供应商共同负责系统的正常运行和运行审查,估算系统应用的成功度。为确保系统能产生预期的效益,企业还要花时间对功能不足的模块进行改进,直到其能满足要求为止。

四、电子商务实施客户关系管理的难点分析

实践证明,先进的客户关系管理应用系统将借助因特网工具和平台,实现与各客户、各渠道关系的同步化、精确化,并支持企业电子商务的发展战略,最终成为电子商务实现的基

本推动力量。同时,客户关系管理系统的实施也符合电子商务发展的潮流,为有效推动企业电子商务的发展,客户关系管理与业务流程再造、企业资源规划、供应链管理的整合已成为企业急需解决的问题。

客户关系管理与企业资源计划和供应链管理的关系如图 11-3 所示。三者的根本目标都在于降低库存、加快资金周转、提高企业的管理水平,从而提高企业对市场的响应速度,符合企业的整体发展战略。SCM 和 ERP、CRM 是一个企业密不可分的三个 IT 系统。

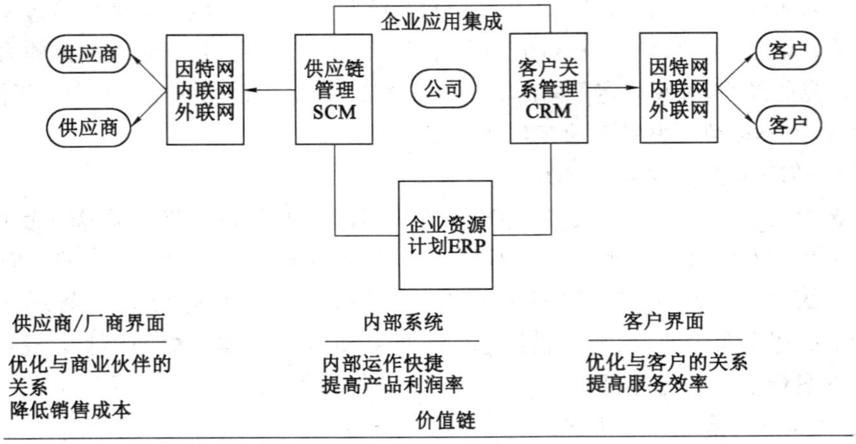

图 11-3　CRM 与 ERP 和 SCM 的关系

(一) CRM 与 SCM 之间是相互依赖的关系

CRM 中的市场策略、销售管理和合作关系对 SCM 产生直接影响;同时 SCM 对 CRM 中的客户满意程度也会有直接影响。

(二) CRM 与 ERP 之间存在着相互支持和相互依赖的关系

首先,ERP 生产系统为 CRM 中的数据仓库提供丰富的数据。其次,CRM 的分析结果和对市场发展的预测给 ERP 系统提供了数据。最后,CRM 从改善客户关系的角度、ERP 从优化企业生产流程的角度来提高企业的竞争力和利润。

(三) ERP 是 SCM 和 CRM 的基础

要想全系统整体发挥最大效果,SCM 和 CRM 必须有 ERP 的支持,ERP 是 E-Business 和 E-Commerce 的基础。ERP 系统只有与 SCM、CRM 结合在一起时,才能形成一个完整的闭环,才能发挥 ERP 的最大作用。因此,ERP、SCM 与 CRM 是相互联系,互为补充的。

第四节　电子商务客户关系管理实施效果评价

客户关系管理是企业的一项系统工程,其实施的短期目的是改善客户关系、长期目的是使企业的投资回报率大幅度提高,并获得长期竞争优势。从这两个目的出发分析客户关系管理实施对企业相关方面的影响,将是客户关系管理实施效果评价的一个可行方案。利用这一思路,本书设计了评价客户关系管理实施情况的四项指标,如图 11-4 所示。

在分析客户关系管理实施的效果中引入财务指标,是由企业的营利性要求决定的。它可以反映客户关系管理实施对企业收入、费用和利润最直接的影响。然而,财务指标本身具

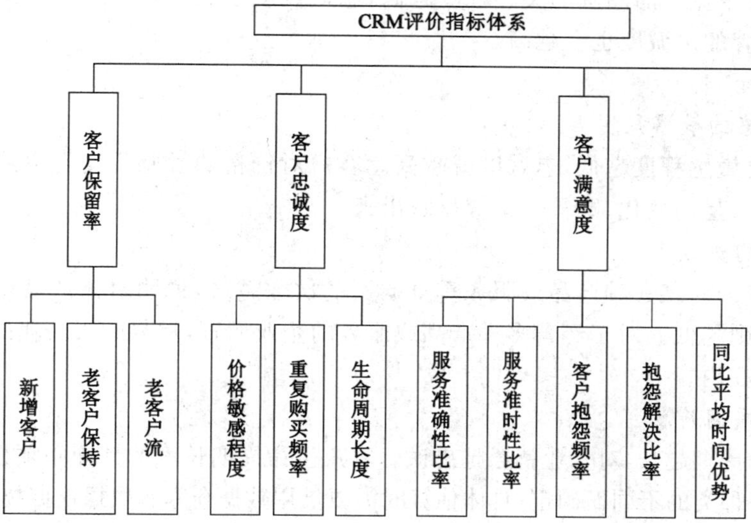

图 11-4　客户关系管理评价指标体系

有一定的局限性。例如，它只能反映企业现实财务情况，而不能反映企业的发展潜力，这就需要引进一些非财务指标。另外，有些指标无法用简单的定量化指标来衡量，所以还引入了一些定性化的指标。

一、客户保留率

客户保留率是指在未来一定时期决定重复购买和开始购买企业产品的客户占全部客户的比例，它反映了整个市场对企业产品的忠诚度和吸引力。客户保留率是客户忠诚度量化的重要指标，也是判断企业占有市场、取得品牌地位、获得短期或长期利润能力的重要指标。

二、客户满意度

客户满意不仅取决于产品服务本身所具有的功能，还取决于企业对待客户的方式以及客户对服务的体验和评价。客户关系的本质是一种情感概念，因此在评价客户满意时应充分反映客户的感受，这需要从定性与定量两个方面入手。

（一）定性评价

定性评价可通过定期的问卷调查、电话采访、电子邮件、与客户代表访谈等多种形式进行，主要目的是了解客户对企业的评价。评价内容包括员工服务态度、企业公众形象、与客户沟通的能力、理解客户的能力、与客户的交流程度、对客户的尊重程度等。

（二）定量评价

对客户满意度的量化评价指标，主要包括实体的外在绩效、可靠性、响应速度、技能水平、服务态度、可行性、安全性、可接近性、沟通能力、理解客户的能力等。

三、客户忠诚度

客户忠诚度和客户满意度一样，不能完全通过定量指标来评价，必须采用定性指标与定量指标相结合的方法进行。

（一）定性指标

评价客户忠诚度的定性指标主要有客户对品牌的关心程度以及对质量事故的承受能力

两个方面。客户对企业产品品牌的关心程度越高，忠诚度就越高。客户对产品出现的质量事故越宽容，对品牌的忠诚度也会越高。

（二）定量指标

1. 客户对价格的敏感程度

客户对价格的敏感程度越低，忠诚度就越高。客户对价格的敏感程度可以通过在价格调整以后，客户购买量的变化、购买频率等反映出来。

2. 客户重复购买频率

一段时间内客户对某一种产品或服务重复购买的次数越多，说明对该产品或服务的忠诚度就越高；反之则越低。对于经营多种产品或服务的企业而言，重复购买企业的不同产品或服务，也应计算在内。

3. 客户生命周期长度

客户关系生命周期越长，对企业就会越忠诚。客户生命周期长度的计算必须根据客户使用企业产品或服务种类的不同而确定，具体估算时需要借用数据仓库和数据挖掘技术的应用。

此外，可量化反映客户忠诚度的指标还有客户支出比例、客户综合贡献增长率等。

四、投资回报率

投资回报是一个比较简单的概念，它指企业所投入资金的回报程度。国际数据公司(IDC)称投资回报是不同规模投资的净收益(包括降低的成本和增加的收益)。投资回报的结果通常用百分比来表示。客户关系管理的投资回报分析是十分复杂的，存在定性和定量、长期和短期、有形和无形等问题。

本章练习题

一、单项选择题

1. “客户关系管理”这个词的核心主体是(　　)。

A. 客户　　B. 关系　　C. 服务　　D. 管理

2. (　　)第一个提出了客户关系管理。

A. 高德纳咨询公司　　B. IBM

C. 盖尔　　D. 赫尔维茨集团

3. 电子商务的信息化、(　　)、全球性等特点，决定了它与CRM之间存在密不可分的关系。

A. 网络化　　B. 智能化　　C. 虚拟化　　D. 扁平化

4. 在电子商务环境下，CRM体系中的功能模块主要包括营销自动化、销售自动化和(　　)三大块。

A. 物流自动化　　B. 商务智能化

C. 客户服务自动化　　D. 业务流程

5. CRM和(　　)、ERP是企业信息系统中密不可分的三个IT系统，它们之间相互依赖、紧密结合。

A. OLAP　　B. BPR　　C. DM　　D. SCM

二、判断题

1. 客户关系管理的管理理念是视客户为企业最重要的资产。(　　)

2. 大客户和小客户一样都需要关怀;提供标准化的服务也可以使大客户感到满意,不必实施个性化服务。(　　)

3. CRM 就是为企业提供全方位的管理视角,赋予企业更完善的客户交流能力,使客户的收益率最大化。(　　)

4. CRM 是电子商务中的一个子集,或者说 CRM 是一种特定类型的电子商务。(　　)

5. 在电子商务环境下,企业的中心将向"前"倾,即由生产、服务向研发、销售倾斜。(　　)

三、简答题

1. 什么是客户关系管理?其内涵是什么?解决的主要问题有哪些?

2. 客户关系管理的实施步骤有哪些?

3. 简述客户保留率的概念。

4. CRM 与电子商务有什么关系?

5. 在电子商务环境下,CRM 的发展趋势主要体现在哪些方面?

第十二章 移动电商

【内容提要】

本章以移动电商时代下的煤炭电商案例导入，研究移动电商的相关概念、特点优势、相关技术等。

【知识目标】

掌握移动电商的概念和特点；了解移动电商的相关技术；了解移动电商的发展趋势。

【能力与素质目标】

熟悉移动营销的方式及其他应用；能够使用工具生成二维码；熟悉移动购物，并能利用微信等工具进行移动营销。

【思政目标】

学习电商领域基本知识，促进电商领域的就业创业，实现自我价值和社会价值；认识移动电商法律知识，塑造正确的职业观和职业道德，用自身的聪明才智为中国电商事业发展贡献力量，做新时代职业人。

【开篇案例】

煤炭电商路向何方?

日前，晋能控股集团宣布开启线上销售模式，引发关注。借助中国(太原)煤炭交易中心电商平台，集团所销售的煤炭全部开展线上合同签订、交易交收、货款结算的全流程交易，以及竞价、挂牌等市场化交易。所有煤炭实行同区域、同流向、同煤种、同质量、同价格，按指数确定价格。

交易制度改革正是煤炭市场化进程的一个缩影。早在 2015 年，煤炭电商已大批量兴起，线上平台一度深受资本热捧。但是，实际探索屡屡遇阻，部分平台长期经营困难，更多的平台则渐渐销声匿迹。是什么让煤炭交易改革如此艰难?

中国国际经济交流中心研究人员建议，将煤、电、运产业链环节均纳入有形市场进行公开交易。必须进行全产业链的市场化改革，而不是对某一环节进行修补和调整。要下决心取消煤炭、运力、电力的计划指标，清理和减少对煤炭生产、流通环节的税费；增加电力、铁路调度的透明度，在政府监管下实行公开、公平、公正的调度。

无论从提升供应链效率的现实需求，还是从煤炭信息化、数字化转型的发展来看，多层次的交易体系均有其作用。像部分粮食、有色金属等，过去也出现过供求关系紧张、价格大起大落等情况，后来逐步打破了传统计划体制下的购销方式，煤炭行业可以借鉴。

(资料来源:《煤炭电商路向何方?》，中国能源网，2021 年 3 月 3 日。收入本书时略有改动。)

第一节　移动电商概述

一、移动电商的概念

移动电子商务(Mobile E-Commerce)是由电子商务的概念衍生出来的,电子商务以 PC 机为主要界面,是有线的电子商务;而移动电子商务,则是通过智能手机、平板电脑这些可以装在口袋里的终端与我们谋面,无论何时、何地都可以开始。移动电子商务是利用智能手机、平板电脑等无线终端进行的 B2B、B2C、C2C 或 O2O 的电子商务。它将因特网、移动通信技术、短距离通信技术及其他信息处理技术完美地结合,使人们可以在任何时间、任何地点都可以进行各种商贸活动,实现随时随地、线上线下的购物与交易、在线电子支付、商务活动、金融活动和相关的综合服务活动等。

二、移动电商的特点

(一) 移动性

移动电商不受时间和地点的约束,能够在任何地方通过无线技术并利用移动终端,如手机、平板电脑、掌上电脑等为消费者提供服务。由于移动设备通常小巧方便,用户往往随身携带,可以随时随地使用,如人们在等车、排队的时候就可以查看股票行情、进行股票交易等,大大提高了办事效率。

(二) 不受时空控制

移动商务是电子商务从有线通信到无线通信、从固定地点的商务形式到随时随地的商务形式的延伸,其最大优势就是移动用户可以随时随地获取所需的服务、应用、信息和娱乐。

(三) 安全性

使用手机银行业务的客户可以利用银行可靠的密钥,对信息进行加密,传输过程全部使用密文,从而确保安全可靠。

(四) 开放性及包容性

移动电子商务因为接入方式无线化,使得任何人都很容易地进入网络世界,从而使网络范围延伸更广阔、更开放。

(五) 潜在用户多

从消费用户群体来看,手机用户中基本包含了消费能力强的中高端用户。以移动电话为载体的移动电子商务不论在用户规模上,还是在用户消费能力上,都优于传统的电子商务。

(六) 易于推广和使用

移动通信所具有的灵活、便捷的特点决定了移动电子商务更适合大众化的个人消费领域,比如自动支付系统,包括自动售货机、停车场计时器等;半自动支付系统,包括商店的收银柜机、出租车计费器等;日常费用收缴系统,包括水、电、煤气等费用的收缴等;移动互联网接入支付系统,包括登录商家的 WAP 站点购物等。

(七) 个性化

由于移动终端的用户身份固定,使得企业能够向用户提供个性化的移动交易服务。根据消费者的交易历史,利用无线服务提供的人口统计信息和位置信息,企业可以通过个性化的推送服务进行更精准且有针对性的广告宣传。消费者也可以根据个性化的需求与喜好进行定制，提供服务与信息的方式完全由用户自己控制。

三、移动电商的相关技术

无线数据通信技术和移动互联网的发展，为移动电商的发展奠定了坚实的基础，移动电商正在形成一个庞大的市场。目前，移动电商的相关技术逐渐成熟，支撑着移动电商的不断发展。

（一）无线应用协议

1997 年 6 月，移动通信界的四大公司爱立信、摩托罗拉、诺基亚和无线星球发起了无线应用协议。无线应用协议（Wireless Application Protocol，WAP）是数字移动电话、互联网或者其他个人数字助理（PDA）、计算机应用乃至未来的信息家电之间进行通信的全球开放标准。WAP 的出现使电信产业中发展最为迅速的移动通信完全加入计算机网络世界成了可能。

WAP 是开展移动电商的核心技术之一，它提供了一套开放、统一的技术平台，使用户通过移动设备很容易地访问和获取以统一的内容格式表示的互联网或企业内部网的信息和各种服务。通过 WAP，手机可以随时随地、方便快捷地接入互联网，真正实现不受时间和地域约束的移动电商。

（二）蓝牙技术

蓝牙（Bluetooth）是一种为固定和移动设备建立通信环境的一种特殊的近距离无线连接技术。蓝牙技术作为一种低成本、低功率、小范围的无线通信技术，可以在手机、个人计算机、打印机及其他计算机设备之间进行数据和语音传输。

（三）3G 技术、4G 技术、5G 技术

“3G”（3rd-generation）是第三代移动通信技术的简称，是指支持高速数据传输的蜂窝移动通信技术。3G 技术能够同时传送声音（通话）及数据信息（电子邮件、即时通信等）。

“4G”（4th-generation）即第四代移动通信技术。4G 集 3G 与无线局域网于一体，能够传输高质量视频图像，功能比 3G 更先进，频带利用率更高，传输速度更快。

“5G”（5th-generation）即第五代移动通信技术。互联网的快速发展对网络速度产生了更高的要求，这无疑成为推动 5G 网络发展的重要因素。5G 技术相比 4G 技术，其峰值速率增长数十倍。

（四）安卓（Android）系统

Android 系统是一种基于 Linux 的自由及开放源代码的操作系统，主要适用于移动设备，如智能手机和平板电脑，由 Google 公司和开放手机联盟领导及开发。Android 操作系统最初主要支持手机，目前已扩展到平板电脑及其他领域上，如电视、数码相机、游戏机等。Android 平台由操作系统、中间件、用户界面和应用软件组成，号称是首个为移动终端打造的真正开放和完整的移动软件，具有以下独特的优势。

1. 开放性

Android 平台允许任何移动终端厂商加入 Android 联盟中来，厂商也可以根据自己的需求来改进平台。随着加入厂商的增加，平台也愈趋完善，使得用户的数量剧增，形成良性循环。同时，不同厂商的竞争，还能使得产品更完善、价格更低廉。

2. 硬件丰富

由于 Android 的开放性特点，众多的厂商会不断推出功能、特色各异的多种产品。功能

上的差异和特色,不会影响到数据同步和软件的兼容,用户可将重要信息如联系人、短信记录等资料在两个同时具有 Android 系统的终端硬件上方便地转移。

3. 开发方便

Android 平台提供给第三方开发商一个十分宽泛、自由的环境,不会受到各种条条框框的阻挠,这便引发了基于 Android 平台的各类软件的迅速出现,使其提供的服务日益完善。但是,血腥、暴力、情色等方面的程序和游戏如何控制也给 Android 带来了难题。

(五) IOS 系统

IOS 是由苹果公司开发的手持设备操作系统。苹果公司最初是将 IOS 设计给 iPhone 使用的,后来陆续套用到 iPod touch、iPad 以及 Apple TV 等苹果产品上。

IOS 具有简单易用的界面、令人惊叹的功能,以及超强的稳定性,已经成为苹果产品的强大基础。

1. 软件与硬件整合度高

IOS 系统的软件与硬件的整合度相当高,使其分化大大降低,增加了整个系统的稳定性,因此 iPhone 很少出现死机、无响应的情况。

2. 易操作性

IOS 系统界面简洁、美观,操作简单,用户上手很快,培养了用户的操作习惯,提高了用户的黏性。

3. 安全性强

苹果对 IOS 生态采取了封闭的措施,并建立了完整的开发者认证和应用审核机制,不给恶意程序入侵系统的机会。IOS 设备上大部分的安全功能都是默认的,无须对其进行大量的设置,而且某些关键性功能,如设备加密则是不允许配置的,以防止用户因意外关闭功能而造成损失。

IOS 的体系架构较为传统,但运行效率高,对硬件的要求低,成本优势大,在现有的硬件条件下,应用运行具有较好的顺畅感,也更加省电。IOS 系统架构朴实无华、干净清晰,是目前效率较高的移动设备操作系统。

【批注】

电子商务(移动电商)也称无线电子商务,是指在无线平台上开展的电子商务。移动电商是电子商务的一个新分支,同时也是电子商务的整合与扩展。

【学而思,思而学】

1. 移动电商有哪些特点?移动电商用到的相关技术主要有哪些?

2. WAP 的工作原理是什么?

3. 移动电商的出现给旅游行业中的哪些职业带来了机会,又对哪些职业造成了威胁?

第二节 移动电商的应用

移动电商的应用是指电子商务的主体通过各种无线技术和移动终端,在“动态”中进行商务活动。移动电商的应用领域非常广泛,在传统商务活动的各个层面、各个领域都起到了举足轻重的作用,如移动支付、移动营销、移动旅游及移动娱乐等。

一、移动营销

移动营销(Mobile Marketing)指面向移动终端(手机或平板电脑)用户,在移动终端上直接向分众目标受众定向和精确地传递个性化即时信息,通过与消费者的信息互动达到市场营销目标的行为。随着手机的普及,营销者能根据人口统计信息和其他消费者行为特征定制个性化信息,移动营销发展迅速。营销者运用移动营销在购买和关系建立的过程中可以随时随地到达顾客,并与顾客互动。对于消费者来说,一部智能手机或平板电脑就相当于一位便利的购物伙伴,随时可以获得最新的产品信息、价格对比、来自其他消费者的意见和评论,以及便利的电子优惠券。移动设备为营销者提供了一个有效的平台,可以借助移动广告、优惠券、短信、移动应用和移动网站等工具,吸引消费者深度参与和迅速购买。

(一) 微信营销

目前,微信营销主要有微信朋友圈广告、微信公众平台推广等方式。

1. 微信朋友圈广告

2015 年 8 月,微信朋友圈广告官方网站正式上线。用户需要填写一份“微信朋友圈广告合作申请表”,申请表中须包括公司名称、推广品牌与内容、计划投放金额、计划投放时间等内容,广告方案根据用户预算的不同而不同。用户提交合作申请表后,方可申请公众号,认证并成为广告主,方案审核通过后,朋友圈广告将按时自动上线。

微信朋友圈广告是基于微信公众号生态体系,以类似朋友的原创内容形式在朋友圈中展示的原生广告。用户可以通过点赞、评论等方式进行互动,并依托社交关系链进行转发,为品牌推广带来加成效应,广告最终按曝光次数计费。

2. 微信公众平台推广

微信公众平台简称公众号,是为个人、企业和其他组织提供业务服务与用户管理服务的服务平台。微信公众号有订阅号、服务号、小程序、企业微信等类型,以下简要介绍前三种。

订阅号主要传达给用户信息(类似报纸、杂志),每天只可以群发一条消息。如果想通过简单地发送消息达到宣传效果,建议选择订阅号,个人、企业和其他组织均可注册订阅号。

服务号主要用于交互式服务(类似银行客服电话、114 查号台),提供查询服务,每个月可群发四条消息。如果想进行商品销售,建议申请服务号,企业或其他组织都可以注册服务号。

小程序是一种不需要下载和安装即可通过微信使用的应用程序,用户使用微信扫一扫或搜一下即可使用。全面开放微信小程序申请后,企业、政府、媒体、其他组织或个人均可申请注册小程序。

(二) 社交营销

随着“社交+”应用模式的不断创新,移动社交平台也开始顺应市场趋势,在广告、短视频电商、游戏、教育等领域进行渗透,利用社交关系吸引用户使用,获得商业变现,赋予社交平台新的活力。移动社交营销是指通过移动社交平台实现营销活动的过程,主要有社交电商、短视频营销和直播营销等类型。

1. 社交拼团

在电商领域,企业通过打造高性价比的产品,吸引用户通过社交平台分享、拼团,降低电商引流成本,提升线上购物信任度。而社交平台则可获取流量变现,实现商业模式多元化。

拼多多的商业模式是一种网上团购模式,以团购价销售某种商品。用户可以将拼多多拼团的商品链接发给好友,如果拼团不成功,则会退款。许多网友会在朋友圈、微信群发送拼多多团购链接,该商品便通过社交网络实现了一次次裂变。朋友圈、微信群拼团模式是移动电商与社交媒体相结合的商业模式的创新,在几乎没做任何广告的情况下,拼多多很好地利用了社交媒体渠道,以用户去发展用户的模式迅速打开了市场。

2. 社交新零售

社交新零售是指借助微信、微博、QQ、直播、短视频等社交工具,以社交化关系建构零售模式、以集中运营降低成本的新型零售业态。据统计,目前社交新零售主要有以下几种模式:以云集、环球捕手、贝店等为代表的平台分销模式;以拼多多、淘宝特价版、京东拼购、洋码头"砍价团"、苏宁易购拼团等为代表的平台"拼团"模式;以小红书、蘑菇街等为代表的"平台+达人分享"模式;以什么值得买为代表的内容导购类平台模式;以有赞、点点客、微盟等为代表的服务商类工具模式等。

【案例】

易煤网:专业的煤炭全产业链电商平台

易煤网是由煤炭供应链管理专家瑞茂通与阿里巴巴旗下恒生电子合资公司和略电子商务(上海)有限公司建立的以煤炭交易为主,借助互联网思维、创新金融思维探索煤炭全产业链优化升级的大宗商品电子商务平台。

易煤网是一家以煤炭交易为主的大宗商品电子交易平台,致力于打造中国最专业的煤炭全产业链电商平台,是一家真正实现线上与线下相结合的O2O电子商务网站。

在易煤网的发展历程上,曾经一年煤炭线上成交量超过5 000万吨。作为一个煤炭B2B平台,易煤网专注煤炭行业,利用互联网思维和金融思维,坚持公平、公正、公开的原则,联合金融、监管、检验、仓储等,多方构建高效、环保、共赢的大宗商品骨干网,致力于成为中国最专业的煤炭全产业链电商平台。

(资料来源:《易煤网:专业的煤炭全产业链电商平台》,中国贸易金融网,2018年10月27日。收入本书时略有改动。)

二、其他移动电商应用

(一) 移动金融

移动金融使用移动智能终端及无线互联技术处理金融企业内部管理及对外产品服务的解决方案。随着移动智能终端的普及,特别是苹果公司的iPad、iPhone等产品的普及以及Android开放系统的崛起,传统的移动终端市场格局被颠覆。技术的进步带来了更智能化的操作和更优秀的用户体验,降低了移动渠道产品价值的传递成本,从而激发出大量的市场需求。

(二) 无线医疗

无线医疗是指以计算机、物联网、无线通信和云计算等技术为依托,充分利用有限的医疗人力和设备资源,并发挥大医院的医疗技术优势,在疾病诊断、监护和治疗等方面提供信息化、移动化和远程化的医疗服务。近年来,许多国家在无线医疗技术方面取得了快速进步,广大医疗服务提供商越来越倾向于将无线医疗技术融入全球医疗系统中。

(三) 移动旅游

移动旅游电子商务是指用户利用移动终端设备,通过无线网络,采用某种支付手段来完成和旅游产品提供者之间的交易活动。移动旅游电子商务可提供的服务主要有:旅游信息服务,各种旅游服务的查询和预订,旅游电商网站的个性化服务,为旅游爱好者提供自主交流的平台等。

相对于传统的旅游电子商务,移动旅游电子商务使用的终端可随用户移动,并支持地理定位,从而使游客可以随时随地获取基于位置的服务,如导航、定位、餐饮、住宿、景点介绍等。

(四)移动出行

手机打车是指利用智能手机内安装的应用软件发出招车请求。打车软件通常分为司机端和乘客端两种版本,分别安装在司机和乘客的手机上,双方匹配使用。乘客打开乘客端打车软件后,可以发出招车请求,系统会自动进行派单或者由司机选择接单。打车软件利用智能手机的卫星定位系统、地理信息系统和相应的推送服务机制,实现了乘客和司机之间的信息交互。使用打车软件不仅提高了乘客打车服务的品质和效率、缓解了乘客打车难的问题,还满足了乘客个性化的服务需求。

(五)移动娱乐

移动电子娱乐的内容丰富多彩,涵盖了移动沟通服务、移动信息服务以及纯娱乐服务等多种形式。

移动沟通服务的典型应用如移动 QQ、微信等。移动信息服务的典型应用如天气预报App、手机广播等。纯娱乐服务是目前移动电子娱乐的主要发展方向,也是移动产业的主要收入来源之一,其中的移动游戏、移动音乐、移动阅读、移动视频等因其能为移动运营商、服务商和内容提供商带来附加业务收入,而成为移动业务的利润增长点。

【知识拓展】

App 是随着智能手机的产生而发展起来的。App 让用户在移动端就能实现很多专门的应用,微信就是一个典型的 App,而小程序则是腾讯公司推出的基于微信 App 的程序应用。

从使用方式上来看,微信小程序通过微信扫一扫或者搜索后即可使用,无须下载,无须安装,和微信共用内存;App 则需要从网上下载并且安装后才能使用,需占用手机的内存空间。

从开发角度来看,微信小程序一次开发,多终端适配,开发成本低,并且只需向微信公众平台提交审核;App 则需适配各种主流手机,开发成本高,而且需要向十几个应用商店提交审核。

从功能上来看,微信对小程序的功能是有约束的,只能实现微信平台提供的部分功能。App 则完全由运营者开发,可以实现更多功能。

从推广角度来看,微信小程序仅面向微信用户,受众单一;App 则面向所有智能手机用户,面向更广的用户群,所有智能手机用户都可以使用。

【案例】

晋煤集团打造煤化工电商平台

2016 年,由晋煤集团发起建立的晋城煤化工交易中心平台正式启动,实现了晋城市煤化工的互联网全电子化交易,以及煤化工产业现货市场和金融市场的有效对接,开启了晋城市煤化工企业“互联网＋”的新时代。

平台主要分为两大板块，一是现货商城交易平台，主要实现现货挂牌交易、现货竞价交易，并支持融资交易等其他交易模式，为产业链上下游客户提供集信息、交易、结算、仓储、物流、金融等服务于一体的综合性平台。二是现货连续交易平台，是一种实现现货连续交易的交易模式，为客户提供“套期保值、价格发现”服务，从而提高交易市场的活跃度。晋煤集团将两大交易板块有机结合，打造“互联网＋煤化工”“交易＋金融”的创新平台，为煤化工、化肥、煤炭等交易提供有关资讯、投融资、招投标、现货电子交易、支付结算、仓储物流配送等一条龙服务。

同时，该平台还建有功能完善的交易、交割、结算、风险监控、信息发布和会员服务等电子化系统，会员和投资者可以通过远程交易系统进行大宗商品交易。平台还联合行业内资深专家，引入了金融高端人才，打造了一个专业团队，以专业务实的理论基础和实效的金融实战指导为广大投资者提供专业服务。通过该平台，企业还可以借助国内知名大宗商品交易所的金融技术、现货交割库市场共享、相关金融衍生品开发等现有的资源优势，实现合作共赢。

（资料来源：《晋煤集团打造煤化工电商平台》，搜狐网，2016 年 7 月 1 日。收入本书时略有改动。）

【学而思，思而学】

1. 分析晋煤集团煤化工电商平台两大板块的构成。

2. 介绍晋煤集团电商平台的主要功能。

本章练习题

一、名词解释

1. 移动电商
2. 二维码
3. 微信营销
4. 社交营销
5. 蓝牙
6. 移动支付
7. 移动旅游
8. 移动医疗

二、单项选择题

1. 与传统电子商务相比，移动电商不具备的特点有（　　）。

A. 交易更灵活　B. 安全性更强　C. 便利性加强　D. 受众群更广泛

2. 微信支付的运行模式是（　　）。

A. 移动运营商模式　B. 银行模式　C. 第三方支付模式　D. 商业模式

3. 微信支付属于（　　）。

A. 扫码支付　B. 指纹支付　C. NFC 支付　D. 短信支付

4. 下列行为中，不属于移动应用的是（　　）。

A. 使用微信聊天

B. 用台式计算机在家上网并下载程序

C. 用平板电脑在火车上看电子小说

D. 用手机在室外上网收发邮件

三、复习思考题

1. 移动电商的概念和特点是什么?

2. 移动电商的应用主要有哪些方面?

3. 微信营销有哪几种模式?

4. 社交营销有哪几种模式?

5. 简述我国移动电商的发展趋势。

6. 目前我国移动电商存在哪些问题?

四、技能实训题

1. 根据微店的开店步骤及注意事项开设网店,记住自己的账户名、登录密码,并保存自己微店的链接及其二维码,以方便微店的宣传。

2. 在手机端或者电脑端对商品进行管理,包括添加商品、批量管理、分类管理等。

3. 利用微店的营销工具对微店进行至少三种方式的营销推广。

五、实训拓展题

移动电商应用于各行业,如移动购物、移动社交、移动餐饮、移动娱乐、移动旅游、移动医疗、移动支付等,试列举典型案例来说明移动电商在各行各业中的应用。

第十三章　电子政务与农村电子商务

【内容提要】

本章介绍了电子政务的概念、优势、分类、内容、需求，以及我国农村电子商务的发展、电子政务绩效评估的相关内容和对未来的展望。

【知识目标】

了解电子政务的概念，加深对电子政务的认识；掌握电子政务的内容和分类；了解电子政务的需求；熟悉我国电子政务绩效评估的内容；了解农村电子商务，助推乡村振兴。

【能力与素质目标】

了解电子政务的用途；学会使用电子政务网；了解技术的发展，预测电子政务的未来发展。

【思政目标】

树立正确的人生观和价值观；正确理解国家的发展战略和产业政策；增强民族自豪感与承担国家发展的历史责任感。

【开篇案例】

百姓少跑腿，信息多跑路

2018 年 4 月 22 日举行的数字中国建设成果展览会上，人力资源和社会保障部信息中心主任翟燕立为来自青岛的刘女士签发了全国首张电子社保卡。据介绍，人力资源和社会保障部第一张全国统一的电子社保卡的签发，意味着社保卡实现了线上线下全面打通。持卡市民在安装人社部门授权的 App 并生成二维码后，“扫码”即可实现就诊买药和办事等诸多功能。

“与实体社保卡一样，电子社保卡全国统一、全国通用，不仅能当身份凭证，还具备信息查询、医保结算、金融支付等功能，更加安全和便捷。”翟燕立介绍说，电子社保卡使人社服务正式从“卡时代”进入“码时代”。

在电子政务馆，信息共享下的服务创新实践案例不胜枚举。一些地区已经大力开展移动政务服务终端，形成“装在口袋里”的政务服务，越来越多的政府服务让群众办事跟网上购物一样省心、快捷。

在浙江“最多跑一次”展区，参观人员络绎不绝。“全国各个地方政府来参观的很多，问得最多的问题就是浙江是如何实现‘最多跑一次’呢？”在现场负责讲解的浙江大数据管理中心工作人员杨宇说。

2003 年习近平总书记在浙江任职期间提出“数字浙江”，开启了浙江电子政务的全新时代。2016 年浙江首次提出“最多跑一次”改革，按照“最多跑一次是原则、跑多次是例外”的要求，推进“一窗受理、集成服务”，实现群众和企业到政府办事“只进一扇门、最多跑一次”。

据杨宇介绍，目前浙江大数据平台对外共享的数据项有 13 500 项，且最近两个月，平台每个月平均达上千万次的调用量。“每一次数据的调用,就意味着老百姓少跑了一次腿。”

类似的服务也出现在江苏省的展台上,“互联网+政务”服务的“不见面审批”,让“不推一扇门,不见一个人,办成所有事”成为现实。

同样,在上海市的电子政务展台上,工作人员也在滔滔不绝地向观众展示:“我们就是开在家门口的政务便利店!”数据服务的创新,让百姓得到大量的便利,也让中国的政务信息拥抱数字新时代。

(资料来源:《30 个案例折射电子政务进入新时代》,《光明日报》,2018 年 4 月 25 日。收入本书时略有改动。)

第一节　电子政务概述

一、电子政务的概念与优势

电子政务是政府部门(机构)利用现代信息科技和网络技术,实现高效、透明、规范的电子化内部办公,协同办公和对外服务的程序、系统、过程和界面。与传统政府的公共服务相比,电子政务除了具有公共物品属性,如广泛性、公开性、非排他性等本质属性外,还具有直接性、便捷性、低成本性以及更好的平等性等特征。

传统政务的处理以政府机构及其职能为中心,企业、其他社会组织和公众通过政府部门办理相关事务。传统政务业务流程复杂、审批环节多、办理程序漫长且效率低下,容易疏远政府与群众的关系,严重影响政府形象,也为腐败行为提供了空间。

电子政务的处理方式是以公众为中心,政府以“向社会提供高效、优质的政府管理与服务”为出发点,帮助企业、其他社会组织和公众办理各种经济与社会事务。电子政务的最终目标是政府对群众的要求进行更快捷的反应,政府更直接地为人民服务。传统政务与电子政务的比较如表 13-1 所示。

表 13-1　传统政务与电子政务的比较

对比项目	传统政务	电子政务
政务机构存在形式	物理存在	网络虚拟化
政务办理形式	面对面	不受地域限制
政府组织结构	金字塔形垂直结构	网络形扁平化结构
政府管理方式	集中管理	分权管理
政务生效标志	公章等	数字签名
政务处理程序	串行作业	协同并行
政务工作重心	以管理、审批为主	以服务、指导为主
政府主要议事方式	现场会议	网络讨论、视频会议
政府决策参与范围	政府内部	政府内外相统一
办事透明度	较低	较高
交互性	差	好
政府管理成本	递增	递减

二、电子政务的分类

电子政务的范围非常广泛，其内容几乎包括传统政务的各个方面。根据客户的不同，电子政务可分为政府间的电子政务(Government to Government，G2G)、政府对企业的电子政务(Government to Business，G2B)、政府对公民的电子政务(Government to Citizen，G2C)。图 13-1 所示为电子政务的分类。

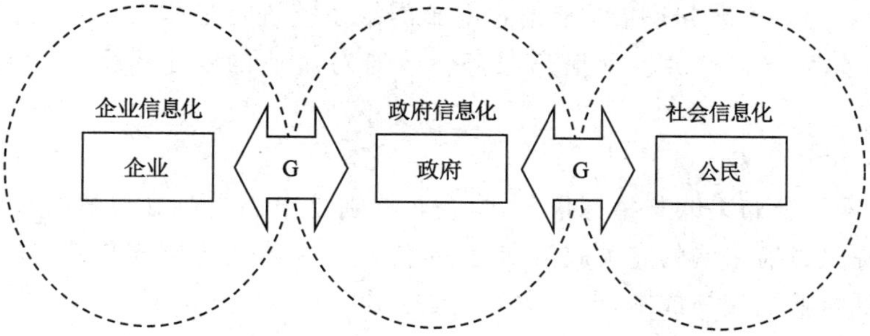

图 13-1　电子政务的分类

(一) 政府间的电子政务

政府间的电子政务是指上下级政府、不同地方政府、不同政府部门之间的电子政务。政府间的电子政务主要包括以下内容。

1. 电子法规政策系统

电子法规政策系统为所有政府部门和工作人员提供相关的现行有效的各项法律、法规、规章、行政命令和政策规范，使所有政府机关和工作人员真正做到有法可依、有法必依。

2. 电子公文系统

在保证信息安全的前提下，有关政府公文，如报告、请示、批复、公告、通知和通报等，以电子文件的形式在各级政府、部门之间传送，使政务信息十分快捷地在政府部门间流转，以提高公文的处理速度。

3. 电子司法档案系统

电子司法档案系统可使政府司法机关之间共享司法信息，如公安机关的刑事犯罪记录、审判机关的审判案例、检察机关的检察案例等，通过共享这些司法信息可提高司法机关的工作效率和司法人员的综合能力。

4. 电子财政管理系统

电子财政管理系统向各级国家权力机关、审计部门和相关机构提供分级、分部门的政府历年财政预算及其执行情况，包括从明细到汇总的财政收入、开支、拨付款数据，以及相关的文字说明和图表，以便有关领导和部门及时掌握和监控各级政府部门的财政状况。

5. 电子办公系统

机关工作人员通过电子网络完成许多事务性工作，可以节约时间和费用，提高工作效率。

6. 电子培训系统

电子培训系统为政府工作人员提供各种综合性和专业性的网络教育课程，特别是适应信息时代要求的课程，加强与信息技术有关的专业培训，政府工作人员可以通过网络随时参加培训和考试等。

7. 业绩评价系统

按照设定的任务目标、工作标准和完成情况，业绩评价系统可对政府各部门业绩进行科学的测量和评估等。

（二）政府对企业的电子政务

政府对企业的电子政务是指政府通过电子网络系统进行采购与招标，精简管理业务流程，快捷、迅速地为企业提供各种信息服务。政府对企业的电子政务主要包括以下几个方面。

1. 电子采购与招标

政府通过网络公布采购与招标信息，为企业特别是中小企业参与政府采购提供必要的帮助，向它们提供政府采购的有关政策和程序，使政府采购成为阳光作业，减少营私舞弊和暗箱操作，降低企业的交易成本，节约政府采购支出。

2. 电子税务

企业通过政府税务网络系统，在家里或办公室就能完成税务登记、税务申报、税款划拨、查询税收公报、了解税收政策等业务，既方便了企业，又提高了税务部门的工作效率，减少了税务部门的开支。

3. 电子证照办理

企业通过互联网申请办理各种证件和执照，既缩短了办证周期，又减轻了企业负担，如企业营业执照的申请、受理、审核、发放、年检、登记项目变更、核销，统计证、土地和房产证、建筑许可证、环境评估报告等证件和审批事项的办理。

4. 信息咨询服务

政府将各种数据库对企业开放，方便企业使用，如法律法规数据库、规章政策数据库、政府经济白皮书、国际贸易统计资料等信息。

5. 中小企业电子服务

政府利用宏观管理优势和集合优势，为提高中小企业国际竞争力和知名度提供各种帮助，包括为中小企业提供统一的政府网站入口，帮助中小企业向电子商务服务商争取有利的、能够负担的电子商务应用解决方案等。

（三）政府对公民的电子政务

政府对公民的电子政务是指政府通过电子网络系统为公民提供各种服务，主要包括以下几个方面。

1. 教育培训服务

政府建立全国性的教育平台，并资助所有的学校和图书馆接入互联网和政府教育平台；政府出资购买教育资源并提供给学校和学生，学校重点加强对学生信息技术能力的教育和培训，以适应信息时代的挑战。

2. 就业服务

政府通过电话、互联网或其他方式向公民提供工作机会和就业培训，以促进就业。如开设网上人才市场或劳动市场，提供与就业有关的工作职位缺口数据库和求职数据库信息；在就业管理部门所在地或其他公共场所建立网站入口，为没有计算机的公民提供接入互联网寻找工作职位的机会；为求职者提供网上就业培训、就业形势分析等。

3. 电子医疗服务

政府网站提供医疗保险政策信息、医药信息、执业医生信息，为公民提供全面的医疗服务。公民可通过网络查询医疗保险个人账户余额和当地公共医疗账户的情况；查询国家新审批的药品的成分、功效、试验数据、使用方法及其他详细数据，提高自我保健的能力；查询当地医院的级别和执业医生的资格，选择合适的医生和医院。

4. 社会保险网络服务

政府通过电子网络建立覆盖地区甚至国家的社会保险网络，使公民可及时、全面地了解自己的养老、失业、工伤、医疗等社会保险账户的情况，有利于社会保障体系的建立和普及；政府还可通过网络公布低收入家庭补助情况，增加透明度；通过网络办理有关的社会保险业务。

5. 公民信息服务

公民可以进入政府法律法规、规章服务平台；政府可通过网络提供被选举人的背景资料，促进公民对被选举人的了解；政府通过在线评论和意见反馈了解公民对政府工作的意见，以改进政府工作方式。

6. 公民电子税务

公民个人可通过电子报税系统申报个人所得税、财产税等。

7. 电子证件服务

公民可通过网络办理结婚证、离婚证、出生证、死亡证明等。

8. 交通管理服务

公民可利用各省公安厅交通管理局的互联网交通安全综合服务管理平台进行电子监控、违法处理、车牌号选择、考试预约和机动车信息查询等。图 13-2 所示为陕西省公安厅交通管理局交通安全综合服务管理平台的首页。例如，群众在交管 12123 手机 App 上实名注册、开通账号后，可享受互联网交通安全综合服务管理平台提供的机动车业务和驾驶证业务在线办理，包括机动车违法处理、罚款缴纳、事故快处、一键挪车、预选号牌、检验预约、考试预约等 10 大类 130 余项服务。

三、电子政务的内容

电子政务的内容就是在信息网络环境下，在网上建立电子政务平台，并使政府扮演好服务者、管理者和消费者这三个重要角色。

(一) 政府充当“服务者”

1. 监督电子化

电子政务可以使公众更好地了解政府的情况，使得政府办事的透明度增加，公众足不出户就能参与政府对有关事务和行政管理的考核，从而促进社会民主的进步和发展，使政府的服务更加直接、有效。

2. 资料电子化

网络可以使信息开放度更高，可以使人们更有效地利用信息。政府信息上网可使政府的服务更加完善。

3. 沟通电子化

电子政务能在网上建立起政府与公众交流的平台，便于发挥公众的主观能动性，在网上对政府进行监督。

图 13-2 陕西省公安厅交通管理局交通安全综合服务管理平台首页

4. 市场规范化

电子政务可以通过建立相应的专业交易市场来推动经济的发展。

（二）政府充当“管理者”

电子政务的出现，不仅可以使政府基本实现主要办公业务的数字化、网络化和信息化，使政府高效率、高质量地进行宏观管理和科学决策，而且可以使政府工作的透明度更高，为社会公众提供更好的服务。电子政务环境下，政府管理主要发生了以下几方面的变化。

1. 办公电子化

电子政务使政府各部门可以在网上办公，通过网络指导工作，并及时进行意见反馈，从而节省工作时间、提高工作效率。

2. 调控电子化

在价格调控方面，政府可以通过网络来实现价格调整，从而提高办事效率；在财政税收调控方面，实现电子化后可以很容易地进行分析和计算；在信贷调控方面，随着金融电子化的不断深入，政府对银行的监督会更加方便、及时、有效。

3. 监督职能电子化

监督职能电子化可以使政府的监督工作更有效率、更加准确。

（三）政府充当“消费者”

政府不只是国家的管理者，同时也是一个巨大的消费者，政府每年都要购买大量的公共用品。政府先汇总要购买的物品，然后进行网上电子招标，这可以让企业公开、公正、公平地进行竞争，减少了腐败行为发生的可能性。同时，电子招标节省了政府部门的时间和精力，提高了工作效率，并实现了政府采购的国际化。

四、电子政务的需求

（一）信息技术的推动

国家政府部门应全面实行政务电子化，由传统政府形式转型为电子政府，运用因特网技术构建电子政府、实践电子政务，以电子化、自动化手段提高行政效能和行政管理水平，从而更科学、更有效地为企业、公众、经济和社会服务，已成为当今各国政府越来越紧迫的工作。

（二）社会资源的有效利用

随着改革的深入，越来越多的公民、法人和其他组织迫切希望在网上获取政府信息，享受政府服务。同时，作为有重要价值的国家资源，政府信息属公共所有，政府有必要也有责任向公众提供具有权威性和指导性的电子信息服务。

政府是社会信息资源的最大拥有者，同时也是信息资源的最大使用者。因此，政府应当在信息资源开发利用方面先行一步。不仅政府内部需要信息交流，也需要让社会公众及时了解政府的信息。

市场行情瞬息万变，稍纵即逝，信息比以往任何时候都显得重要。无论是经济结构的调整优化，还是经济全球化的发展；无论是高新技术产业的开拓，还是把农业推向市场，都离不开信息的引导。而先进信息技术的应用，可以大大改善政府的信息采集、加工、传递和利用的方式，使政府在履行职责时，具有良好、充分的技术支持手段，以适应国内经济和社会的发展、适应日益激烈的国际竞争和错综复杂的政治经济环境，从而更加有效地为公众服务。

（三）信息时代民主政治的需求

民主社会以信息公开为前提，电子政务是现代民主政治的必然要求。信息是理性沟通的基础，而理性的沟通又是民主的前提。信息技术为民主的发展提供了物质技术基础，而这一基础又将把民主推向更高的层次。在我国，知晓并监督政府的决策是人民当家作主的重要途径，其中最有效、最快捷的方式就是政府行为过程透明并在广泛的范围内公开，从而吸引社会公众的关注与参与。

实施电子政务，政府能大大拓宽社会公众行使民主权利和参政议政的渠道，在法律允许的范围内，将公众关心的热点、难点、重点问题以及涉及公众利益的问题广而告之，使公众有更多的机会了解政府在做什么、在怎么做，并可以及时地以多种方式表达自己的意见、参与决策过程，获得具体的、个性化的信息服务。电子政务可以利用信息技术提高政府的运行效率，使政府的决策建立在及时、准确、可靠的信息基础之上，以便更好地为社会服务。

五、我国电子政务的发展阶段及现状

（一）我国电子政务整体尚处在初步发展阶段

第一，信息化的政策、法律环境尚待完善。

第二，我国电子政务发展呈现多层次性和不平衡性。由于我国各地的发展水平差距较大，地区信息化指数高低相差太大，城乡之间、沿海和内地之间的电子政务发展差距仍有继续扩大的趋势。

第三，我国电子政务的目标和出发点更具多样性。由于我国正处在完善社会主义市场经济体制的过程中，政府对经济特别是对企业的管理方式要进行彻底的改变，这些变化必然影响到政府政务的活动，因此我国电子政务的发展目标更深层次的问题是如何进一步促进政务活动的变革。

（二）我国电子政务发展的现状

第一，政府门户网站的“媒体”功能已经基本成熟。

第二，我国的网络建设采用“区域管理和行业管理并存”的体系，以纵向建设为主，造成网络分离和条块分割。这种网络结构错综复杂、链路备份困难、管理复杂、带宽难以共享。

第三，电子政务绩效评估存在不足，缺乏相应的规章制度，评估标准各异，评估结果有待改进。

第四，重建设、轻管理的现象依然存在。电子政务难于发挥其应有的作用。

第五，电子政务高级人才缺乏。我国电子政务建设经验不足、时间不长。高等院校里与电子政务相关的专业方向和课程设置缺乏科学性和前瞻性，培养出来的学生知识面不够宽、适应和应用能力不强。一些政府为了出政绩，只管建设形象工程，不注重人才的培养，导致电子政务复合型和应用型相结合的人才缺乏。

（三）我国电子政务发展的趋势

1. 智慧政府将成为智慧城市的重要内容

智慧政府是指利用物联网、云计算、移动互联网、人工智能、数据挖掘、知识管理等技术，提高政府办公、监管、服务、决策的智能化水平，形成高效、敏捷、便民的新型政府。智慧政府是电子政务发展的高级阶段，是提高党的执政能力的重要手段。在智慧城市规划和建设内容中，智慧政府成为重点，政府先行，带动城市经济、社会领域的智能化。各地智慧政府的规划和建设的重点内容包括智能办公、智能监管、智能服务、智能决策等领域。

2. 云计算技术在电子政务领域兴起

云计算是一种基于互联网的计算新方式，通过互联网上异构、自治的服务为个人和企业用户提供按需即取的计算。近年来，云计算在政府数据中心、政府门户网站、政务信息资源整合等领域逐步得到应用，越来越多的政府部门建设了“政府云”平台，提供云服务。

3. 移动电子政务发展迅速

公众对公共服务要求的提高，直接促进电子政务建设者开始加强信息、业务、服务的整合，实现横向和纵向业务协同，建立随需应变的政府，提供网络化电子服务。移动电子政务发展所需的受众基础和网络条件已经具备。基于移动智能终端的电子政务应用越来越多，移动电子政务掀起了新一轮电子政务发展浪潮。

4. 信息安全将成为重点内容

中国信息安全面临严峻的形势。我国电子政务系统中有大量国外厂商生产的设备，这些设备使用的操作系统、数据库、CPU 也大多数是由国外厂商生产，做好信息安全防护工作关系到国家安全和政府工作的正常运转，同时也关系到接受电子政务公共服务的公众和企业的切身利益。政府部门在行使职能中涉及大量保密信息和敏感信息，保障信息安全是电子政务系统运行的基本条件。由于我国在信息产业领域缺乏自主可控的核心技术，物联网、云计算、移动互联网等新一代信息技术在促进应用创新的同时，也带来严重的信息安全隐患。针对政府云、移动电子政务、政府物联网等新应用的信息安全保障工作成为电子政务建设的重要内容之一。

【思政案例】

后疫情时代的“互联网＋思政”

当前，互联网已经成为思想政治教育的前沿阵地，成为当代青少年不可或缺的生活方式、成长空间、“第六感官”。后疫情时代，数字经济和网络安全作为“互联网＋思政”的“最大变量”，必将成为推动思政工作发展的“最大增量”。“互联网＋思政”亟须提升思想深度、理论厚度、技术维度、时代速度及应用效度，充分借助区块链、人工智能物联网、大数据等互联网技术重塑思政工作的时空环境，利用校园数字信息化系统的交互延伸实现主流价值的“涵濡至治”，通过深耕细作、固本培元、凝心铸魂实现“最大变量”到“最大增量”的转化，以期达到“入芝兰之室久而自芳”的隐性智慧化教育成效。

新时代赋予新任务，“互联网＋思政”不是简单相加，而是以互联网信息技术为载体和抓手，叠加思想政治教育的网络属性和教育属性，体现跨界融合、创新驱动、交互共享、开放自由等特征的新型思政教育模式。这种互联网与思政工作的深层融合和紧密契合，能够让数字信息技术优势“最大限度发挥”，让思政工作“随时在线”，真正凝聚起网络社会正确价值观教育的群众基础。“互联网＋思政”使传统思政工作在广阔的网络空间更加生动鲜活，也衍生出更多的工作场景：网络党建团建、网络理论宣讲、网络心理咨询、网络知识竞赛、网络舆情治理等。互联网的服务力、吸引力和成长力拓展了思政工作的全面性、兼容性与应用性，对于思政工作的理念、手段、基层工作都是全方位的优化革新。利用“互联网＋”的优势，可以大大缩小思政教育的地域性差异，减少青少年对于思想政治教育的“心理阻抗”，提升传播覆盖率和信息抵达率，从而实现思政教育的供给侧改革。

（来源：《后疫情时代的“互联网＋思政”：见证“最大变量”成“最大增量”》，河北机关党建网，2022 年 6 月 14 日。收入本书时略有改动。）

第二节　电子政务绩效评估

电子政务绩效是指政府在实施电子政务过程中所得到的结果和成效，包含政治绩效、经济绩效、文化绩效和社会绩效四个部分，具体表现在促进政府职能转变、提高政府工作效率、促进政务公开和廉政建设、提高政务服务能力、降低政府成本等方面。我国的电子政务绩效评估参照“以政府网站为主”的模式，主要通过对各级政府门户网站的评估来进行。政府网站评比可提升政府网站建设质量和服务水平，完善政府信息公开体系，提升政府网上办事能力，增强公众参与热情，达到以评促建、以评促用的目的。

一、政府网站评估的内涵

政府网站是指一级政府在各部门信息化建设的基础上，建立起的跨部门的、综合性的业务应用系统，是我国各级政府机关履行职能、面向社会提供服务的官方网站，是政府机关实现政务信息公开、服务企业以及与社会公众互动交流的重要渠道。政府网站包括四个层级：国务院部委及直属机构网站、省级政府网站、地市级政府网站、县级政府网站。各个层级的网站又划分为门户网站和专门网站两大类。

政府网站评估是指运用科学的评测手段和客观的评测指标，根据用户的评测要求，对政府网站的结构、功能、效果进行检验和评价。它是电子政务建设和运营的基本环节和重要工作内容之一。

二、政府网站评估的内容

（一）基于公民满意度的政府网站绩效评估

1．遵循的原则

构建基于公民满意度的政府网站绩效评估指标体系应遵循两条原则：一是全面性原则，即指标应尽可能把公民对政府行政效能体验的所有方面都包括进去；二是权重性原则，即对公民关注和需求的重点、感受深刻的方面赋予较高的权重。

2. 公众满意度的内涵

公众满意度用来反映公众在某一个时间段内对本地政府执政行为及效果的综合主观感受。公众满意度调查可以弥补政府绩效客观量化指标无法反映的内容，具有深入、全面、以人为本的优点。为分析公众的心理模式和满意度形成的过程，有学者借鉴顾客满意度的评价方法逐步开展了公众满意度模型的研究。

（二）基于政府门户网站服务质量的评估

下面以世界著名咨询公司埃森哲（Accenture）为例介绍如何对政府门户网站服务质量进行评估。埃森哲咨询公司在研究过程中，通过分析一些有代表性的国家或地区的政府门户网站，提出了一套电子政务评价指标体系。该评价指标体系将 169 项政府在线服务项目作为评价指标，侧重于评价电子政务的“总体成熟度”，运用服务成熟度、传递成熟度、客户关系管理三大类指标来评价政府网站的公共服务能力。

服务成熟度用于衡量政府提供的在线服务水平，分为三个层次：公布信息、交互与政务处理。根据上述标准，政府网站的服务成熟度分为很低、低、较低和适中四个等级。传递成熟度是指传递机制的成熟度，如“一站式”的程度。根据客户关系管理技术、网站建设的水平、提供增值服务的程度，也分为很低、低、较低和适中四个等级。客户关系管理指标是衡量提供服务成熟度的一种指标，有助于公众通过与政府之间的在线互动来获得最大的效益。客户关系管理有五个子指标，分别是洞察力、互动、组织性能、客户建议和网络。

三、政府网站评估的指标体系

（一）总体思路

1. 采用外评估方式——站在用户的角度

外评估方式是站在用户角度考察政府网站的绩效水平。政府网站的发展目标是为企业和社会公众享受政府服务提供便利，因而用户的认知度和满意度是评价政府网站绩效的终极指标。但当前由于组织用户对全国政府网站进行绩效评估的工作方式还处于探索和尝试阶段，因此在评估工作模式的选择上，应当在充分吸收以往政府工作效能评估经验的基础上，继续采用第三方机构模拟用户按照政府网站评估的指标体系进行评估的方式。

2. 以内容评估为主——从政府网站的功能出发

政务信息公开、公共服务和公众参与的三大功能定位已经被各级政府网站工作者和社会公众普遍认同。一方面，加强三大功能的内容供给能力是我国政府网站建设的核心内容；另一方面，技术因素在很大程度上影响着政府网站的表现力和亲和力，决定着政府网站是否好用、易用。

3. 信息公开方面——从门户网站的作用出发

政府网站应按“监督、整合和服务”三方面的要求完善信息，这一要求的主要目的是让公众监督各级政府的工作，更好地享受政府服务。所以，应从便于公众监督、面向社会服务及整合下属机构信息三个方面来评价政府网站信息公开的绩效水平。

4. 在线办事方面——倡导“一站式、一体化”的发展方向

《国家电子政务总体框架》中提出，政府网站是面向企业和社会公众提供政府公共服务的重要平台。充分考虑用户的使用习惯，按照用户及应用主题整合各项政府公共服务，是政府网站具备较高客户意识的基本体现。政府网站必须坚持“一站式、一体化”的发展方向，如为企业和公众提供“一站式”并联审批。

5. 公众参与方面——更加关注互动的内容与效果

与公众交流互动，引导公众参与政府公共管理和公共决策的过程，是政府网站的重要功能之一。政府网站公众参与的程度主要体现在两个方面：一是互动内容方面，政府网站要提供信箱类、访谈直播类、调查类和留言论坛类等多样化的互动栏目，促进政治文明程度的提升；二是互动效果方面，政府要对互动效果给予更高的关注，政府网站对用户提出的意见、建议要及时进行处理与反馈，注意聆听公众心声，避免发生"受而不理"的现象，坚决反对一切将政府网站建成"花架子"和形象工程的做法。

6. 网站设计方面——鼓励政府网站在技术实现上加强创新

从提高政府网站亲和力与表现力的目标出发，政府网站功能设计应重点考察两方面的因素：一方面，倡导政府网站加强设计创新，以美观大方、简洁庄重的网站效果展现本部门或本地区的特色与风貌，同时应对政府网站的内容进行科学合理的布局，体现政府网站"给谁提供服务及提供何种服务"的作用；另一方面，倡导政府网站注意细节的辅助功能，为用户使用网站提供最大的便利，加强网站的信息搜索、导航链接、评比统计及个性化定制等方面的功能，增强政府网站的可用性和易用性。

（二）我国政府门户网站的评估指标

为进一步引导和促进政府网站健康发展，2009 年 4 月 22 日，工业和信息化部印发《政府网站发展评估核心指标体系（试行）》。该指标体系的评估指标及要点如表 13-2 所示。本核心指标体系重心在政府信息公开、网上办事、政民互动三个环节。

表 13-2　我国政府门户网站的评估指标及要点

一级指标	二级指标	评估要点
政府信息公开	主动公开信息量	政府网站实际主动公开政府信息的总数量
	依申请公开量	全年公众通过政府网站申请公开信息的数量
	年度新增量	全年政府网站实际主动公开政府信息的新增数量
网上办事	网上办事量	政府网站实际提供的各类网上办事服务事项的数量
	网上办事度	公众通过政府网站办理相关服务事项中，政府网站提供网上办事服务的办理程度
	网上办事率	全年通过网站办理的服务事项的件数，占该事项全年通过各类办事渠道办理的总件数的比例
政民互动	公众参与量	全年公众通过政府网站参与各类互动活动的总事件（人次）数
	参与答复量	全年对公众通过政府网站参与建议的各类互动活动，给予答复的总件（条）数
	参与便捷度	政府网站为公众提供参与互动的渠道种类和数目，互动服务便捷程度满意的人数占使用政民互动，服务总人数的比例

1. 政府信息公开

主动公开信息量是按照《中华人民共和国政府信息公开条例》中，对县级以上各级人民政府及其部门、乡（镇）人民政府应主动公开信息内容的规定，政府网站上实际主动公开政府信息的总数量，统计以件（条）为单位。

依申请公开量是按照《中华人民共和国政府信息公开条例》对"依申请公开信息"申请的

规定，全年公众通过政府网站申请办理“依申请公开信息”的件数，统计以件(条)为单位。

年度新增量是按照《中华人民共和国政府信息公开条例》中，对县级以上各级人民政府及其部门、乡(镇)人民政府应主动公开的重点信息内容的规定，全年政府网站实际主动公开政府信息的新增数量，统计以件(条)为单位。

2. 网上办事

网上办事量是政府部门依据职能通过政府网站面向社会公众提供各类网上办事服务的总件数，统计以件为单位。

网上办事度是政府网站网上办事服务全流程覆盖的实现程度。网上办事全流程应覆盖五项服务，即办事指南、表格下载、网上咨询、网上申请、结果反馈。服务等级分为三级：一级，政府网站网上办事中1/2以内的网上办事事项实现网上全流程五项服务的覆盖；二级，政府网站网上办事中1/2至2/3的网上办事事项实现网上全流程五项服务的覆盖；三级，政府网站网上办事中2/3以上的网上办事事项实现网上全流程五项服务的覆盖。

网上办事率：

$$\text{网上办事率}=\frac{\text{通过网站办理的服务事项的总件数}}{\text{通过各类办事渠道(网站和非网站方式)为公众办理的服务事项的总件数}}$$

3. 政民互动

公众参与量是全年公众通过政府网站参与提问、咨询、访谈、投诉、建议等政民互动活动的总事件(人次)数。

参与答复量是全年政府对公众通过政府网站参与提问、咨询、访谈、投诉等各类互动活动，给予答复(包括采纳、不便采纳但答复等)的总件(条)数。

参与便捷度的评估有两个要点。一是通过统计政府网站实际提供的政民互动参与渠道种类和数目，评估政府网站提供政民互动渠道的能力，反映公众通过政府网站参与互动的方便性。二是计算对政府网站政民互动参与渠道种类、数目及互动服务界面友好、使用方便等便捷程度的满意人数占参与互动服务总人数的比例。

【思政案例】

加强红色文献数字化保护与利用

2022年4月，习近平总书记到中国人民大学考察调研，在察看馆藏红色文献、古籍集中展示以及各类数字化学术资源后强调：“要运用现代科技手段加强古籍典藏的保护修复和综合利用，深入挖掘古籍蕴含的哲学思想、人文精神、价值理念、道德规范，推动中华优秀传统文化创造性转化、创新性发展。”红色文献是中国共产党百年奋斗历程中遗留下来的不朽印记，是党领导人民进行革命、建设、改革过程中集体智慧的光辉结晶。保护与利用好红色文献，是弘扬红色文化、传承红色基因、赓续红色血脉的重要举措。保护与利用红色文献要“善假于物”，运用数字化的思维与技术赋能红色文献保护与利用的各环节和全过程。

推动范式更新，创立搜集整合新思路。传统整理模式主要依赖于研究者的个体经验与主观认知，通过个人的筛选与归纳，形成新的红色文献文本，供读者阅读。数字化技术超越了红色文献搜集与整合的传统模式。首先，脱离纸质文本的分析，将纸质文本编写成可供大数据、人工智能技术识别的数据，完成红色文献资源的全面采集，形成红色文献数据库。其次，利用大数据技术对红色文献数据进行筛选，形成准确、有效的红色文献信息，再从中提取共同特征，挖掘数据之间的内在相关性，依据相关性进行分类整理，形成类别清晰、主题明确的红色文献信息体系。最后，在数据处理技术与人工智能强大算力的介入下，研究者获得快速分析和解读海量资料的能力，并从该过程中得到更为科学的结论。红色文献数字化研究范式的更新，实现了红色文献搜集与整合向数据驱动、技术驱动的转变，最大限度地保护红色文献资源，实现了红色文献资源的系统化构建，建立起红色文献资源库。

推进要素升级，创建传播共享新平台。数字化技术助力红色文献保护与利用介体要素的快速更迭与升级，使得红色文献的内容由先前的纸质印刷品承载转向由数据模式的图片、音频、视频等更加生动、自由的方式承载，为实现红色文献内容的沉浸式传播提供了条件。在数智融合时代背景下，沉浸传播借助虚拟现实技术创设全新的红色文献育人情境，实现历史与现实等不同情境的流畅切换，满足读者在特定情境中更加生动、鲜活地感知、理解、审视红色文化的需求，达到传承和弘扬红色文化的目的。此外，要通过资源的有效汇总与分类，实现资源的零门槛共享。泛在网络技术支撑下，来源多样、结构相异的知识信息可以得到整合并面向公众开放。红色文献资源以智能平台为载体广泛地传播与共享，实现了红色文献资源的高速流转与传输，以保证读者更加便利、更低成本地共享红色文献资源，实现了时时处处共享红色文献资源、进行红色文化学习的愿景。通过技术辅助，不断推进红色文献的普及与利用，扩大红色文化影响力，提升国家文化软实力。

（资料来源：《加强红色文献数字化保护与利用》，中国社会科学网，2022 年 6 月 30 日。收入本书时略有改动。）

【学而思，思而学】

1. 电子政务绩效评估的意义是什么？

2. 电子政务绩效评估的方法和指标是什么？

第三节　农村电子商务

2014 年，“农村电子商务”（简称“农村电商”）被正式写入中央一号文件，成为推动农业农村经济发展新引擎、帮助贫困地区实现跨越式发展的角色。农民增收是“三农”（农业、农村、农民）工作的核心，我们要把促进农民增收放在突出位置。农村电商的发展可以缩短农户与市场的距离，让农村的产品有更好的销售价格和销售渠道，从而促使农户收入增加。

一、农村电子商务概述

（一）农村电子商务的概念

随着互联网技术的应用与发展，农村电商的生产经营主体由传统的中间商、农资企业以及农业生产合作社延伸至农户，农户也可以借助电子渠道进行农产品的信息沟通与发布。伴随着信息技术在农村的发展，农户等经营主体更多地参与到商务交易活动中，农产品的单向流通逐渐变为双向流动，交易的主体开始由单一的农产品拓展到食品、服装、家电等方面。

农村电商是指农户利用互联网等现代信息技术，通过电商网络平台，在线上实现产品销售、购买和支付等交易过程，是电子商务在农村的延续和运用。

（二）农村电子商务的模式

农村电子商务模式是指农村电子商务参与各方，如农户、企业和电商平台在互联网和移动终端技术手段支持下进行产品交易的一种经营和盈利模式。在农村经济发展中，农村电子商务具有广阔的发展前景，但目前国内大多数地区都存在着制约农村电商快速发展的因素。因此，有必要针对这些问题进行分析并提出相应的对策建议。农村电商模式在我国起步较晚，但发展速度较快。当前，国内农村电商模式已经形成了以县级为基本单位的农村电商分类标准并呈现多样化趋势。本节重点介绍国内较有代表性的遂昌、沙集、清河三种模式。

1. 遂昌模式

遂昌县，浙江省丽水市辖县，位于浙江省西南部，境内山峦起伏，河流纵横，气候温和湿润，物产资源丰富。2013 年 1 月 8 号，“特色中国——遂昌馆”在淘宝网正式上线，这也是淘宝网全国首个县级馆。2013 年 10 月，阿里研究中心及社科院发布“遂昌模式”，其被认为是中国首个以服务平台为驱动的农村电子商务模式。遂昌模式通过成立“遂昌网商协会”、“网店服务中心”以及麦德龙分销平台，将政府、电商、银行、农户等各方资源整合，形成了县级的电子商务公共服务体系，极大地带动了当地电子商务的发展。

2. 沙集模式

沙集镇，江苏省徐州市睢宁县下辖镇。“沙集模式”起源于 2006 年，江苏省睢宁县沙集镇的三名农村小伙子利用互联网开网店创业，不仅推动了本地家具产业从无到有的发展，还带动了全村走上致富之路。2010 年，中国社科院信息化研究中心和阿里巴巴研究院联合调查组通过发布研究报告的方式正式提出了“沙集模式”。沙集镇农村电商先进行家具的拼装，拼装完成后再通过网络平台销售，很快这种模式被当地不断地模仿、复制，最终形成了一定规模的产业集群。产业发展过程中其生产规模变得更大，生产标准也得到提高。另外，家具产业的兴起也带动了当地其他相关产业的发展，比如建材行业和五金行业。“沙集模式”是一种在农户自发参与下发展起来的电子商务模式，以家庭经营为主体，受众以返乡农民工为主体，借助网络的信息化与便捷性促进行业发展与提升，并最终形成了一套完整的农村电商模式。

3. 清河模式

清河县，隶属河北省邢台市。与一般的农村电商模式不同，清河县有着“中国羊绒之都”的称号，拥有中国 80%、全球 50%以上的羊绒加工能力，其本身就有着非常良好的产业基础。所以，清河县凭借其特色的羊绒产业，借助网络平台重新进行资源整合，将互联网带入羊绒加工销售产业链。与传统产业方式相比，电商的加入降低了羊绒的销售成本，提高了销售效率，突破了时间和空间的限制，使其更容易开拓市场，最终促进了羊绒产业的高速发展。所以“清河模式”是强大的传统产业和互联网结合的农村电商模式。

（三）农村电子商务的发展现状

近年来，在中央高度重视的情况下，各类电商企业意识到农村将成为电商领域的新蓝海，开始在农村电商市场投入资源进行布局。

1. 农村网购市场快速增长

网购是电子商务的基础应用，随着网购市场的增长，各类电子商务应用快速切入到农村生产生活的各个方面。近年来，农村网购市场增长速度超过了全部网购增长速度与城镇网购增长速度，是电商领域增长最快的，为电子商务的各类应用打下了良好的基础。

2. 农村电子商务发展中存在的问题

(1) 农村互联网普及率低，提升速度慢

我国农村网民绝对数量虽然较大，但是占比低，增长速度慢。互联网普及率与城镇相比的差距也在不断加大。网络普及率的低增速，使我国农村电子商务保持快速增长的基础不牢。

(2) 缺乏专门针对农村地区特点的电商平台与电商产品

从已有的数据看，我国农村网购市场正在以高于网购市场整体增速的速度发展。但是，农村网购市场的发展一方面受制于农村物流状况的影响，另一方面也受到现有电商产品体系的影响。例如，淘宝上有超过 3 000 万种不同的商品同时在售，产品品种的极大丰富使农村消费者的选择空间得到了前所未有的放大。但是，这些商品很少有专门针对农村市场特点进行设计的。即使有少量商品针对农村消费市场进行了优化，但是在其进行网络营销过程中，也没有对此进行突出，这使农村消费者在选择自己心仪的商品时更为困难。

(3) 相关配套设施相对较差，服务体系尚不完备

从与电商关系密切的物流看，农村物流在可及性、可靠性、服务水平、速度等方面，与城市物流仍存在着较大差距。而在农产品上行的相关配套设施方面，更存在着诸多不足。在农村地区，农产品的分级技术、包装技术、保鲜技术、储存能力、配送力量参差不齐，农产品进城"最初一公里"仍然困难重重。在农村网商的服务方面，与电商相关的软件、数据、摄影、美工等诸多服务，在农村领域仍没有形成体系，位于农村区域的网商获得此类服务仍较困难。

二、农村电子商务助推乡村振兴

乡村振兴是我国加快农村农业现代化发展的国家级战略，是实现全面建成小康社会和全面建设社会主义现代化的必然要求。随着互联网的发展，农村电子商务成为带动农村产业融合和经济社会发展的新型发展模式。农村电子商务基础设施更为完善，市场规模不断扩大，交易产品种类不断增加，产品结构更为完整，为促进乡村振兴起到了重要作用。

(一) 农村电子商务助推乡村振兴的现状

"十三五"以来，农村电商高速增长，有力促进了脱贫攻坚和乡村振兴。2020 年全国农村网络零售额达 1.79 万亿元，是 2015 年的 5.1 倍，远高于全国电子商务整体增速；农产品网络零售额达 4 158.9 亿元，已占到农产品零售总额的 10%。2020 年电子商务进农村综合示范项目累计支持 1 338 个县，实现了国家级贫困县的全覆盖。2020 年底全国建成县级电商公共服务中心和物流配送中心 2 120 个，村级电商服务站点 13.7 万个，基本实现快递网点乡镇全覆盖，快递直投到村比例提升至超过 50%，农村地区揽收和投递快递包裹超过 300 亿件，占全国的 36%；县域内网络店铺数量达到 1 300 万家以上，总从业人员超过 3 000 万。其中，国家级贫困县网商总数达 306.5 万家，2020 年网络零售总额达 3 014.5 亿元。

(二) 农村电子商务助推乡村振兴的对策

当前，电子商务发展向数字商务全面转型，加快推进商贸服务业数字化、网络化、智能化进程，成为数字生活的重要体现和数字中国的重要组成部分。电子商务也正在从目前的狭义概念互联网上的交易(Electronic Commerce，EC)向广义概念电子化的交易(Electronic Business，EB)延伸。电子商务以电子化为基础，以数字化为特征，以网络化为载体，以智能化为方向，加快实现数字技术与商业及其关联产业深度融合，实现线上线下一体，将销售端与供应链、产业链、价值链紧密相连，不断创新商贸流通业态与模式，全渠道满足消费需求。在此背景下，农村电商正在活跃发展，带动农村产业数字化，推动数字乡村加速发展。未来，农村电商需要在以下方面着力。

1. 加快与乡村产业融合

进一步实施好“互联网+”农产品出村进城工程，深入开展“农商互联”，加快从销售端改造转向供应链、产业链、价值链重塑，让农业产业体系得到全面提升。创新发展网络众筹、预售、领养、定制等产销对接新方式，让更多“养在深闺人未识”的农产品通过网络走进千家万户。鼓励运用短视频、直播等新载体，宣传推广美丽乡村，让绿水青山变成金山银山；深入发掘乡村生态涵养、休闲观光、文化体验、健康养老等多种功能，发展乡村共享经济新业态。

2. 积极引领数字乡村发展

以电子商务应用为先导，在农村加快普及社交电商、直播电商等新兴业态，让手机加速成为新农具、直播加速成为新农活、农民加速成为新网红、农品加速成为新网货、数据加速成为新农资。利用大数据推动农业供给侧结构性改革，加快物联网、人工智能在农业生产经营管理中的运用，完善农产品安全追溯监管，推动农业数字化、网络化、智能化。推动互联网支付、移动支付、供应链金融在乡村普及应用，加快农村商业数字化改造，带动乡村数字政务发展。

3. 持续夯实农村电商基础

加快推进“互联网+高效物流”，健全农村寄递物流体系，深入发展县乡村三级物流共同配送，加速补上分级、分选、预冷、冷链等短板。大力发展农村电商服务业，引导平台和龙头企业开展电商服务相关业务，强化县域电商服务中心功能，鼓励电商创业者转型参与各环节专业化服务，推广“一件代发”等供应链服务模式。适应电商发展趋势和农民群众认知特点，加快形成政府引导、平台参与、专业机构承担的人才培养模式，广泛开展线上线下融合、多层次、多梯度的电子商务培训。探索将电商人才培养为乡村发展带头人，从长远推动乡村人才振兴和组织振兴。

4. 引导推动农村电商生态重组

随着电商经营主体参与日益增多，市场竞争日益加剧，人人卖货的低水平、同质化现状难以为继。应推动市场主体围绕电商生态体系重新定位，让更多的参与者从事网络销售后面更广阔的供应链、产业链各个环节，实现错位发展；推动各类电商协会组织发挥作用，建立政府、平台、电商企业和农业生产经营主体的有效协同机制；加快农村电商品牌化进程，在继续发展地域公用品牌的基础上，积极培育企业市场品牌和丰富的产品品牌，引领农村电商高质量发展。

【思政案例】

云南普洱打造电商直播基地　助推产业转型乡村振兴

普洱市位于云南省西南部，是普洱茶的发源地、茶马古道源头，享有“绿色氧吧”“世界茶源”“中国茶城”“中国咖啡之都”等美誉。普洱市以实施电子商务进农村综合示范项目为抓手，建设农村电子商务公共服务体系，搭建电子商务运营服务平台，培育电子商务产品供应链，推动电子商务成为乡村经济发展的新动能、新引擎。2021 年，普洱市积极引进“普洱茶抖音电商直播基地”“淘宝直播村播学院”“快手普洱食品产业带直播基地”等直播平台，聚合市县电子商务公共服务中心、电商产品供应中心等资源，加快建设普洱茶电商直播基地，推动直播经济实现快速增长。2021 年，全市实现直播销售 8.2 亿元，同比增长 10 倍以上；2022 年 1—5 月，实现直播销售 6.19 亿元，同比增长 132%。

（资料来源：《农村电子商务助推乡村振兴典型案例之十：云南普洱打造电商直播基地助推产业转型乡村振兴》，商务部流通产业促进中心，2022 年 7 月 5 日。收入本书时略有改动。）

【学而思，思而学】

1. 农村电子商务的发展趋势是什么？

2. 农村电子商务助推乡村振兴中存在什么问题？

【批注】

发展农村电子商务的意义：能够转变农村的生产经营模式，节省生产、销售成本；能够带动乡村经济发展，提高农民收入，促进乡村振兴。

本章练习题

一、名词解释

1. 电子政务

2. 电子政务需求

3. 政府网站评估

4. 农村电子商务

二、思考题

1. 简述电子政务的概念与分类。

2. 我国电子政务的发展受到了哪些因素的制约？

3. 传统政务的局限性有哪些？

4. 我国目前的电子政务建设处于哪个阶段？为什么？

5. 我国政府网站评估的总体设计思路主要有哪些？

三、讨论题

农村电子商务在乡村振兴实践中具体能够发挥什么作用？农村电子商务助推乡村振兴受到哪些因素的影响？

四、技能实训题

尝试围绕“电商助推乡村振兴”这一主题，参加中国国际“互联网＋”大学生创新创业大赛校赛、全国大学生电子商务“创新、创意、创业”挑战赛校赛等竞赛，培养理论联系实际、服务区域经济社会发展的能力。

参考文献

[1] 白东蕊,岳云康.电子商务概论:第 4 版[M].北京:人民邮电出版社,2019.
[2] 陈晴光.电子商务基础与应用[M].北京:清华大学出版社,2010.
[3] 崔爱国,严春风.电子商务安全与支付:第 3 版[M].北京:电子工业出版社,2020.
[4] 戴恩勇,袁超.电子商务[M].北京:清华大学出版社,2015.
[5] 姜红波.电子商务概论[M].北京:清华大学出版社,2009.
[6] 柯新生,王晓佳.网络支付与结算:第 3 版[M].北京:电子工业出版社,2016.
[7] 李敏,曹玲,魏娟.电子商务理论与实践[M].北京:科学技术出版社,2012.
[8] 刘建国.电子商务安全管理与支付[M].上海:立信会计出版社,2011.
[9] 卢金钟,雅玲.电子商务概论[M].北京:清华大学出版社,2017.
[10] 马刚,李洪心.电子商务支付与结算:第 3 版[M].大连:东北财经大学出版社,2016.
[11] 穆炯,许丽佳.电子商务概论[M].北京:清华大学出版社,2011.
[12] 庞大莲,张冰新.电子商务概论:第 3 版[M].北京:北京大学出版社,2018.
[13] 秦成德,王汝林.移动电子商务[M].北京:人民邮电出版社,2009.
[14] 邵兵家,电子商务概论:第 4 版[M].北京:高等教育出版社,2019.
[15] 帅青红,李忠俊.电子支付与结算:第 3 版[M].大连:东北财经大学出版社,2018.
[16] 帅青红,苗苗.网上支付与电子银行:第 2 版[M].北京:机械工业出版社,2015.
[17] 宋文官.电子商务概论:第 4 版[M].北京:清华大学出版社,2017.
[18] 孙宝文,王天梅.电子商务系统建设与管理:第 3 版[M].北京:高等教育出版社,2008.
[19] 仝新顺,王初建,于博.电子商务概论[M].北京:清华大学出版社,2010.
[20] 王晔,张铭洪.网络经济学:第 3 版[M].北京:高等教育出版社,2019.
[21] 王玉珍.电子商务原理与应用[M].北京:科学出版社,2012.
[22] 杨坚争,杨云鹏.电子商务企业模式创新典型案例分析:第 3 辑[M].中国商务出版社,2018.
[23] 杨立钒,万以娴.电子商务安全与电子支付:第 4 版[M].北京:机械工业出版社,2020.
[24] 杨兴凯,电子商务概论:第 3 版[M].大连:东北财经大学出版社,2021.
[25] 叶琼伟,孙细明,罗裕梅.互联网+电子商务创新与案例研究[M].北京:化学工业出版社,2017.
[26] 张宽海.电子商务概论:第 3 版[M].北京:电子工业出版社,2013.
[27] 张思光.电子商务概论[M].北京:清华大学出版社,2011.
[28] 赵应文,胡乐炜.电子商务基础[M].北京:北京大学出版社,2012.
[29] 祝凌曦.电子商务安全与支付:微课版第 2 版[M].北京:人民邮电出版社,2019.